超大城市生态空间格局和功能评估技术与方法：基于上海市的实证研究

高吉喜 张彪 张慧 王敏 乔亚军 仇宽彪 等 著

科学出版社

北京

内 容 简 介

本书综合采用遥感反演、地面调查及模型模拟等技术手段，以上海市为案例调查分析了超大城市扩张的生态环境效应，运用景观生态学技术解析讨论了城市土地覆被及生态空间格局特征，并结合典型生态空间的生态过程及功能监测，测算评估了气温调节、生境维持、固碳释氧等重要生态功能，进而分析提出了上海城市生态空间的优化路径与管控措施，为我国超大城市生态空间的优化与管控进行了有益的探索。

本书可为从事城市生态环境管理及生态空间规划设计的人员提供重要理论与方法参考，也可供城市生态学相关专业的科研人员和高校师生参考使用。

审图号：沪 S（2021）129 号

图书在版编目（CIP）数据

超大城市生态空间格局和功能评估技术与方法：基于上海市的实证研究／高吉喜等著. —北京：科学出版社，2021.11
ISBN 978-7-03-070644-7

Ⅰ.①超… Ⅱ.①高… Ⅲ.①特大城市–生态环境–空间规划–上海 Ⅳ.①X321.251

中国版本图书馆 CIP 数据核字（2021）第 231009 号

责任编辑：张 菊／责任校对：刘 芳
责任印制：吴兆东／封面设计：无极书装

科学出版社 出版
北京东黄城根北街 16 号
邮政编码：100717
http://www.sciencep.com

北京虎彩文化传播有限公司 印刷
科学出版社发行 各地新华书店经销

*

2021 年 11 月第 一 版 开本：720×1000 1/16
2021 年 11 月第一次印刷 印张：13 1/4
字数：300 000
定价：158.00 元
（如有印装质量问题，我社负责调换）

《超大城市生态空间格局和功能评估技术与方法：基于上海市的实证研究》主要撰写人员

高吉喜　张　彪　张　慧　王　敏

乔亚军　仇宽彪　佘欣璐　谢紫霞

裴文明　张　华　王　卿　胡梦甜

马孟枭　屈计宁　龚　珑　黄丽华

序

全球气候变化与快速城市化是21世纪的两大重要挑战。据联合国评估报告，1980~2012年全球平均地表温度升高了0.85℃，而且21世纪气温将持续升高，干旱、热浪、强降雨等极端气候事件发生频率和强度不断增加，城市人居环境风险急剧上升。城市规模的急剧扩张改变了地表热环境与水文循环过程，导致自然生态功能的退化，城市热岛、暴雨内涝、空气污染等生态环境问题突出，城市化地区已成为我国生态环境问题集中且突出的敏感地区。2017年住房和城乡建设部安排部署在全国开展"城市双修"工作，以修复城市生态，改善生态功能。

如何合理设置城市生态用地，提升生态空间的服务功能，保障城市生态安全成为国际社会高度关注的问题。目前国内外已开展了大量城市景观格局演变及其生态服务功能变化的研究，并取得了卓有成效的研究成果。但是高度城市化地区如何构建格局合理的生态空间体系，以调控提升城市的重要生态功能，增强城市抵御自然灾害的能力与生态安全保障能力，仍是全球城市生态环境治理研究的重要方向。

上海是我国城市化程度较高的城市之一。快速城市化过程带来建成区不断扩展，城区建筑密度增大，下垫面性质与城市景观结构发生很大改变，导致城市热岛效应显著增强，空气环境质量下降，暴雨内涝现象突出，生态环境质量成为影响城市整体发展的一个突出短板。近年来，上海市不断细化城市治理精度，积极探索超大型城市治理的新路子。《上海市城市总体规划（2016—2040）》提出，建设更可持续的韧性生态之城，构建"双环、九廊、十区"多层次、成网络、功能复合的市域生态空间体系，显著改善环境质量，提高城市水资源、能源供给安全，提升城市抵御自然灾害能力，完善城市防灾减灾体系，保障城市安全运行。因此，在城市空间有限的前提下，如何优化城市生态空间的格局、提升其重要生态服务功能，成为城市规划设计和生态空间管控的重要任务。

该书正是针对这一重大命题展开的。该书采用遥感反演与地面调查相结合的技术手段，调查分析了上海城市扩张的生态环境效应，运用景观生态学技术解析了生态空间的组成、结构及格局特征，在关键生态空间内开展了降温增湿、蓄水产流、吸附滞留等生态过程及功能的监测，分析提出了上海城市生态空间的优化路径与管控措施，为我国类似城市生态空间的优化与生态服务功能提升进行了有益的探索。

中国工程院院士
李文华
2021 年 11 月

前　言

党的十九大报告明确要求，优化国土空间开发格局，加大自然生态系统和环境保护力度，提供更多优质生态产品以满足人民日益增长的优美生态环境需要。2019年12月1日，中共中央、国务院印发《长江三角洲区域一体化发展规划纲要》，提出要显著提升长三角地区生态环境共保联治能力，基本形成跨区域跨流域生态网络，不断提升优质生态产品供给能力。

改革开放以来，上海市等一些城市进入快速城市化阶段，城区规模急剧扩张，城市人口快速集聚，在形成超大城市的同时资源环境压力剧增，"城市病"问题日益突出。城市热岛、暴雨内涝、空气污染和交通拥堵等问题频现，严重影响了居民幸福感和全球城市形象。为应对生态环境问题、保障城市生态安全，上海市高度重视生态绿化工作，积极推进城市绿道、湿地保护和崇明生态岛建设，区域生态环境综合整治取得显著成效，城市绿地面积和湿地保有率大幅提高。但与国际一流宜居城市相比，城市生态空间有限，优质生态产品供给略显不足，城市生态空间格局仍存在一些问题，突出表现在城市绿地布局与生态环境需求不协调、功能型绿地被侵占和破碎化趋势明显、未来优质生态产品需求高等方面。

在城市空间有限范围内，如何科学布局城市生态空间，高效匹配城市生态产品的供给与需求，提升生态空间福祉，既是上海这类超大城市建成国际一流全球城市的重要保障，也是推进新时代国际化城市治理的重要任务。2018年上海市生态环境局在生态保护红线研究领域设立了环保科研项目"上海城市生态功能特征指标监测与效益评估技术研究"，并通过国内公开招标方式，确定了生态环境部南京环境科学研究所、中国科学院地理科学与资源研究所联合承担该课题研究，综合采用卫星遥感、统计监测与地面调查等手段，对上海城市化效应、生态空间格局、生态服务功能指标及效益评估技术开展研究，明确生态空间的生态环境效益及其空间分布，进而提出优化上海城市生态空间格局和管控的路径与对策。本书为该项目研究的主要成果的总结。

本书充分利用城市生态学、景观生态学、生态系统服务等科学理论体系，分析了上海市生态空间格局及热环境特征变化，建立了上海城市生态空间功能监测评估技术方法，重点评估分析了上海城市生态空间的温度调节、空气净化、生境维持、固碳释氧、径流调蓄、休闲游憩等特征，提出了上海城市生态空间优化管控建议，可为上海和类似城市生态空间的保护与利用提供理论和数据参考，也可为城市生态学研究及城市规划与管理者提供借鉴参考。

作为一项城市生态空间格局与其功能关系规律的探索性研究工作，本项工作得到了科学技术部和生态环境部的大力支持。尤其是国家重点研发计划项目"区域生态安全评估与预警技术"，为本研究深入开展生态安全格局构建与生态服务功能关系研究提供了丰富的理论基础。

本书的编写团队来自生态环境部卫星环境应用中心、生态环境部南京环境科学研究所、中国科学院地理科学与资源研究所、河南工业大学土木工程（建筑）学院、上海市环境科学研究院、上海市生态环境局。

本书编写过程中参阅了大量相关研究工作报告和学术文献，主要观点均进行了引用标注，若有疏漏，在此深表歉意。由于作者专业水平和写作能力有限，本书中难免存在不足之处，敬请广大读者批评指正。

作　者
2021 年 8 月

目 录

序
前言

第一章 绪论 ··· 1
    第一节 生态空间及其格局 ··· 2
    第二节 生态服务功能评估 ··· 4
    第三节 生态功能影响因子 ··· 7

第二章 上海市概况 ·· 15
    第一节 自然地理 ·· 15
    第二节 资源环境 ·· 19
    第三节 社会经济 ·· 21
    第四节 城市化过程 ·· 23

第三章 城市生态空间格局与变化 ·· 32
    第一节 城市生态空间数据获取 ··· 32
    第二节 城市生态空间格局 ·· 36
    第三节 城市硬化地表格局 ·· 42
    第四节 城市生态空间格局变化 ··· 50

第四章 城市热环境变化分析 ··· 58
    第一节 热环境评估技术 ·· 58
    第二节 上海城市热环境空间分布 ·· 63
    第三节 上海城市热环境格局特征 ·· 67
    第四节 上海城市热环境时空变化 ·· 68

第五章 生态服务功能评估技术 ·· 74
    第一节 城市生态空间的服务功能 ·· 74

第二节　上海城市生态空间功能评估方法 ………………………… 82
第六章　夏季降温功能评估 …………………………………………… 98
　　第一节　温度调节功能评估方法 ………………………………… 98
　　第二节　温度调节评估结果 ……………………………………… 103
　　第三节　林地降温效应梯度变化 ………………………………… 107
第七章　空气净化功能评估 …………………………………………… 111
　　第一节　空气净化功能评估技术 ………………………………… 111
　　第二节　绿色空间滞留 $PM_{2.5}$ 功能差异特征 …………………… 112
第八章　生境维持功能评估 …………………………………………… 117
　　第一节　生境维持功能评估技术 ………………………………… 117
　　第二节　生境维持评估结果 ……………………………………… 120
第九章　绿色植被固碳释氧功能评估 ………………………………… 129
　　第一节　绿色植被固碳释氧功能分析 …………………………… 129
　　第二节　绿色植被固碳对能源碳排放的抵消作用 ……………… 136
第十章　径流调蓄功能评估 …………………………………………… 142
　　第一节　径流调蓄功能评估技术 ………………………………… 142
　　第二节　径流调蓄评估结果 ……………………………………… 145
第十一章　休闲游憩功能评估 ………………………………………… 149
　　第一节　绿地休闲游憩功能评估技术 …………………………… 149
　　第二节　上海城市绿地休闲游憩功能 …………………………… 154
第十二章　生态空间优化管控 ………………………………………… 161
　　第一节　国内外生态空间管控经验 ……………………………… 161
　　第二节　上海市生态空间优化与管控对策建议 ………………… 165

参考文献 …………………………………………………………………… 179

第一章 绪 论

城市化是人类社会经济发展的必然趋势，是人类走向文明、社会走向进步的重要标志，同时城市化所带来的生态问题也成为全球城市可持续发展面临的严峻挑战。2018年城市人口占世界人口的55%，预计2050年将达到68%。联合国《2030年可持续发展议程》将"建设包容、安全、有韧性和可持续的城市"列为17个发展目标之一，国际生态城市研究也从追求生态效益扩展到生态、经济和社会效益共赢。欧盟自2010年评选"绿色之都"作为世界城市可持续发展的典范，倡导"基于自然的解决方案"（nature-based solutions，NbS），将良好的城市环境、经济增长与优质生活结合起来的发展模式，为世界各国提供了经验和启示。

我国正处于城市化加速发展阶段，城市规模的急剧扩张，改变了城市地表热环境与水文循环过程，城市热岛、暴雨内涝、空气污染等生态环境问题突出。我国城市化地区成为我国经济发展最具活力和潜力地区的同时，也是生态环境问题集中且易激化的高度敏感地区（石忆邵，2014；方创琳，2014）。2015年12月，时隔37年后再次召开的全国城市会议明确提出了"城市发展安全第一，有效化解各种'城市病'"的行动目标。2017年住房和城乡建设部安排部署在全国全面开展生态修复、城市修补（简称"城市双修"）工作，以修复城市生态，改善生态功能。党的十九大报告也指出，我们要建设的现代化是人与自然和谐共生的现代化，既要创造更多物质财富和精神财富以满足人民日益增长的美好生活需要，也要提供更多优质生态产品以满足人民日益增长的优美生态环境需要。因此，科学认知"城市病"的形成机制并提出符合国情背景的生态调控与治理措施是制定城市居住环境适应机制的先决条件。

城市生态空间是城市中除建筑、道路等功能性人工硬化表面以外的空间，包括城市绿地、湿地及立体绿化等，提供着污染物减排与控制、生态承载力提升和人居环境质量改善等重要功能，对于保障城市生态安全与实现生态文明目标至关重要。在快速城市化过程中，城市内部及周边原有生态景观经常被生产生活空间吞噬占用。而在以往城市规划与建设中，生态空间也是作为生产空间与生活空间的补充，绿色生态景观仅是在生产生活空间内见缝插针式地布局，未充分考虑发挥其生态环境功能所需的空间条件。因此，在城市空间有限的前提下，如何依靠科技进步，在生态空间组成、结构及格局等方面进行科学合理的规划和设计，对提高城市生态空间的生态环境效益、提升城市环境质量与保障生态安全有重要实践意义。

第一节 生态空间及其格局

19世纪初期伴随着工业化发展，城市化加速并产生诸多城市问题。19世纪30年代英国大城市传染病流行，开辟绿色公共空间、提供健康运动场所受到关注。到50年代，欧美大力推动城市公园建设，如伦敦皇家公园、纽约中央公园（王甫园等，2017）。1898年Howard提出了生态空间与城市空间相结合的田园城市理论，完善生态基础设施、构建可持续发展的生态空间体系成为20世纪城市建设的新主题。在我国城市生态空间概念的发展主要经历了5个阶段：在中华人民共和国成立前，城市生态空间是以游憩功能为主的私家园林形态存在的；在中华人民共和国成立后的第一个五年计划时期（1953~1958年），我国城市改造与规划学习苏联文化休闲公园模式，建设了许多开展群众性文体活动的公园绿地，并提出完整的绿地系统概念；改革开放以后，全国园林工作会议召开，城市绿化法规与管理条例建立，推动城市园林绿地系统规划；在20世纪90年代生态浪潮冲击下，我国城市建设开始注重将生态学与城市景观相结合，恢复城市自然特性，创建园林城市和山水城市。21世纪以来，城市化所引发的生态环境问题进一步引起关注，生态文明思想与理论成为新时代城市生态建设的主基调，《国家新型城镇化规划（2014—2020年）》明确指出："合理划定生态保护红线，扩大城市生态空间"。因此，城市生态空间是随着城市化发展与城市生态环境问题日益严峻而形成的新概念。

城市生态空间是指"城市生态系统中城市土壤、水体、动植物等自然因子的空间载体"（何梅等，2010），也是城市中绿色生产者与非生物环境构成的自然半自然地域空间（徐毅和彭震伟，2016）。王甫园等（2017）将城市生态空间界定为城市地表人工、半自然或自然的植被及水体等生态单元所占据的并为城市提供生态系统服务的空间。王如松等（2014）认为，城市生态空间是指城市生态系统结构所占据的物理空间、其代谢所依赖的区域腹地空间，以及其功能所涉及的多维关系空间，即包括生物栖息代谢的自然生态空间和人类生产生活的社会生态空间。王宝钧等（2009）认为，城市生态空间包括城市行政生态空间与自然生态空间两重含义，前者是指行政界线圈定的城市空间范围，后者是由自然过程决定的城市生态空间范围，后者往往大于前者。李荷和杨培峰（2014）认为城市自然生态空间是区域生态边界范围内对城市空间结构产生一定生态影响，促进城市呈现稳定状态、维持城市生态绩效和保证生态收益的空间环境总和，空间范畴包括城市内部人工自然生态空间和生态边界与城市建设边界之间的自然生态空间。综合以上概念，本书将城市生态空间界定为，城市中绿色植被及水域所占据的立体空间，是与构筑物和路面铺砌物覆盖的城市建设空间相对的空间，是维持城市空间平衡发展和提供生态服务的基础，也是人们游憩娱乐、观光休闲和城市形象感知的重要场所。

城市生态空间格局是城市生态要素的空间配置，是生态空间优化调控的先决条件。徐毅和彭震伟（2016）发现，1980~2010年上海城市生态空间存在不平衡演化特征，包括生态空间的数量规模演化与结构特征演化，总体表现出上海城市外部生态空间缩减、内部生态空间增长与生态空间总量减损。目前城市生态空间研究方法不断丰富，其中,"3S"技术和空间统计方法应用日益广泛和成熟,结合景观格局分析、土地利用和功能布局理论,出现一大批实证成果,揭示了不同城市生态空间格局现状和优化方向。例如,姚娜等(2015)基于"3S"技术与景观分析方法,识别出1992~2013年北京市平原区生态空间比例由53.20%下降到40.97%,三环附近景观破碎化严重。

第二节 生态服务功能评估

随着城市化发展带来的生态破坏问题凸显,城市规划研究者开始探索城市生态建设路径。20世纪60年代末,McHarg提出"设计遵从自然"的城市规划思想。1995年,Forman引入"斑块-廊道-基底"模式,提出了景观生态规划。近年来,逐渐发展起来"绿地生态网络规划""绿色(生态)基础设施规划""低影响开发雨水系统构建""海绵城市""城市通风廊道"等一系列基于自然的城市生态建设技术。随着生态系统服务(Costanza et al.,1997)理论的发展,城市生态系统的供给、调节、支持与文化功能等的维护与提升也越来越受到城市生态研究者的关注。在中国,俞孔坚(2009)提出从自然过程出发,开展城市安全格局构建及废弃地的生态恢复;张慧(2016)通过生态系统服务功能构建了南京市生态安全、水生态安全、城市通风系统的综合安全格局。随着人类对城市生态系统所具有的复杂性、自组织、抵抗力与恢复力等特征的认识渐趋全面,ICUN(2012)提出基于自然的解决方案(nature-based solutions,NbS),旨在以高效利用资源和具有高度适应性的方式来解决各种社会挑战,同时提升经济、社会和环境效益,主要体现在将这种理念纳入政策制定的主流之中,包括水资源、粮食安全、农业、生物多样性、环境、灾害风险、城市居住地及气候变化等领域。NbS这一概念受到了欧洲规划专业人士和决策者的广泛认可。

城市生态系统服务评估是辅助决策与规划者改善城市生态系统服务的基础。联合国千年生态系统评估项目提出了生态系统服务评估模型。近年来，一些评估模型，如 CITYgreen 模型、i-tree 模型、InVest 模型及 BUGS 模型也被应用到城市生态系统服务评估。随着 NbS 的快速发展，对 NbS 实施的效果评估也成为新的研究热点。例如，Raymond 等（2017）结合全球 10 个城市的应用实例，建立整体框架，评估了跨社会文化和社会经济系统的 NbS 实施成本效益。而 Panno 等（2017）对米兰 Parco Mord Milano 公园实施 NbS 的生态社会文化效益进行了评估。

从 20 世纪 60 年代起，国外城市就将生态学原理引入植物景观设计中。例如，Avissar（1996）研究发现，植被能显著影响城市区域的风、温度、湿度和降水，如果城市规划适当，生态空间可以抵消城市发展中人类活动产生的负面效应。到 1999 年，Bolund 和 Hunhammar（1999）初步阐述了城市内部生态系统服务的概念与分类，为城市生态系统服务研究奠定了基础。据联合国统计，2018 年全球城市化程度已达 55%，2050 年将上升至 68%（United Nations，2018）。随着快速城市化的推进，全球城市建设区面积急剧扩张（Seto et al.，2012），原有生态空间大幅缩减（Shen et al.，2021），同时，城市生态服务功能明显降低（Su et al.，2012；Estoque and Murayama，2013）。Atif 等（2018）分析了全球 116 篇城市生态服务功能相关研究发现，发展中国家的城市生态服务研究相对较少。Cilliers 和 Siebert（2012）综述了非洲城市生态服务相关研究发现，非洲城市生态服务研究集中在德班和开普敦等少数城市，且对城市生态服务与生物多样性之间的关系认识不足。

国内学者基于遥感影像数据与景观指数模型，开展了大量城市景观格局演变（Aguilera et al.，2011）及其生态服务功能变化的研究（李锋等，2011）。徐毅和彭震伟（2016）发现，1980～2010 年上海城市生态空间存在不平衡演化特征，包括生态空间的数量规模演化与结构特征演化，总体表现出上海城市外部生态空间缩减、内部生态空间增长与生态空间总量减损。但是这些研究侧重景观格局指数的刻画或生态系统服务的简单经济价值换算，对景观格局演变影响生态服务功能的生态学机理重视不够。

城市生态空间研究方法不断丰富，其中，"3S"技术和空间统计方法应用日益广泛和成熟，结合景观格局分析、土地利用和功能布局理论，出现了一大批实证成果，揭示了不同城市生态空间格局现状和优化方向。例如，姚娜等（2015）基于"3S"技术与景观分析方法，识别1992～2013年北京市平原区生态空间比例由53.20%下降到40.97%，三环附近景观破碎化严重。荣月静等（2016a）应用1985年、1995年、2005年、2015年4期土地利用数据，基于Logistics-CA-Markov与InVest模型对南京市土地利用与生物多样性功能进行了评价，模拟预测了南京市2025年3种不同情景（自然增长情景、生态保护情景和土地优化情景）下的土地利用发展方向。

城市生态空间数量规模反映程度，对生态功能有直接影响。李锋等（2011）应用遥感信息技术与生态服务评估方法，分析认为常州市区1991～2006年生态服务价值的大幅减少是生态空间面积的大量下降所造成的。曾忠平和彭浩轩（2018）基于1988～2015年近30年多时相遥感影像，发现武汉市南湖地区湿地累计消减1563hm^2，极大降低了区域渗水容水功能，内涝灾害风险明显增加。程琳等（2011）通过对中国9个超大城市1995年与2008年土地利用结构比较，发现中国超大城市整体生态系统服务均呈弱化趋势，原因主要是城市用地结构变化。陈爽等（2008）利用1986～2002年TM影像发现，虽然南京市生态空间面积总体平衡，但景观格局呈现破碎化与人工化趋势，导致生态空间服务功能下降，简单的面积控制难以减缓功能退化，需要多方面干预与调控行为。为此，保证一定规模的生态空间是保障生态功能的关键。张慧（2016）采用InVest模型-Biodiversity模块评估了南京市生物多样性在空间上受到威胁的程度，以及生境质量与生境退化演变趋势。城市生态空间景观格局反映空间关系，对生态功能有明显影响。不过，王丽群等（2018）在北京边缘区的研究发现，快速城镇化背景下人为干扰造成的景观格局变化不一定会使城市边缘地区生态系统服务价值降低，科学生态环境规划和保护政策可能促进生态系统服务价值增加。因此，如何通过合理设置规划生态空间，有效提高城市生态服务功能和保障城市生态安全，目前仍缺乏深入系统的研究（陈利顶等，2013）。

第三节 生态功能影响因子

一、温度调节功能

近年来城市热岛现象的出现和加剧，不仅降低城市夏季居住环境舒适性，增大人口死亡风险（Shen et al.，2013），而且增加了能源消耗与温室气体排放（Zhang et al.，2014）。积极应对与缓解城市热岛现象已成为城市生态学研究的重要内容（匡文慧等，2015）。Solecki 等（2004）指出，城市树木可能是缓解和适应城市热岛效应最有效、成本最低的方法。回顾近年来城市绿色空间的降温效果的最新研究可以发现，城市公园具有冷岛效应，公园之间的局部冷岛强度在公园之间存在很大差异，如 Ca 等（1998）观测发现，日本东京（Tokyo）0.6 km^2 的公园绿地中午可降温 1.5℃。Jansson 等（2007）在瑞典斯德哥尔摩（Stockholm）的移动观测发现，白天城区与公园绿地的温差可达 0.5~0.8℃。Oliveira 等（2011）采用移动气象仪观测里斯本一个小公园（0.24 hm^2）发现，公园内部与周围地区的最高气温差可达 6.9℃；Hathway 与 Sharples（2012）在英国谢菲尔德市（Sheffield）基于野外实测发现，在外界环境温度超过 20℃ 时，城内河流能使周围环境温度平均降低 1℃；Amani-Beni 等（2018）定点观测了北京奥林匹克公园树木、草坪和水面的气象要素，发现白天公园平均温度降低 0.48~1.12℃。

城市绿地降温效应的差异与公园的特征有关。影响城市绿地气候调节的因素主要有两类，一类是包括太阳辐射、海拔和建筑物特征等的外部因素，另一类是表示城市绿地结构的内部因素。首先，不同地区太阳辐射、大气湿度、风速等外界环境会影响城市绿地的降温功能。例如，Alexandri 和 Jones（2008）认为，干燥高温的天气下城市绿地降温效果明显，而潮湿低温天气时降温效果不明显。Hamada 与 Ohta（2010）对日本名古屋城区绿地研究发现，夏季城市绿地降温效果优于冬季，在每天 16：00～19：00 及晚上的降温效果与植被覆盖率更为相关。而在墨西哥城南部的研究发现，植被区在干季可能由于蒸散作用不足而不能发挥降温作用（Barradas et al., 1999）。Petralli 等（2014）的研究表明夏季最低气温受建筑指标（街道覆盖比例、建筑区覆盖率比例、建筑区体积/面积）影响，并且在半径 400～500m 的缓冲区内降温效应更明显。

绿地斑块面积与降温幅度是非线性负相关（Xiao et al., 2018；Cheung and Jim, 2019），一般绿地降温幅度与斑块面积呈现对数关系（以 10 为底）。Chang 等（2007）发现大的绿地的降温加湿效果更加明显和稳定，小的绿地的降温效果变化更大，甚至在某些情况下会出现保温现象。Chang 等（2007）研究中国台北市 61 个公园的降温幅度与面积的关系时发现，有显著绿地降温效应的面积阈值大约是 $3hm^2$，而 Cao 等（2010）在研究名古屋的 92 个绿地公园时发现阈值为 $2hm^2$。因此绿地面积小于一定的阈值，城市热岛的缓解效率会大大降低。这种现象的原因多种多样。绿地面积越小，绿地与周围街道和建筑物的距离更近，理论上距离更近显热和潜热的传播更频繁。例如，绿色空间外的人行道和建筑物影响冷却效果，而且小公园铺装面积的比例更大，绿地内部大面积的不透水面会吸收并反射太阳光，导致绿地内部温度升高，出现"公园热岛"现象。

绿地内不同土地结构特征与降温幅度有显著相关性。Konarska 等（2016）观测到在公园内，茂密的植被所包围的地方的气温最低，草地气温最高；Chang 等（2007）也指出白天草坪的降温作用没有树木显著，甚至不明显；Cheung 和 Jim（2019）发现白天树木的降温作用是灌木的 2 倍；但 Cao 等（2010）认为夏季白天灌木对公园降温效应的影响与树木几乎等同。相较而言，草地的作用更弱甚至监测不到，且目前尚不清楚其在改变城市微气候中的作用。在已有许多研究中，草和水体对公园冷岛的形成有贡献（Amani-Beni et al., 2018）。但是在 Cheung 和 Jim（2019）的研究中草地对绿地冷岛效应有不利影响。这可能是因为草生长条件（枯草）导致研究区域的土壤覆盖率大。与白天不一样，在夜间，树冠层会阻碍长波辐射的损失及树冠层下方的湍流，从而阻碍表面蒸散。在空旷地区，由于辐射发散和显热的湍流，地表能量损失相对较大，降温效应更明显（Holmer et al., 2007），因此天空可视因子（SVF）较高的公园通常比茂密植物的公园冷却速度快。所以，将不同种类的乔木和灌木结合使用，可以增加城市绿色空间中的生物多样性并利用它们的协同降温作用。此外，Feyisa 等（2014）发现降温效果与公园树种有关，与其他树种相比，桉树具有更高的降温效果，但是 Roth 等（1989）发现针叶树比阔叶树种吸收更多的辐射。因此，树木的树冠结构、热和光学特性的差异可能决定冷却效率。在中大尺度研究，近地表气温与 NDVI 指数、叶面积指数 LAI、生物量和植被覆盖度等有明显负相关关系（Li et al., 2011a; Feyisa et al., 2014）。

在景观层次上，景观形状指数也是影响绿地降温效应的重要参数。形状指数越高，表面形状越复杂，越容易与周围环境交换内部能量。Du 等（2017）在调查上海中心城区时发现，绿色空间内的地表温度与景观形状指数呈正相关，而 Feyisa 等（2014）通过野外观测和热遥感技术，发现形状指数较高具有更大的冷却距离但是冷却强度较小。Cao 等（2010）发现公园越紧凑越有益于城市公园降温效应，不规则和带状公园（景观形状指数较高）往往具有较低的冷岛强度。但是 Luan 等（2014）研究发现北京中心地区地表温度与景观形状指数相关性较弱，可能是由于样本含水体，不透水面改变绿地热环境，在保持紧凑性的情况下，使绿地形状和边界复杂化可以增强绿地降温效应。Li 等（2011a）发现地表温度与面积比例（PLAND）、边缘密度和斑块密度呈正相关，但地表温度与香农多样性指数和香农均匀度指数呈负相关，表明不同土地用途的混合有助于缓解城市热岛。这表明将绿色空间散布到城市斑块中比其集中形式具有更强的缓解作用。

不同影响因素相互叠加对城市降温效应产生的作用更加复杂。例如，应天玉等（2010）研究发现，当绿地面积小于 $5hm^2$ 时，绿地降低地表辐射温度的能力与绿地覆盖率正相关；当绿地面积大于 $5hm^2$ 时，绿地覆盖率和绿地面积共同决定绿地降低地表辐射温度能力。大量研究表明白天树木对绿地降温起着重要作用，而草地对绿地降温的贡献率低（Chueng and Jim，2019；Amani-Beni et al.，2018）。

二、空气净化功能

近年来随着城市化进程加快，城市空气污染已成为严重环境问题。空气中 $PM_{2.5}$ 因其粒径小、质量小、滞留时间长，是雾霾天气形成的最主要因素，也与呼吸道和免疫系统疾病有着直接联系。例如，Franklin等（2007）发现，大气中 $PM_{2.5}$ 含量每升高 $10\mu g/m^3$，全球因呼吸道疾病死亡率和中风死亡率分别提高1.78%和1.03%。

植物的滞尘作用越来越受到重视（Xu et al.，2018a），植物滞尘功能的大小受内部因素如植被结构特征及外部因素如颗粒物性质和气象条件相关。内部因素主要有叶片形状、组织结构、叶面特性、叶片位置、冠层特性、枝叶密度和植物位置等因素。程政红等（2004）认为从单位叶面积滞尘量来看，灌木大于乔木，常绿阔叶树种高于落叶阔叶树种，常绿灌木针叶树种高于常绿乔木针叶树种，而赵勇等（2002）研究表明乔木树种滞尘量最大，灌木次之，草坪植被滞尘量最小，与程政红等（2004）的研究结果相反。有学者发现在其他情况相似的条件下，多毛的叶片有更高的滞尘能力（Weber et al.，2014）。绿地冠层特性又可以细分为植株密度、LAI、树冠孔隙度和绿量。有研究表明高污染物的沉降速率随着植物密度、叶面积、森林覆盖率和绿量的增加而增加，并有可能进一步减少周围空气污染浓度，但也会妨碍污染物向地表沉降（Janhäll，2015）。肖玉等（2015）对北京城市绿色空间吸收 $PM_{2.5}$ 的能力做了模拟评估，结果显示苗圃与果园、社区

林和路旁林的 $PM_{2.5}$ 削减总量较高，而针阔混交林、灌木林和针叶林的单位面积削减量较高。五环以外绿地的 $PM_{2.5}$ 削减总量、单位面积削减量和大气 $PM_{2.5}$ 去除率都高于五环以内绿地。Nowak 和 Heisler（2010）发现，被树木完全覆盖地区的污染物吸收能力（O_3、NO_2 和 NO）是城市平均水平的 4 倍。Hirabayashi 和 Nowak（2016）计算发现，美国城乡地区森林随着 LAI 的增大，对空气污染物（NO_2、O_3、$PM_{2.5}$ 和 SO_2）的去除率也增加。

外部因素如颗粒物粒径和气候因素对沉积有很大影响，Litschke 和 Kuttler（2008）研究证明平均直径为 5.0μm 和 0.1μm 的颗粒，其沉积速度相差约 100 倍。气象条件也是影响空气质量的客观因素，有利的地面天气形势会改善城市的大气环境，局地小气候也会对城市污染产生影响，只是国内对局地小气候对城市污染的影响的研究还很少（王宏等，2008）。例如，气温和地温的变化主要会影响污染物的垂直扩散速度，温度越高污染物的垂直扩散速度越快（曹文骏，2004）。湿度主要影响部分污染物的沉积速度，湿度越高污染物吸湿性颗粒沉积速度越大（Litschke and Kuttler，2008）。风速的变化主要会影响污染物的水平扩散（曹文骏，2004）。与低风速下相比，落叶树在风速 10m/s 时大幅度降低了沉积速度（Beckett et al.，2000）。风还能扩大绿地的生态效应的范围，促进大气污染物的清除（冯娴惠，2010）。总体而言，迄今为止，各种研究对去除空气污染物的机理和益处较为全面。

三、生境维持功能

生物多样性是生态系统功能和生态系统服务的基础（毛齐正等，2015）。随着中国城市化程度的提高和人们对环境的关注，城市植物物种多样性研究成为城市生态学的一个热点（李祖政等，2018）。目前很多研究集中在人类活动强度与植物景观格局对生物多样性维持的影响（王卿等，2012）。Fahrig（2017）指出城市化进程的推进，导致城市生境多样化，生境破碎化，由此增加了城市生物多样性。但是当大量的自然生境被人工生境所取代，自然植被被以外来观赏植物为主的植被取代时，也会导致生物均质化而降低生物多样性（欧阳子珞等，2015）。在我国深圳城市绿地的一项研究中发现，由于大量的人工植被以引进外来种为主，最终导致生物多样性的均质化现象（Gong et al.，2013），这项研究表明城市化已成为生物均质化的一个主要原因（Morelli et al.，2014）。

城市地区居住着许多本地和非本地物种（Aronson et al.，2014；Ives et al.，2016；Lepczyk et al.，2017）。实际上，城市地区可以在区域和全球范围内支持本地物种和其他需要保护的物种的生存（Aronson et al.，2014；Ives et al.，2016），生物多样性取决于城市绿地的大小、数量、结构、连通性和物种的特性、人类的干扰（Beninde et al.，2015；干靓等，2019；Williams and Winfree，2013）。诸多研究表明，城市植被斑块面积对维持物种多样性具有重要的生态学意义。有关鸟类的研究表明，要支持大多数城市中鸟类的生存需要 $10 \sim 35 hm^2$ 的连续绿地（Fernández-Juricic and Jokimäki，2001；Strohbach et al.，2013），通过建模表明在小型相邻公园之间仅添加少量额外的绿地（$150m^2$）将大大增加鸟类的丰富度。但是对其他动物群或植物的斑块阈值了解甚少，这使得保护生物多样性总体上具有挑战性，因为不同的分类单元以不同的规模运作。景观异质性对生物多样性产生有益影响，但是前提是每个单独栖息地的斑块足够大以支持物种的生存（彭羽和刘雪华，2007）。人类干扰也会对生物多样性起到作用，如干靓等（2019）通过实地调查表明街旁绿地的抗扰能力对鸟类物种生物多样性起到重要的作用，尤其是干扰边界比例和首层乔木的退界率。此外，人类引入新物种可以使区域物种多样性增加（陈国奇和强胜，2011）。

此外，绿地群落结构和斑块结构对生物多样性也有着重要的影响，董林水等（2018）发现绿地面积、乔木盖度、水面积比例及栖息地类型多样性等均与鸟类物种多样性密切相关，滨河公园与高校校园不但具有较高的鸟类物种数量，而且这两类调查区域鸟类群落的 S-W 指数、F 指数、G 指数、G-F 指数及均匀度指数均明显高于市政广场、居民小区两类调查区域。丁宇新和干靓（2018）以上海各区县水网连接度与生物多样性指标进行相关分析，发现连通性较好、连线数量较多、水网景观节点之间的连接性也较强的水网系统对鸟类、两栖类、爬行类和鱼类的物种丰富度具有一定的正面效应。但是，很多影响因素缺乏实证（Lepczyk et al., 2017）。

四、固碳释氧功能

快速城市化进程一方面涉及土地覆盖类型的改变，直接导致绿色植被面积减少，降低区域碳吸收能力（Grimm et al., 2008），另一方面化石燃料的大量使用造成二氧化碳排放增加，使得大气中二氧化碳的浓度提高，增大全球气候变暖风险。城市森林是指城市内以林木为主的片林、林带、散生树木等绿地系统（王成等，2004），可通过光合作用吸收空气中CO_2浓度和增加O_2含量，在减缓温室效应与应对气候变化中扮演着重要角色（Li et al., 2019），因此绿色植被的固碳释氧效益受到高度重视（Pataki et al., 2011）。Nowak 等（2013a）研究发现，美国城市地区树木共储存 6.43 亿 t 碳，年度封存 2560 万 t 碳。Davies 等（2011）基于土地覆被和所有权的随机抽样统计，测算英国莱斯特（Leicester）碳储量达到 23.2 万 t。樊登星等（2008）估算北京市森林碳储量已由 1988 年的 532 万 t 增加到 2003 年的 852 万 t，城市绿地的夏季蒸腾降温效应也可减少 24.3 万 t 的 CO_2 排放（Zhang et al., 2014）。

大量研究证明，城市绿地的固碳释氧效益受群落结构特征、植物生长特性和人类干扰的影响（Liu and Li, 2012；Nowak and Crane, 2002）。其中，群落结构特征主要包括组成成分、林冠面积、树龄、径阶、层次结构等，如徐飞等（2010）发现，上海城市森林的碳吸收能力与郁闭度及群落密度正相关，与平均胸径负相关。Albani 等（2006）研究表明，20 世纪大西洋中部地区的树木林龄低且生长快，充当了碳汇的作用，但在 21 世纪初随着植被种群成熟可能不再作为重要碳汇。

赵艳玲等（2014）认为，由于植被的固碳释氧功能取决于光合作用，冬季植被的固碳效益相比其他季节弱。而梅雪英和张修峰（2008）测算发现长江口典型湿地具有很强的固碳能力，是全国陆地植被平均固碳能力的 2.3-4.9 倍。不过当前研究重视城市森林碳固定功能的整体测算，而对其固碳释氧效益的空间格局研究较少。

五、径流调蓄功能

城市绿地径流调蓄功能与植被结构特征、降雨强度、降水时长、土地利用方式、土壤类型和坡度密切相关。树冠不仅可以拦截雨水，还可以影响地表蓄水能力，如 Xiao 和 McPherson（2016）使用降水模拟器等对 20 种不同的树种测量了冠层表面储水能力，发现不同树种之间冠层表面储水能力差距较大，并且通过 40 年以上的模拟表明，对于大多数降雨强度而言，降水持续时间超过 30min 时绝大多数的树种的存水能力达到饱和。吴健生等（2017）以深圳市为例研究发现，城市生态空间的优势度（LPI）、聚集度（COHESION）越高，越不易产生内涝灾害；张彪等（2015）研究证实，北京市六环内生态空间的聚集度指数（AI）和最大斑块指数（LPI）均与雨水径流滞蓄能力有较强正相关关系。

第二章 上海市概况

上海市地处长江三角洲东缘,太平洋西岸,亚洲大陆东沿,中国南北海岸中心点,长江和钱塘江入海汇合处,其地理位置在30°40′~31°53′N,120°51′~122°12′E。上海居中国漫长海岸线的中部,亦位于中国黄金水道长江的龙头,背倚长江,交通便利,腹地广阔,通达海外,地理位置得天独厚(图2-1)。

上海市的行政区划经过多次变革。至2014年年底,上海市辖有浦东新区、徐汇、长宁、普陀、闸北、虹口、杨浦、黄浦、静安、宝山、闵行、嘉定、金山、松江、青浦、奉贤16个区和崇明1个县。2016年崇明县撤县设区,变为崇明区后固定为现在的全市16个下辖区的局面。至2017年年底,上海市共有105个街道、107个镇、2个乡,有居委会4364个、村委会1585个。与2000年相比,街道增加6个,镇减少46个,乡减少1个,居委会增加1316个,村委会减少1186个。

第一节 自然地理

一、水文水系

上海市境内江、河、湖、塘相间,水网交织,多属太湖流域水系。共有河道43 253条(不含长江口、杭州湾),总长度28 714.47km(不含长江),面积497.53km^2,河网密度每平方千米4.53km;湖泊39个,面积72.53km^2;公园、绿地、小区或单位内自管的其他河湖5047

图 2-1　上海市地理位置及遥感影像图

条（个），面积 50.92km^2；全市河湖面积共 620.98km^2，河湖水面率 9.79%。主要水域和河道有长江口，黄浦江及其支流大泖港、园泄泾、斜塘和太浦河、拦路港，以及吴淞江（苏州河）、蕰藻浜、川杨河、淀浦河、大治河、金汇港、油墩港等。黄浦江干流全长 80 余 km，河宽 300~700m，其上游在松江区米市渡处承接太湖、阳澄淀泖地区和杭嘉湖平原来水，贯穿上海至吴淞口汇入长江口；吴淞江（苏州河）发源于太湖瓜泾口，在市区外白渡桥附近汇入黄浦江，全长约 125km，上海境内约 54km，为黄浦江主要支流。上海的湖泊集中在与江苏、浙江交界的西部洼地，最大湖泊为淀山湖，面积约 60km^2，属上海市部分 47.5km^2。上海市的大陆岸线长约 172km，岛屿海岸线长达 277km，外围有崇明岛、长兴岛、横沙岛、佘山岛和大、小金山岛等岛屿及沙洲。

2017 年，上海年降水量 1388.8mm，属平水年。全市年地表径流量 27.76 亿 m^3，折合年径流深 437.8mm。黄浦江吴淞口站年平均高潮位 3.41m（上海吴淞基面，下同），比该站多年平均值高 0.02m；长江口高桥站年平均高潮位 3.32m，比该站多年平均值低 0.02m；杭州湾芦潮港站年平均高潮位 3.73m，比该站多年平均值高 0.20m。

二、地形地貌

上海市地形平坦，适建土地比例高。上海市的大部分地区为长江泥沙堆积而成的典型低平冲积平原和河口沙洲，成陆时间较短，陆地的形成仅有约 5000 年的时间。而上海周边地区的一些岛屿，如崇明岛、长兴岛、横沙岛的成陆历史则更短，仅有 1000~1500 年的时间。

全境除西南部有少数剥蚀残丘外，全为坦荡低平的长江三角洲平原，平均海拔 4m。陆地地势总趋势为由东向西低微倾斜。以西部淀山湖一带的淀泖洼地为最低，海拔 2~3m；泗泾、亭林、金卫一线以东的黄浦江两岸地区为碟缘高地，海拔 4m 左右；浦东钦公塘以东地区为滨海平原，海拔 4~5m。西部有天马山、佘山、薛山、凤凰山等残丘，其中天马山是上海陆上最高点，海拔 98.2m。海域上有大金山、小金山、浮山、佘山等基岩岛，其中大金山海拔 103.4m，是上海境内最高点。全市东西最大距离约 100km，南北最大距离约 120km。大陆岸线长约 211km。在上海北部的长江入海处，有崇明、长兴、横沙 3 个岛屿，均由长江挟带下来的泥沙冲积而成，其中崇明岛为中国第三大岛。

三、气候气象

上海地区属北亚热带季风气候。夏半年受东亚季风的影响，雨量充沛；冬半年受冷暖空气的交替影响，天气多变。全年气候表现出显著的海洋性特征：冬冷夏热，四季分明，光照充足，雨热同季，降水充沛。冬季长于春秋季，严寒酷暑时间短暂。影响上海的天气系统有台风、东风扰动、温带气旋、梅雨、寒潮。西太平洋副热带高压静止锋稳定在长江下游及上海附近时，形成多雨闷热潮湿的梅雨天气。城市气候特征明显，有热岛、干岛和湿岛、混池岛、雨岛等现象。春季锋面气旋活跃，降水多于秋季；初夏有梅雨期，盛夏和秋季有暴雨和台风出现；冬季每逢北方寒潮南下，有霜冻和大风，但在降温过程后受海洋调节，回暖较快。

根据常年统计资料，上海地区年平均气温为 15.2～15.9℃，最冷月（1月）平均气温为 3.1～3.9℃，最热月（7月）平均气温为 27.2～27.8℃。年平均降水量为 1048～1138mm，年降水日为 129～136 天。年无霜期为 228 天，平均终霜期在 4 月 2 日、始霜期为 11 月 15 日。在冬季强冷空气侵袭下，上海地区可能出现降雪现象，在 12 月至翌年 3 月均有发生，但多以 1～2 月为主。2017 年，上海地区气温显著偏高，降水总量略多，日照时数略多。冬季气温异常偏高，降水略少，日照时数与常年基本持平；春季气温显著偏高，降水略少，日照时数比常年显著偏多；夏季气温显著偏高，降水和日照时数与常年基本持平；秋季气温略高，降水比常年显著偏多，日照时数比常年显著偏少。

第二节 资源环境

一、自然资源

上海市境内缺乏金属矿产资源，建筑石料也很稀少，陆上的能源矿产同样匮乏。20 世纪 70 年代以来开始在近海寻找油气资源，在多口钻井中获得工业原油和天然气。据初步估算，东海大陆架油气资源储量约有 60 亿 t，是中国近海海域最大的含油气盆地。附近的南黄海，经过调查和勘探，也发现油气资源，估算有 2.9 亿 t 储量。东海海水中化学资源丰富，在长江口浅海底下，还发现一些矿物异常区，有锆石、钛铁砂、石榴石、金红石等重要矿物。

上海的植被区划隶属于北亚热带常绿阔叶林带的河口沙洲植被区、碟缘高地植被区和东北淀柳低地植被区，以及隶属于中亚热带常绿阔叶林地带的西南丘陵、低地植被区等。上海市境内天然植被残剩不多，绝大部分是人工栽培作物和林木。天然的木本植物群落，仅分布于大金山岛和佘山等局部地区，天然草本植物群落分布在沙洲、滩地和港汊。初步统计，上海的种子植物（包括外来的归化种），隶属于 169 科 863 属。其中，裸子植物有 11 科 28 属 66 种。动物资源主要是畜禽品种，野生动物种类已十分稀少。水产资源较为丰富。共有鱼类 177 属 226 种，其中，淡水鱼 171 种，海水鱼 55 种。

上海土壤资源总面积 38.28 万 hm^2，耕地资源总面积 34.52 万 hm^2。地带性土壤为西南部零散山丘上残积弱富铝化母质发育的黄棕壤，湖沼平原、滨海平原由不同母质发育成隐域性土壤水稻土、灰潮土，三角洲平原、滩涂发育有滨海盐土。

近 20 年来，上海市的城市绿地基本呈逐年增长的趋势，并在 2009 年后逐渐保持相对稳定（图 2-2）。2017 年，全市加大绿化造林，新造林 0.43 万 hm^2，绿地建设 1358.5hm^2（其中公园绿地 830.8hm^2），有延安中路绿地、太平桥绿地、黄兴公园、大宁绿地、徐家汇公园、延虹绿地、世博林绿地、滨江森林公园、广中绿地、蝴蝶湾绿地、大连路绿地、南园滨江绿地、辰山植物园、宝山炮台湾湿地公园、金山廊下郊野公园、长兴岛郊野公园、青西郊野公园等开放式生态景观绿地，2017年新增浦江郊野公园、嘉北郊野公园、广富林郊野公园（国家统计局城市社会经济调查司，2018）。完成绿道建设224km，立体绿化建设40.9万m^2。新增林地0.43万hm^2，森林覆盖率达到16.2%，人均公园绿地面积达8.02m^2，湿地保有量维持在46.46万hm^2以上。

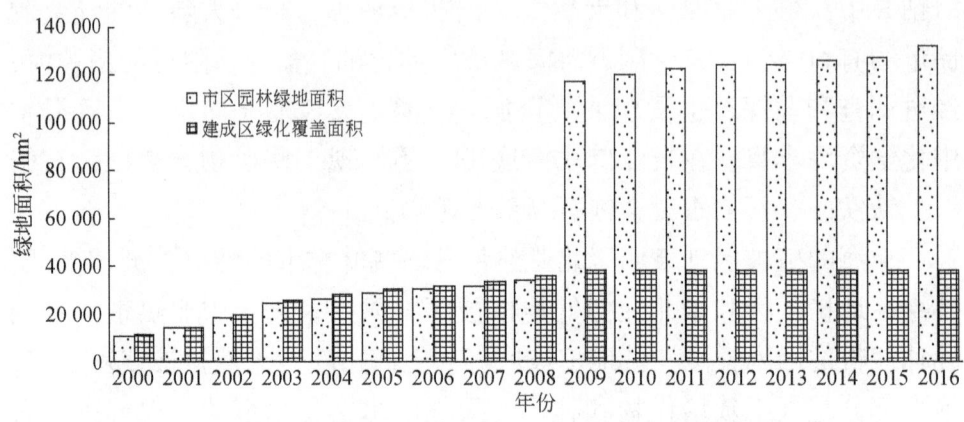

图2-2　上海市绿地面积年际变化

二、环境质量

2017年，全市环境空气中细颗粒物（$PM_{2.5}$）浓度为每立方米39μg，比上年下降13.3%，比基准年2013年下降37.1%，$PM_{2.5}$、可吸入颗粒物（PM_{10}）、二氧化硫（SO_2）年均浓度均为历年最低。全市主要河流水质较2016年改善，劣Ⅴ类断面比例下降15.9个百分点。区域环境噪声达到标准要求。区域环境噪声昼间时段平均等效声级为55.7dB（A），夜间时段的平均等效声级为48.8dB（A）。辐射环境质量保持正常水平。

上海环境空气质量指数（AQI）优良天数275天，优良率75.3%；

PM$_{2.5}$年均浓度39μg/m^3，PM$_{10}$年均浓度55μg/m^3，达到国家环境空气质量二级标准；二氧化硫年日均浓度12μg/m^3，达到国家环境空气质量一级标准。平均区域降尘量4.1t/(km^2·月)，道路降尘量9.3t/(km^2·月)。

2017年，全市主要河流断面中，Ⅱ~Ⅲ类水质断面占23.2%，Ⅳ~Ⅴ类断面占58.7%，劣Ⅴ类断面占18.1%，主要污染指标为氨氮和总磷。2017年，全市主要河流水质比上年改善，Ⅱ~Ⅲ类、Ⅳ~Ⅴ类断面比例分别上升7.0个百分点和8.9个百分点，劣Ⅴ类断面比例下降15.9个百分点。高锰酸盐指数平均浓度为每升4.5μg，比上年下降6.1%；氨氮平均浓度为每升1.37μg，比上年下降28.0%；总磷平均浓度为每升0.21μg，比上年下降22.0%。淀山湖处于轻度富营养状态，与上年基本持平。黄浦江6个断面中，5个水质为Ⅲ类，1个为Ⅳ类。与上年相比，总体水质有所改善。主要指标中，氨氮和总磷浓度分别下降38.0%和6.7%。苏州河7个断面中，4个水质为劣Ⅴ类，3个为Ⅴ类，主要污染指标为氨氮和总磷。总体水质有所改善。主要指标中，氨氮浓度比上年下降15.9%，总磷浓度基本持平。长江口7个断面水质均为Ⅲ类。与上年相比，总体水质基本持平。主要指标中，氨氮浓度比上年下降19.4%，总磷浓度比上年上升19.7%。

第三节 社会经济

一、经济水平

上海市是全国的科技、贸易、信息、金融和航运中心。经济呈逐年增长的趋势。增速始终保持在一个较高水平，第三产业占地区生产总值（GDP）比例较高（图2-3）。2017年，上海市实现地区生产总值28 556.86亿元（可比价），比2000年增长393.01%，年均增速为21.83%。其中，第一产业增加值97.81亿元，第二产业增加值

9749.87亿元，第三产业增加值18 709.18亿元，第三产业增加值占上海市地区生产总值的比例为65.52%。工业生产明显好于预期，服务业克服房市和股市回落影响实现平稳发展。推动制造业创新发展和转型升级，制定实施上海市巩固提升实体经济能级"50条"意见，协调推进一批先进制造业重大项目，全年工业增加值比上年增长6.4%，增速为2012年以来最高。培育壮大战略性新兴产业，制定发布上海市推动新一代人工智能发展实施意见，C919国产大型客机成功首飞，战略性新兴产业制造业产值比上年增长。按常住人口计算，2017年上海市人均地区生产总值为12.26万元（上海市统计局，2018）。

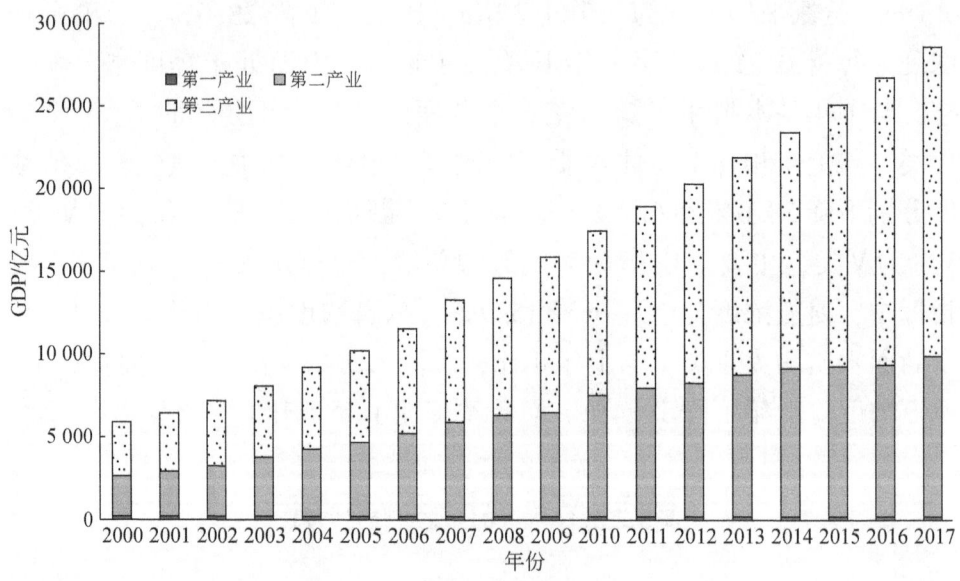

图2-3　上海市经济状况年际变化柱状图

GDP为以2010年为基准年的不变价

二、社会文化

上海是国家历史文化名城。至2016年年底，上海被列入全国重点文物保护单位29处，市级文物保护单位238处，区县文物保护单位402处。

至 2016 年年底，上海拥有上海博物馆、上海图书馆、上海大剧院、上海文化广场、上海书城、上海城市规划展示馆、上海科技馆、东方艺术中心、东方绿舟、上海体育场、上海体育馆、上海国际赛车场、上海虹口足球场、旗忠网球中心、东方体育中心、梅赛德斯-奔驰文化中心、上海世界博览会展馆等大型文化体育场所。

2016 年，上海有市、区县级文化馆、群众艺术馆 25 家，艺术表演团体 343 个，公共图书馆 24 家，博物馆、纪念馆 124 家。书刊文献外借 1981.72 万人次。公共广播节目 22 套，播出时间 14.5 万 h。公共电视节目 25 套，播出时间 17.9 万 h。电影放映场次 190.15 万场，观众 9943.66 万人次。艺术表演场次 1.6 万场，观众 1000 万人次。出版报纸 98 种 10.08 亿份、各类期刊 1.11 亿册、图书 4.18 亿册。普通高等院校 64 所，在校学生 51.47 万人。48 家机构培养研究生，在校研究生 14.50 万人。外国留学生 6.02 万人。普通小学 753 所，普通中等学校 898 所，九年义务教育入学率保持在 99.9% 以上（上海市统计局，2017）。

第四节　城市化过程

一、人口数量特征

上海人口总量呈集聚和不断扩大趋势。2000~2017 年上海市常住人口总量从 1608.6 万增长至 2418.33 万，增长了 809.73 万人，其中户籍人口总量从 1321.63 万增长至 1455.13 万，占全市常住人口的比例从 82.16% 下降至 60.17%，而同期来沪人口（半年以上的人口）总量增率为 70.21%，年均增长 37.57 万人。特别是 2000~2010 年，来沪人员规模加速增长。

虽然在研究期间上海市户籍人口总量增加，但是年均户籍人口自然增长率为-1.04‰,同时上海市年均机械增长率为9.19‰。且综合来看,在研究期间上海市人口增长率呈现先增长后下降的趋势,人口增长率在2008年达到最大值,为12.25‰。

2000~2017年上海市家庭规模呈现出下降的趋势,平均每户人口从2.78人下降至2.66人。上海市老龄化程度较深,户籍老年人口占比从18.6%上升到33.23%,上海市常住人口密度从2000年的2537人/km²增加到2017的3814人/km²,约每年单位面积内平均增加71人。2014年常住人口密度达到最大值,为3826人/km²。上海市2000~2017年的户籍人口和常住人口的拟合如图2-4所示。上海市户籍人口呈线性增长的趋势,常住人口呈曲线增长趋势(R^2=0.99)(图2-4)。

二、人口分布特征

上海市人口分布不均匀,中心城区人口密度大,周边地区比较小。根据统计年鉴数据,结合上海市街道与土地覆被空间分布数据,得到2000年、2005年、2010年和2015年的上海市人口分布图

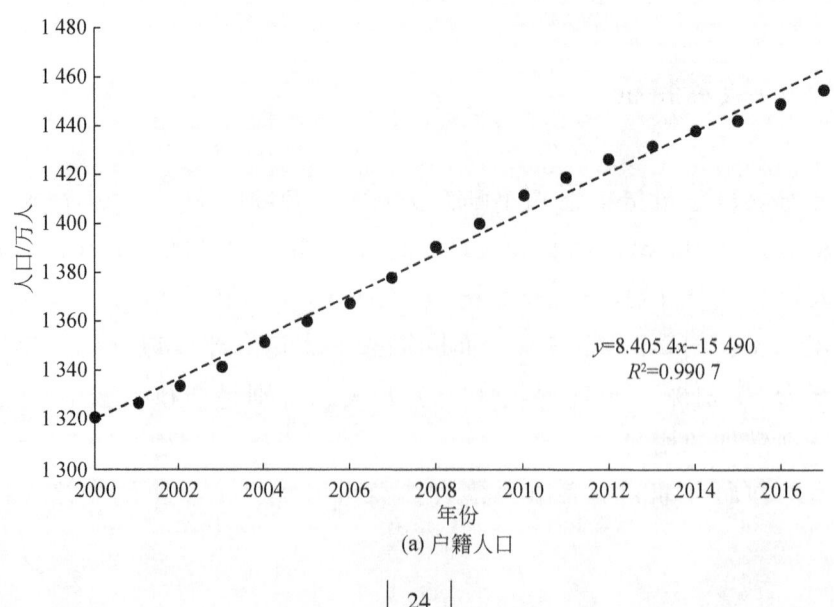

(a) 户籍人口

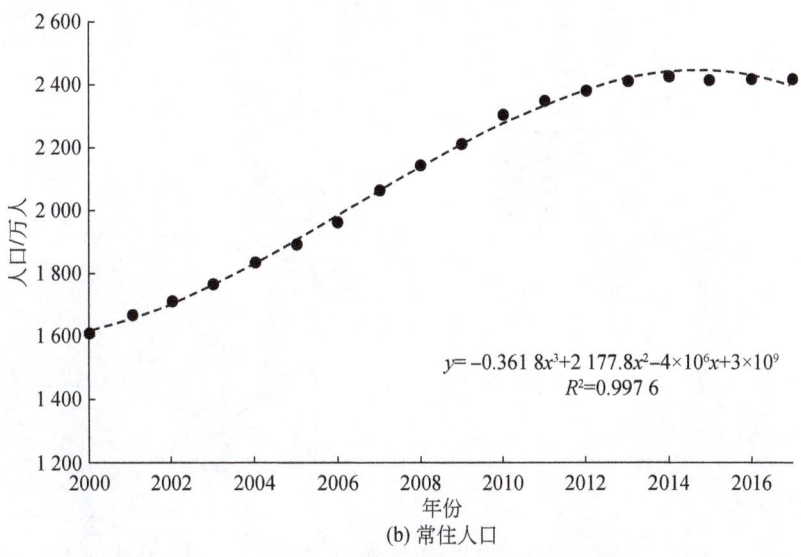

$y = -0.361\,8x^3 + 2\,177.8x^2 - 4\times10^6 x + 3\times10^9$
$R^2 = 0.997\,6$

(b) 常住人口

图 2-4　上海市年末户籍人口和常住人口拟合图

(图 2-5)。由 2000~2015 年人口密度图可知，上海市人口总体上呈现出中心城区人口密集、周边地区人口相对稀疏的分布状况，其中，黄浦区、徐汇区、长宁区、静安区、普陀区、杨浦区等行政区人口密度最高，均达到 2 万/km² 以上。

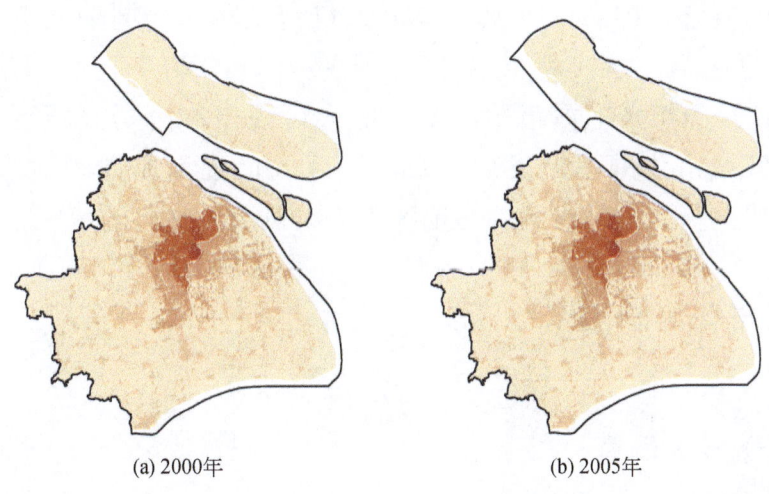

(a) 2000年　　　　　　　(b) 2005年

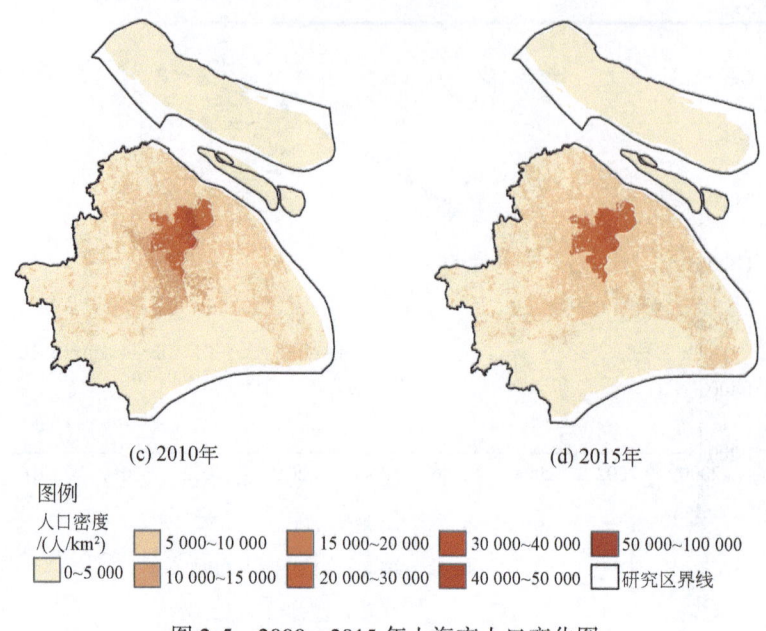

图 2-5　2000～2015 年上海市人口变化图

考虑到人口密度不能直接衡量各县域单元相对于全市平均人口分布密度的集聚程度，难以反映在人口自然增长率基本接近的前提下人口集聚程度的变化情况，为此，在人口密度的基础上引入人口集疏度的概念，即各区（县）单元人口密度相对于同期全市平均人口密度的比值。从上海市各区（县）人口的动态迁移过程来看（图 2-6），历年来上海市中心城区的人口规模一直居高不下，但是随着郊区城市化的不断发展，中心城区人口逐渐向周围地区疏解，其中，浦东新区、闵行区、嘉定区等为人口流入显著的地区。

三、城市化影响因素

（一）政策因素

国家和地区的政策因素对城市土地利用及其变化具有重要影响。

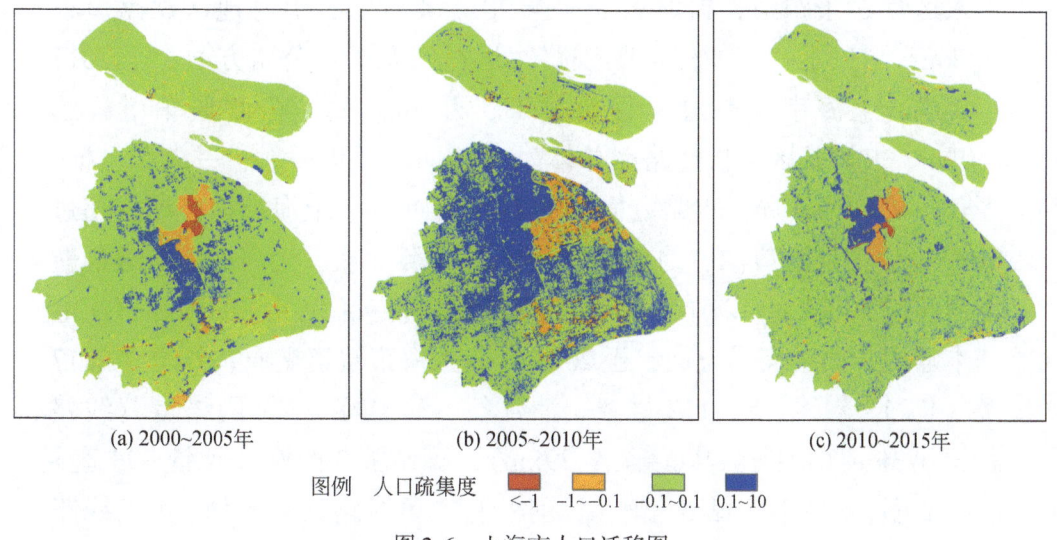

(a) 2000~2005年　　　(b) 2005~2010年　　　(c) 2010~2015年

图例　人口疏集度　<-1　-1~-0.1　-0.1~0.1　0.1~10

图 2-6　上海市人口迁移图

改革开放以来，为推动经济的发展，上海政府从 20 世纪 80 年代开始对市郊区的土地进行征用和租用，近 30 年以来，上海市共征用、使用土地超过 10 万 hm^2，其中以征地为主，大部分征地用于非生产性项目（如市政、房地产开发、土地开发和公共设施建设），从而显著改变了城市土地利用格局。

20 世纪 80 年代中后期起，上海政府开始对全市的产业结构进行调整，1990 年开始的浦东新区开发拉开了上海产业结构转型的序幕。之后，上海提出了建设国际经济、金融和贸易中心的总体发展目标，明确了"三、二、一"的产业结构格局。上海政府将大量第二产业，包括装备制造、船舶制造、汽车制造、精品钢铁、化学工业、微电子产业六大支柱工业在内的 1000 多家传统工业企业从中心城区转移至半城市化地区，极大地促进了建成区以外地区工业化的发展。在工业外迁的同时，从 80 年代中后期起，上海市大力鼓励开发区和工业园区的建设，兴建了若干各级开发区，其中许多位于半城化地区。2018 年，上海市共有国家级开发区 20 个，市级开发区 39 个。

近年来，上海市的城市内外交通网络得到快速发展。航空方面，至2017年年底，上海共有虹桥、浦东两个机场，已投用4座航站楼，投入运营6条跑道；铁路方面，至2017年年底，上海地区铁路里程465km，形成了"三主三辅"铁路客运枢纽布局；公路方面，至2017年年底，上海市公路总里程超过1.3万km。高速公路通车里程约830km。上海郊区高快速路网总体呈现"两环、十一射、一纵、一横、多联"的网络格局；水路方面，至2017年年底，上海港拥有泊位超过1100个，内河港口泊位约900个。至2017年年底，上海内河航道通航里程超过2000km。以洋山深水港区、外高桥港区为主体的国际枢纽港基本建成；轨道交通方面，至2018年，上海市轨道交通共开通线路17条（1~13号线、16~17号线、浦江线、磁悬浮）。全网络运营线路总长673km（地铁644km+磁浮29km），车站数395座（地铁393座+磁浮2座），换乘车站53座。目前，有5条线路延伸规划、4条线路新建计划。中心城区道路交通网络的外延发展大大提升了地区的交通可达性，缩短了市区与郊区之间的通勤时间，同时带来了地区人口出行总量大幅度提升。由于城市道路网络和公交系统网络的服务程度对人口分布有着极其重要的影响，由中心城区迁入周边地区的人口在空间分布上主要表现为沿交通轴线和轨道交通站点周边显著增长。

同时，随着中心城区土地价值的日益升高，许多占地面积较大的科研机构，如大学等，也纷纷开始选择半城市化地区建立新校区，"大学城""科学城"等相应而生。目前，上海全市共有9座大学城，其中松江大学园区、闵行大学园区、奉贤大学园区、临港大学园区和南汇大学园区5座位于半城市化地区，这些都加速了半城市化地区的发展。

（二）经济因素

经济的高速发展是城市空间扩展和土地利用变化最主要的驱动力之一。30多年来，上海经济保持着持续高速增长的势头，全市GDP在1984年为390.85亿元，到2017年为30134亿元，增幅达76倍。人均GDP也在不断提高，由1984年的3232元增长到2017年的

12.46万元，增幅达37.5倍。伴随着经济的快速发展，全市产业结构也在不断优化，各产业构成变化明显。第一产业和第二产业在产业结构中的比例大幅下降，第三产业比例不断提高。到2017年，第一产业、第二产业、第三产业的比例分别为0.3%、30.7%、68.9%，形成了以第三产业为主导、第二产业为支撑、第一产业为辅的产业格局。随着世界经济重心转移和上海国际大都市地位的逐渐提升，自20世纪80年代以来，上海对外资的吸引力大幅度提升。1980年，上海市诞生了第一家中外合资企业——上海迅达电梯有限公司，到2017年年底，上海有跨国公司地区总部625家，亚太区总部70家，上海成为中国内地跨国公司地区总部最多的城市。随着中心城区土地储备逐渐减少，土地价格不断攀升，城市向外扩展疏解的需求日益强烈。随着道路交通系统，尤其是以轨道交通为主的公共交通网络的延伸，临近中心城区的郊区由于良好区位和较低的土地成本，成为许多境外投资商设企建厂的最优选择，一定程度促进了中心城区以外地区的产业集聚。

此外，乡村工业化进程对上海郊区的土地利用进程也发挥着重要影响。上海郊区工业化过去属于典型的"苏南模式"，乡镇企业数量大、规模小、分布零散，采用的是"镇办镇有、村办村有"的路线。20世纪80年代中后期，上海市政府提出了"工业向园区集中"的政策，试图实现工业的集中，但考虑到各乡镇的经济发展和利益，允许乡镇把兴建工业园区作为招商引资的手段，出现了"乡乡批土地、镇镇办工业区"的现象。1995年年底，上海市郊区共有乡镇企业1.8万个，分布在4000多个工业点上，平均每个工业点拥有的乡镇企业数目不超过5个。1999年，上海郊区的乡镇企业总数增长到3.6万个，占全市总数的72%，平均每个乡镇有180家乡镇企业。目前，上海市郊区共有180个工业园区是各乡镇自办的小工业区。乡村工业化推进了自下而上的农村城市化进程，这在一定程度上也加速了郊区的土地利用变化进程。

(三) 社会因素

人口分布及变化是影响区域土地利用变化的重要因素。从1984～2017年，上海市人口从516.65万人增长到2418.33万人，增长了3倍多。近年来，虽然上海市人口的自然增长处于负增长，但由于外来人口和人口的机械增长率的波动上升，上海市总人口数量还将持续上升。人口数量的持续增长是耕地面积锐减的主要原因。20世纪80～90年代，上海农村地区的农民绝大多数以耕田为生，经济收入来源较为单一。近年来随着农村人口的增加，以种田为主的单一的经济收入已经不能满足人们的生活需要，更多的人选择收入较高的工厂去做工。为了利用大量的农村廉价劳动力，许多企业纷纷在郊区落户，乡镇企业用地数量也与日俱增，占用了大量的耕地。同时城市新增人口逐步流向近郊区和远郊区，进一步推动了城镇建设用地向城郊的扩展，大量的耕地被转变为城镇建设用地，由此导致城郊耕地面积的锐减，改变了城郊的用地结构。

中心城区由于人口的急剧增长，导致居住环境恶化、地价攀升、交通拥堵，生活成本不断升高，越来越多的人群开始选择在远离市中心但交通条件便利的地区购房，上下班依靠地铁、公交或私家车往返于市中心和郊区。伴随着大量传统制造业的外迁，新的工业园区也纷纷在建成区外地区建立。产业的快速发展带动了配套公共服务设施等第三产业的发展，同时吸引了大量外来从业人口。随企业外迁的从业人员出于出勤时间成本和经济成本的综合考虑，往往会选择在附近置业定居。

同时，人民生活水平的高低和富裕程度也会对土地利用变化产生一定的影响。随着上海市居民收入的提高，生活水平和质量也得到不断的改善。首先，人均住房面积日益增加，从1984年的5m^2左右增加到2017年的36.7m^2，增长了超过6倍，由此进一步促进和推动了房屋住宅建设，使城市居住建设用地面积不断扩大；其次，私人小汽车的拥有量不断增加，从而刺激了城市道路交通用地的扩展；再次，人们对居住环境质量的要求不断提高进一步推动了城市绿地的建设，一些大型的广场、休闲设施和场馆的建设用以满足人们在物质和精神文化方面的需求，由此引起城市土地利用格局的改变。

　　此外，一些大型的活动和国际盛会的举办也会给上海土地利用格局及其变化带来一定的影响。例如，国际 F1 赛事的承办，尤其是 2010 年举办的上海世界博览会，是引起会址场所周边的土地利用格局发生改变的主要原因。

第三章　城市生态空间格局与变化

第一节　城市生态空间数据获取

一、遥感影像获取与预处理

最新的遥感数据以中国资源卫星应用中心陆地观测卫星数据服务平台的"高分2号"(GF2)卫星影像数据为基础,时间跨度为2017年4月29日至2018年3月10日。上海全境覆盖影像共38景,利用ENVI软件进行正射校正、辐射定标、图像融合、大气校正等处理,生成配准后的"高分2号"影像(图3-1和图3-2)。然后以上海市行政区划为范围,以单元网格进行分幅矢量化,最终生成上海全境土地覆被分类数据成果。

启动ENVI 5.3软件,在菜单栏中完成高分影像原始数据加载。在左侧图层管理LayerManager面板中,选择多光谱或全色数据图层,右键ViewMetadata查看其元数据信息,可以看到ENVI很好地识别了数据的RPC信息(图3-3)。

基于RPC信息分别对多光谱和全色数据进行正射校正。在Toolbox中,选择GeometricCorrection>Orthorectification>RPCOrthorectificationWorkflow,打开正射校正流程化工具。完成"高分2号"多光谱数据的正射校正后,全色数据的正射校正操作与之完全相同,不同之处为"高分2号"全色数据正射校正时输出像元大小需设置为1m。

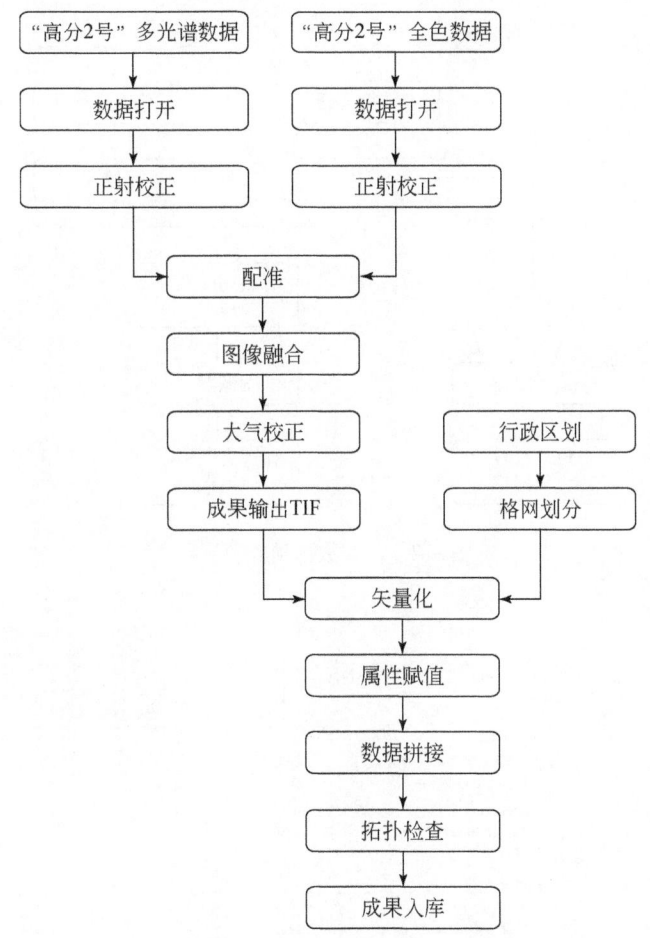

图 3-1 基于"高分 2 号"影像图的土地覆被分类流程图

比对正射校正后的多光谱和全色数据，查看二者是否完全配准，如果没有完全配准，就需要对其进行配准，可使用 ENVI 中的自动配准流程化工具，以全色数据为基准对多光谱数据进行配准。完全配准后进行图像融合。

选择上一步图像融合后的结果，进行快速大气校正，以基本消除或减弱大气的影响。经过以上步骤，完成上海市全境 38 幅"高分 2 号"影像预处理工作，如图 3-4 所示。

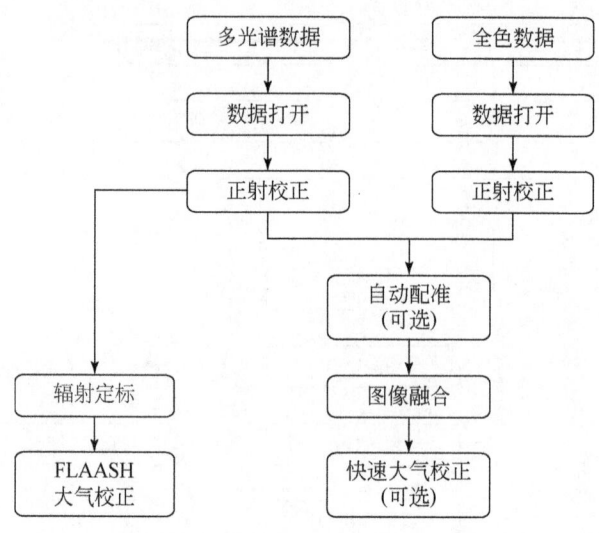

图 3-2　GF2 数据预处理流程

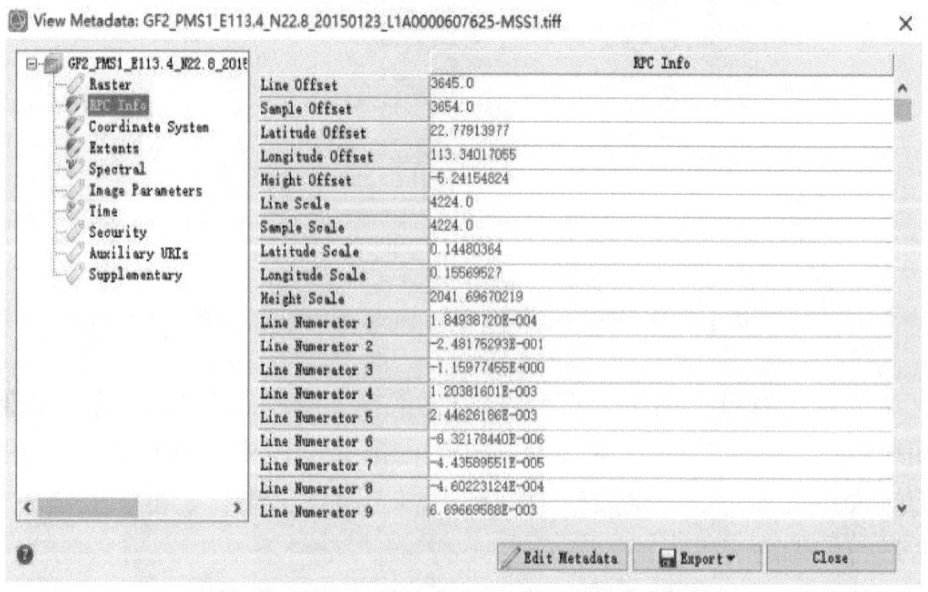

图 3-3　ENVI 自动识别 GF2 数据 RPC 信息截图

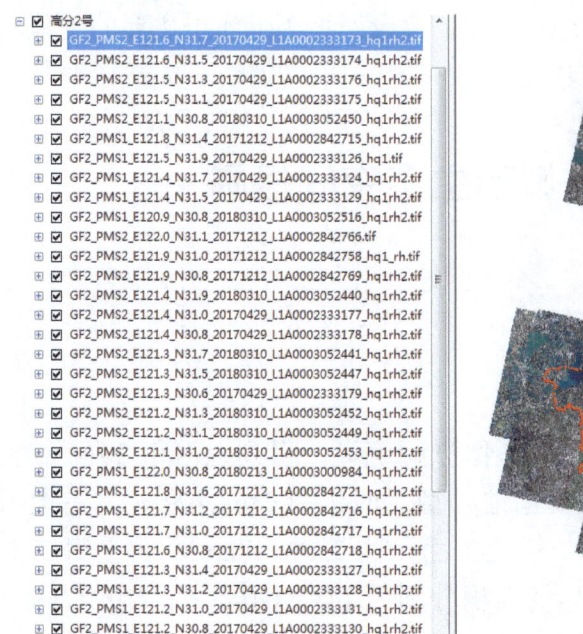
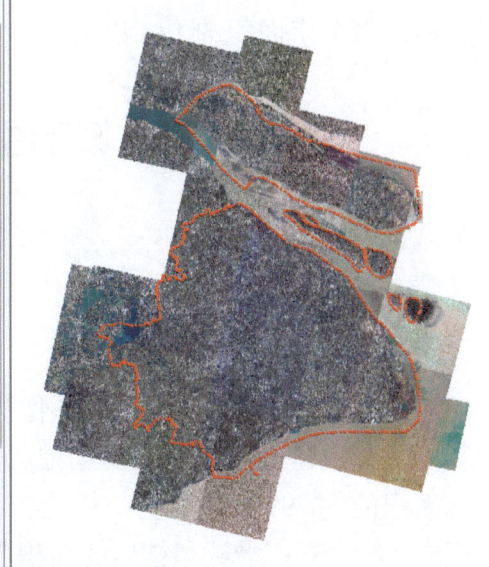

图 3-4　"高分 2 号"影像预处理成果示意图

二、生态空间及硬化地表提取

城市扩展主要表现为城镇建设用地面积的扩大和扩大过程中对其他土地利用类型的影响，是一种土地利用变化过程。城市扩展重点监测城市扩展对区域土地利用的影响。依据全国土地分类标准、城市生态环境遥感监测与评价中采用的土地分类系统，结合上海城市特点，重点体现城市生态空间要素。同时，按照国家土地覆被分类标准进行分类，将上海城市土地分为六大类——林地、草地、滩地、水域、耕地、建设用地，完成城市扩展过程中不同土地覆被类型之间的转换，整体获得上海城市空间的变化状态。

2017 年上海市域面积共 7752 km^2，林地、草地、耕地、水域、滩地和建设用地的面积分别为 719.37 km^2、336.83 km^2、2296.47 km^2、

1412.04km²、119.66km²和2867.63km²，分别占上海市总土地面积的9%、4%、30%、18%、2%和37%，建设用地为上海市主要的土地利用类型，占全市面积的1/3以上。

第二节　城市生态空间格局

一、生态空间组成现状

对上海市2017年高清遥感影像进行解译，得到上海市2017年土地利用状况。建设用地是主要用地类型，面积为2867.63km²，占上海市总面积的36.99%；其次是耕地，面积为2296.47km²，占上海市总面积的29.62%；水域和林地的面积分别为1412.04km²和719.37km²，分别占上海市总面积的18.22%和9.28%；草地和滩地最少，面积分别为336.83km²和119.66km²，分别占上海市总面积的4.35%和1.54%（表3-1）。

表3-1　上海市2017年土地利用情况

土地利用类型		面积/km²	比例/%
生态空间		2587.9	33.38
	林地	719.37	9.28
	草地	336.83	4.35
	水域	1412.04	18.22
	滩地	119.66	1.54
耕地		2296.47	29.62
建设用地	城镇用地、农村居民用地、工业用地、交通用地	2867.63	36.99
合计		7752	100

生态空间是指具有自然属性、以提供生态服务或生态产品为主体功能的国土空间，包括森林、草原、湿地、河流、湖泊、滩涂、岸线、海洋、荒地、荒漠、戈壁、冰川、高山冻原、无居民海岛等区域，是保障区域生态系统稳定性、完整性，提供生态服务功能的主要区域。上海城市生态空间主要包括林地、草地、水域、滩地等。根据 2017 年的土地利用现状，目前上海生态空间总面积为 2640.23km^2，约占全市总面积的 33.82%（图 3-5）。

图 3-5　上海市 2017 年"三生"空间分布图

结合城市总体规划和生态网络规划，上海市基本生态要素网络主要可概括为"环、廊、区、源"的城乡生态要素体系。统一整合城市绿地、林地、耕地、水域和滩涂等各种生态要素，根据所处区位和土地利用类型不同，可分为三个生态空间。第一是主城区外环绿带外的陆域地区生态空间，包括市域外多条河流生态走廊和以农田为主的生态保育区，它是上海的基底性生态空间。呈现放射状、保持通畅性的

9条绿色廊道主要包括嘉宝、嘉青、青松、黄浦江、金奉等，其主要作用是实现城市间隔，避免连绵建设，实现与中心城生态空间的互联互通，生态走廊在维护生态空间方面发挥着重要作用。被各生态廊道隔开的农田主要大面积分布在黄浦江上游—青西、崇明三岛及黄浦江—大治河以南地区。第二是中心城周边地区生态空间。中心城周边地区生态空间系统主要包括市域"双环"和中心城周边地区的生态间隔带，是中心城与外围自然生态空间互联互通的结构性生态用地。第三是中心城区内和郊区新城、新市镇等集中城市化地区的绿化生态空间。主要包括一些城市公园、沿江沿路生态绿地、楔形绿地等。它是保证城市生态安全、保持城市良好环境、满足人们日常休闲生活的生态性结构绿地。

上海各区生态空间、耕地和建设用地现状如表3-2所示，其中崇明区的生态空间面积占比最高，为48.83%；其次为青浦区、浦东新区和奉贤区，生态空间面积占比在30%~40%；金山区、宝山区和松江区的生态空间面积占比在20%~30%；嘉定区、闵行区、杨浦区和黄浦区的生态空间面积占比在10%~20%；而普陀区、徐汇区、虹口区和长宁区的生态空间面积占比在8%~10%；静安区的生态空间面积占比最低，为6.30%（图3-6）。

表3-2 2017年上海市各区生态空间、耕地和建设用地现状

区域	生态空间		耕地		建设用地	
	面积/km²	占各区面积的比例/%	面积/km²	占各区面积的比例/%	面积/km²	占各区面积的比例/%
长宁区	3.1852	8.55	0.3688	0.99	33.7071	90.46
宝山区	72.3223	22.99	25.8378	8.21	216.4043	68.79
崇明区	961.832	48.83	725.5883	36.84	282.4098	14.34
奉贤区	270.3058	34.16	284.0601	35.90	236.8792	29.94
虹口区	2.0259	8.66	0.0572	0.24	21.3081	91.09
黄浦区	2.8083	13.65	0	0.00	17.7642	86.35
嘉定区	90.9192	19.64	118.8836	25.68	253.1884	54.69

续表

区域	生态空间 面积/km²	生态空间 占各区面积的比例/%	耕地 面积/km²	耕地 占各区面积的比例/%	建设用地 面积/km²	建设用地 占各区面积的比例/%
金山区	171.1315	25.89	292.7011	44.28	197.2363	29.84
静安区	2.3208	6.30	0	0.00	34.4884	93.70
闵行区	73.0641	19.53	48.7709	13.04	252.2924	67.43
浦东新区	539.2654	33.47	381.794	23.70	689.9956	42.83
普陀区	5.5769	10.00	0.0037	0.01	50.1993	90.00
青浦区	242.6328	36.09	210.4017	31.30	219.2166	32.61
松江区	135.1995	22.36	207.2973	34.29	262.1149	43.35
徐汇区	5.2732	9.50	0.2236	0.40	50.0093	90.10
杨浦区	10.0386	16.47	0.4843	0.79	50.4161	82.73
合计	2587.902	33.38	2296.472	29.62	2867.63	36.99

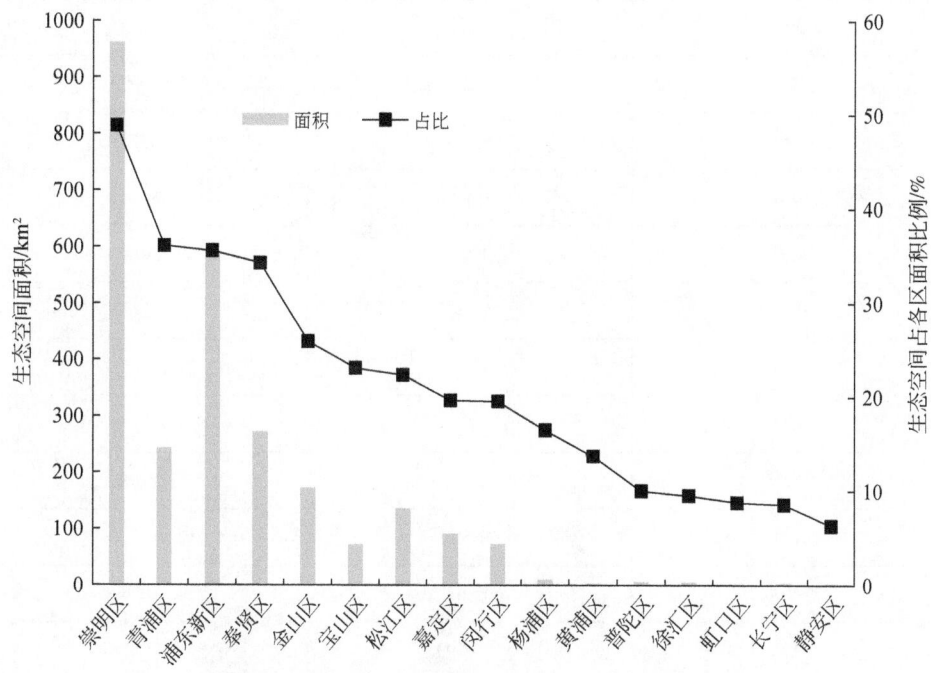

图 3-6　2017 年上海各区生态空间面积及其占比

二、典型生态空间

1. 林荫道

城市林荫道是城市生态空间的重要组成部分和绿色廊道，发挥着多种生态功能。植物是林荫道发挥景观和生态功能的载体，行道树树种、栽植方式影响着林荫道环境质量及人体舒适感。上海城市绿化开展较早，行道树建设完善，行道树以香樟、悬铃木、栾树、朴树等为主，2011～2017年各区（县）创建林荫道198条。根据实地测试结果可知，香樟、栾树、朴树等的行道树间距约为5m，悬铃木的树间距约为9m，按此间距估计，上海市185条林荫道长222.3km，估计有行道树68.1万棵（表3-3）。

表3-3 部分道路的行道树种植情况

树种	数量/棵	路长/m
臭椿	1 172	2 931.24
金丝柳	733	1 831.28
榉树	3 735	9 338.57
柳树	732	1 830.40
栾树	11 686	29 214.37
朴树	5 464	13 659.77
珊瑚朴	471	1 177.51
水杉	1 175	2 937.59
无患子	290	723.99
香樟	49 608	124 397.74
悬铃木	605 627	34 242.88
总计	680 693	222 285

2. 公园绿地

依据上海市政府数据服务网提供的公园绿地数据，结合上海市2017年高分遥感影像解译的土地覆被类型矢量数据，并结合地图等基础资料，对上海市公园绿地进行统计。共得到405个公园绿地，其在上海市的分布如图3-7所示。其中，浦东新区81个、闵行区48个、嘉定区43个、宝山区40个、松江区28个、普陀区25个、长宁区18个、徐汇区21个、杨浦区19个、黄浦区17个、虹口区15个、青浦区13个、金山区12个、闸北区11个、静安区10个、奉贤区4个。面积最大的为奉贤区的海湾国家森林公园，达694.69hm^2；面积最小的为金山区的古松园，仅0.08hm^2。统计发现上海市公园绿地中，90%的面积在1hm^{2}以上，因此选取1hm^{2}以上的公园绿地作为研究对象，共计363个（图3-7）。

图3-7　上海市公园绿地（面积1hm^{2}以上）分布图

3. 湿地资源

上海有着丰富的湿地资源。根据上海市第二次湿地资源调查结果显示：上海市湿地总面积为 37.70 万 hm^2，共划分为 5 类 13 型（不含水稻田），其中，近海与海岸湿地 29.67 万 hm^2，河流湿地 0.73 万 hm^2，湖泊湿地 0.58 万 hm^2，沼泽湿地 0.93 万 hm^2，以上 4 类为自然湿地，总面积 31.91 万 hm^2，占湿地总面积的 84.64%，人工湿地 5.79 万 hm^2，占湿地总面积的 15.36%。

从湿地类型分布看，近海与海岸湿地主要分布在长江河口和杭州湾北岸区。河流湿地主要分布在黄浦江以西的区域内，多为黄浦江支流或源流，并且大多呈东西向排列。湖泊湿地都为永久淡水湖泊，全部在太湖碟形洼地边缘，上海西部的青浦区。沼泽湿地分布较窄，主要在长江口河口和南部杭州湾北岸大堤内外分布。人工湿地在上海市陆域内广泛分布，郊区分布密度显著高于中心城区。从行政区域分布看，崇明县、浦东新区、青浦区，三个区县湿地总面积为 34.42 万 hm^2，占全市湿地的 91.30%，是上海市湿地资源的集中分布区。

第三节 城市硬化地表格局

一、硬化地表空间识别

硬化地表是指各种不透水建筑材料所覆盖的表面，包括城镇用地、农村居民用地、工业用地、采矿用地、交通用地和其他建设用地等（Wu and Murray，2003；李伟峰等，2008；朱明等，2006）。为分析上海城市硬化地表的空间格局差异，借助 ArcGIS10.2 工具和 Fragstats4.2 软件统计硬化地表的景观格局特征。景观格局指数选用斑块密度（PD）、最大斑块指数（LPI）、景观形状指数（LSI）、同类斑块邻接比（PLADJ）和分离度指数（SPLIT）（李秀珍等，2004；钟炜菁等，

2017)。此外，依据上海市道路网的主要交通环线，将内环线以里、内环—外环线、外环—郊环线及郊环线以外的地区划分为4个区域，并将外环线以内地区作为中心城区（Xu et al., 2013），同时以研究区的几何空间中心为圆心，以适当长度为半径，画出8个夹角均为45°的扇形，进而将研究区划分为8个扇形区域（图3-8）。

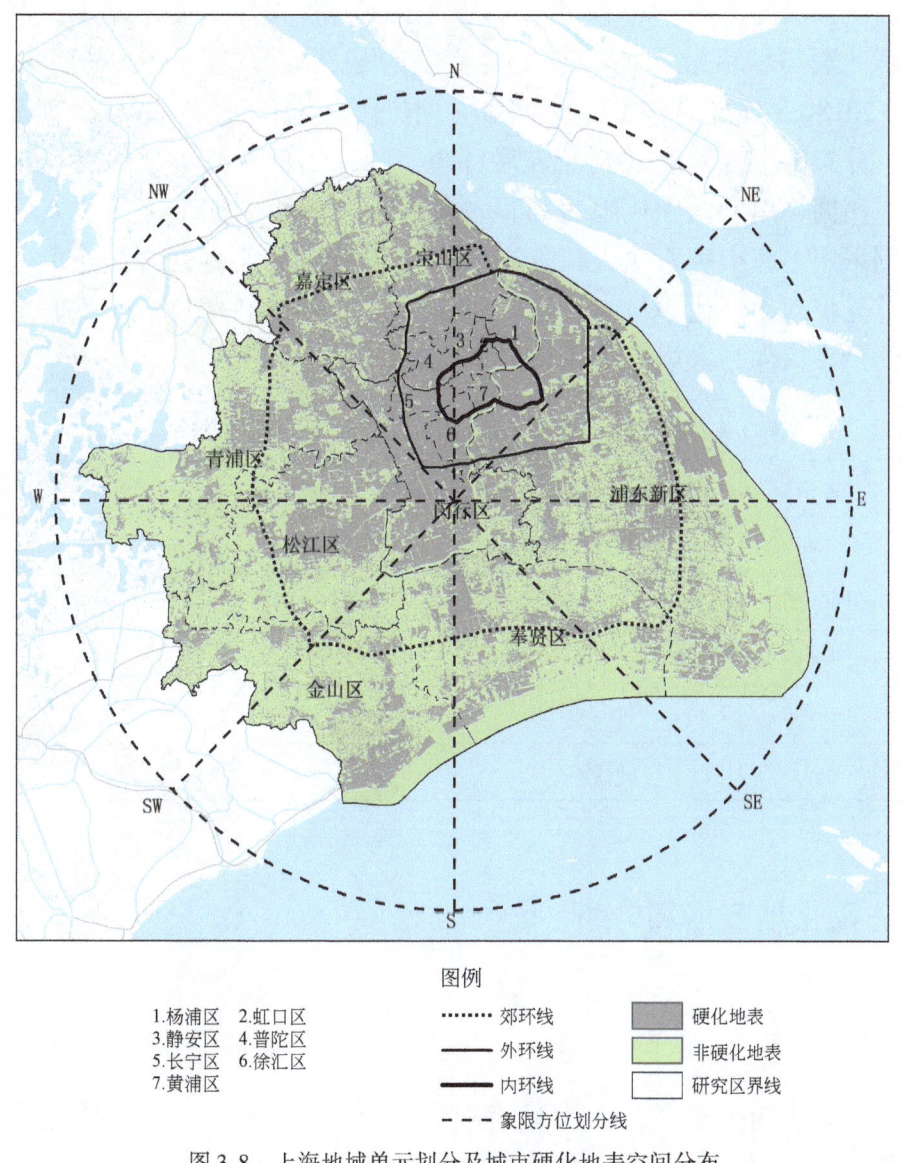

图3-8　上海地域单元划分及城市硬化地表空间分布

城市硬化地表的快速增长易伴随产生城市热岛（岳玉娟等，2015；刘文渊等，2012；Nie et al.，2015）、暴雨内涝（王美雅和徐涵秋，2018；Kim et al.，2016；Weng et al.，2009）、土壤退化（Jensen，2015；Lepeška，2016）等生态环境效应。例如，2010年8月中旬持续多日的高温热浪天气（陈敏等，2013），2013年10月6~8日上海严重内涝和交通瘫痪（李海宏和吴吉东，2018）。大量研究表明，生态环境问题与城市硬化地表有一定程度的相关性（赵丹，2016；Xu et al.，2018b；韩丹等，2019）。为此，本研究根据不同地域硬化地表与人口分布的耦合程度来判断人居环境风险的高低。其中，地表硬化程度采用栅格单元内硬化地表面积占栅格单元面积的比率表示，人口分布则采用上海市第六次人口普查数据得到的街道人口数量。处理过程中首先将地表硬化率与人口密度划分为不同等级（表3-4），并取二者中的最小值作为人居环境风险等级。

表3-4 基于城市硬化地表与人口密度耦合的人居环境风险等级

地表硬化率/%	人口密度/(人/km^2)	人口密度或地表硬化等级	生态环境风险等级
HSR<30	PD<1 000	1	低
30<HSR≤50	1 000<PD≤4 000	2	一般
50<HSR≤80	4 000<PD≤10 000	3	中等
80<HSR≤90	10 000<PD≤40 000	4	较高
HSR>90	PD>40 000	5	高

二、硬化地表格局分析

（一）中心城区内外差异

结果表明，2017年上海城市硬化面积有2100km^2，占到研究区面积的45%。其中，26%的硬化地表分布在中心城区，地表硬化率高达

84%，对城市内部的热辐射、水循环、土壤环境等生态影响风险极大（Lepeška，2016；Yan et al.，2015；赵坚，2008）。中心城区以外分布有硬化地区1546km^2，占到城市硬化地表面积的74%，不过地表硬化率仅为38%，不及中心城区地表硬化率的一半（表3-5）。

表3-5 上海中心城区内外的硬化地表面积差异

地域单元	面积/km^2	硬化地表面积/km^2	硬化地表面积占比/%	地表硬化率/%
中心城区内	662.91	553.81	26.37	83.54
中心城区外	4040.42	1546.45	73.63	38.27
研究区	4703.33	2100.27	100	44.65

从景观格局指数来看，上海城市硬化地表的斑块密度（PD）为1.73，稍低于中心城区外的斑块密度，但几乎为中心城区内斑块密度的10倍；同时中心城区内硬化地表的LPI明显高于中心城区外和研究区均值，说明中心城区内硬化地表斑块数量少且面积大。上海城市硬化地表LSI为111.78，说明硬化地表的景观形状复杂，而中心城区内硬化地表的斑块形状非常规则，这与中心城区健全的交通路网与城市建设规划有关。此外，上海城市硬化地表斑块空间分布相对集中，尤其是中心城区内的硬化地表斑块邻接比（PLADJ）相对较高，且空间分离度指数（SPLIT）接近中心城区外的一半，说明中心城区内硬化地表团聚程度较高，硬化地表聚集成片分布特征显著（表3-6）。

表3-6 上海中心城区内外硬化地表的景观指数差异

地域单元	PD	LPI	LSI	PLADJ	SPLIT
中心城区内	0.17	90.86	18.56	98.43	1.21
中心城区外	1.84	65.68	95.19	96.63	2.32
研究区	1.73	53.16	111.78	96.60	3.45

（二）道路环线之间差异

受交通道路对城市空间形态的影响（孙杨等，2019；吴健，2010），上海主要交通线路之间的硬化地表分布存在明显差异。外环—郊环线地区的硬化地表面积为979km^2，几乎占到研究区硬化地表总面积的47%；其次为郊环线以外的地区分布有硬化地表671km^2，内环—外环线地区有366km^2硬化地表，二者分别占到硬化地表总面积的32%和17%；内环线以里的硬化地表面积不足总面积的4%（图3-9）。此外，城市地表硬化率从内环向外环依次降低。内环线以里地区的地表硬化率高达91%，内环—外环线地区和郊环线以外地区的地表硬化率分别减少到82%和53%，而郊环线以外的硬化地表比例仅为29%，不及内环线以里地表硬化率的1/3。

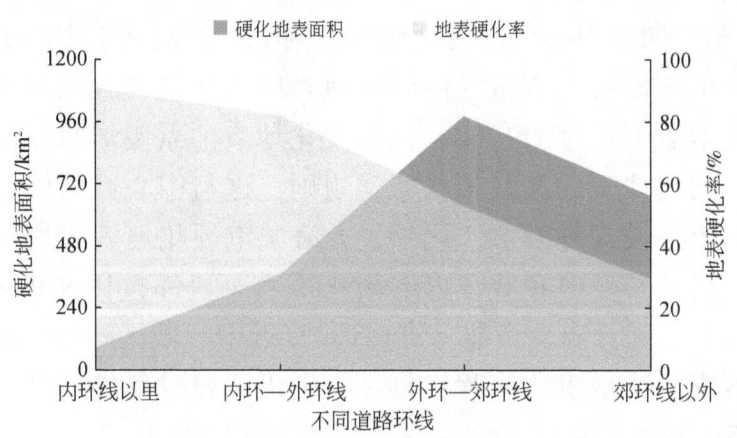

图3-9　上海城市硬化地表面积的道路环线分布差异

从景观格局指数来看，硬化地表的斑块密度（PD）、景观形状指数（LSI）和分离度指数（SPLIT）均表现出由内环向外环增加的趋势（表3-7）。其中，内环线内部硬化地表的PD和LSI与郊环线以外地区差异大，而分离度指数（SPLIT）在道路环线间的差异相对较小，表明外环线以外地区的硬化地表斑块更加复杂，可能与郊区大面积生态空间的镶嵌分布有关。上海城市硬化地表最大斑块指数（LPI）和同类斑块邻接比（PLADJ）表现出由内环向外环降低的趋势。其中，内环线以里硬化地表的 LPI 要比郊环线以外地区高 24%，其 PLADJ 也比外环—郊环线地区高 2%，说明外环线以里的硬化地表集聚化分布，相比之下，郊区硬化地表斑块零散分布。

表 3-7　上海城市硬化地表景观指数的道路环线差异

区域	PD	LPI	LSI	PLADJ	SPLIT
内环线以里	0.05	96.26	4.39	99.83	1.08
内环—外环线	0.15	91.71	16.88	98.59	1.19
外环—郊环线	1.28	78.1	59.2	97.38	1.64
郊环线以外	1.13	77.74	46.24	98.49	1.65

（三）不同方位象限差异

上海城市空间格局的"多心、多核、多组团"特征明显（俞龙生等，2011），为比较不同方位象限内硬化地表的分布差异，采用同心圆式的区域分析更为有效（Du et al., 2015）。结果发现，上海城市硬化地表高度集中于北部，且南北差异大，而东西方向分布差异不大（图 3-10）。其中，正北方向（N）分布有硬化地表 427km^2，占到硬化地表总面积的 20%，地表硬化率高达 72%；而正南方向（S）的硬化地表仅有 190km^2，地表硬化率约为 39%，仅为正北方向硬化地表分布的 1/2。此外，东西方向硬化地表的占比均为 12%，且地表硬化率分别为 34% 和 39%。

从景观格局指数来看，北部硬化地表斑块密度（PD）明显小于南部，且正东方向 PD 约为正西方向的 2 倍，但是北部硬化地表的最大斑块指数（LPI）明显高于南部，而东西方向的 LPI 值接近，说明上海北部城市硬化地表的连片分布特征明显，但东西差异不大（表 3-8）。对于硬化地表的形状指数（LSI）和分离度指数（SPLIT）而言，南部地区 LSI 和 SPLIT 均高于北部，且正东方向高于正西方向，说明南部地区硬化地表斑块形状复杂，且空间距离较大。此外，

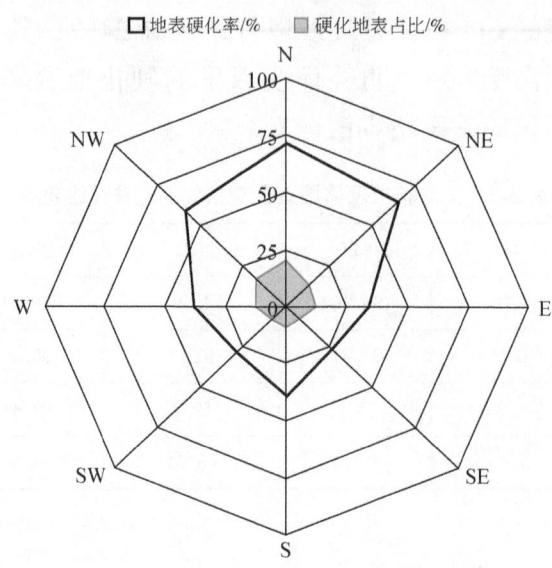

图 3-10 上海城市硬化地表分布的方位象限差异

硬化地表的同类斑块邻接比（PLADJ）的方位差异不显著。总体来看，上海城市硬化地表以大面积的规则斑块分布于北部地区，南部地区硬化地表呈零散分布。

表 3-8 上海城市硬化地表景观指数的方位差异

方位	PD	LPI	LSI	PLADJ	SPLIT
N	0.37	20.59	37.32	95.12	23.57
NE	0.18	11.88	37.42	93.93	70.77
NW	0.50	15.36	59.30	91.56	42.39
E	1.01	9.19	77.53	86.87	118.33
W	0.53	9.93	54.48	90.84	101.30
SE	1.43	2.52	80.55	82.83	953.48
SW	2.58	3.36	90.45	81.19	764.70
S	1.32	7.53	55.07	89.18	173.25

(四）人居环境风险程度

综合评估发现，高人居环境风险区主要分布在黄浦江以西的中心城区，地表硬化率高达95%，城市北部和中部的人居环境风险明显高于南部及东西部地区（图3-11）。人居环境风险处于一般等级的硬化地表面积最大，约占研究区总硬化地表面积的49%。低、中等和较高等级人居环境风险区的硬化地表面积接近，而高人居环境风险区的硬化地表面积最小。但是，地表硬化率与人口密度变化高度一致，中等

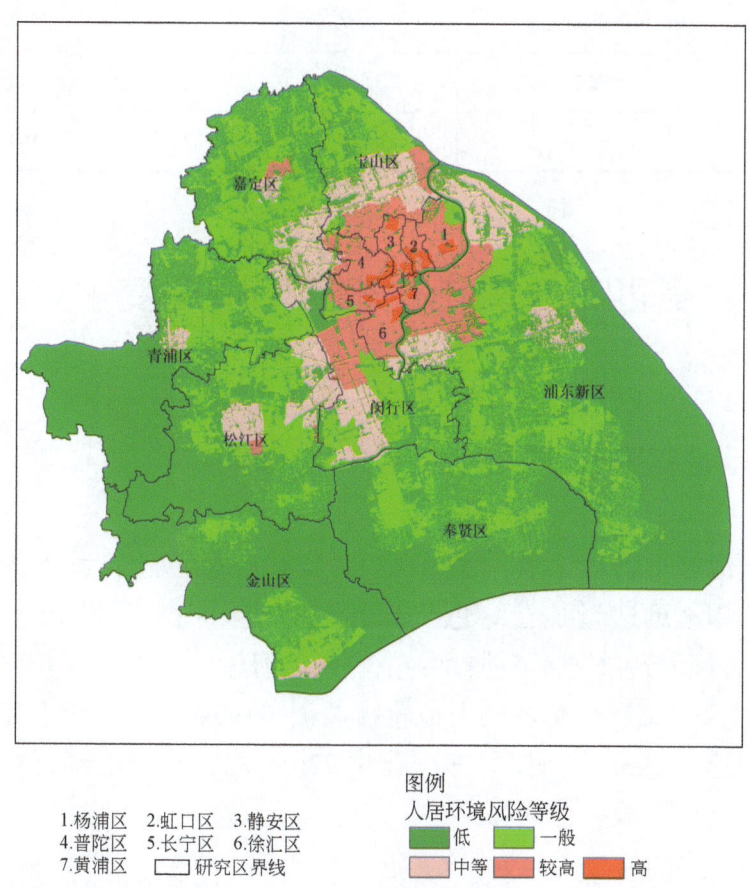

1.杨浦区　2.虹口区　3.静安区
4.普陀区　5.长宁区　6.徐汇区
7.黄浦区　　研究区界线

图例
人居环境风险等级
低　一般　中等　较高　高

图3-11　基于城市硬化地表与人口密度耦合的人居环境风险等级

以上的人居环境风险地区内，人口分布高度集中，且地表硬化率均超过70%，按照现有人口密度估算，大约1200万人可能遭受中等以上人居环境风险等级的影响（表3-9）。

表3-9 上海城市硬化地表空间与人口分布的叠加分析

人居环境风险等级	人口密度/（人/km^2）	硬化地表面积/km^2	地表硬化率/%	影响人口规模/万人
低	404.56	352.13	13.08	30.87
一般	2 705.30	1 021.42	46.53	276.32
中等	7 336.59	364.60	72.29	267.49
较高	22 705.65	333.17	86.32	756.48
高	62 288.25	28.95	95.09	180.35

第四节 城市生态空间格局变化

一、土地覆被变化

从上海城市边界来看，20世纪80年代以来，随着城市的快速扩展、建设用地迅速增加，绿色空间和生态空间面积不断减少（图3-12）。随着填海造陆的不断加大，上海市的海岸线边界逐年扩张。根据1979年以来遥感影像解译的土地覆被数据，1979~2017年上海市围海造陆面积达246km^2，海岸线净变化率22.5m/a，除南汇奉贤交界岸段蚀退外，其他岸段整体向海推进。

第三章 城市生态空间格局与变化

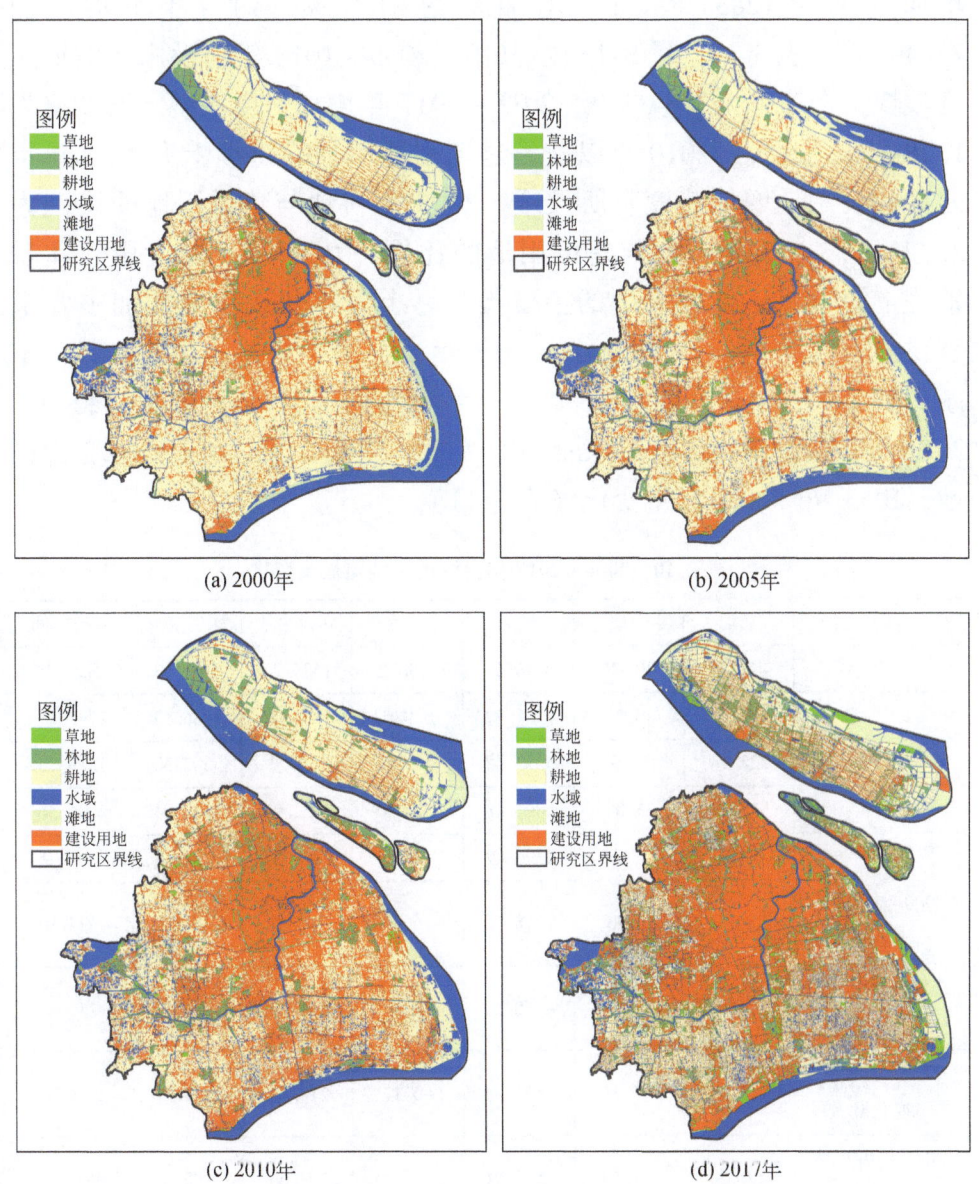

图 3-12 上海市 2000~2017 年土地利用变化图

（一）建设用地变化

2000~2017 年，上海市建设用地从 1584.25 km² 增加到 2867.63km²，

增加幅度为 1283.38 km², 增加率达 81.01%, 约合年平均增加 75.49km²（表3-10，图3-13）。其中，2005~2010年建设用地增加速度较快，增加率为7.37%/a，2015~2017年增加速度最慢，增加率为1.78%/a。不过，2010年以前，建设用地增加率持续上升，2010年之后建设用地增加速度有所放缓。2000年耕地与建设用地的比例为2.72∶1，2017年耕地与建设用地的比例为0.8∶1。建设用地和耕地是上海城市土地覆被中的主要类型。上海市建设用地增加主要来自耕地面积持续减少。2000~2017年，上海市耕地从4310.55 km²减少到2296.47km²，减少46.72%，约合年均减少118.48km²。2000~2017年，建设用地241.57 km²转变为生态空间，298.74 km²转变为耕地，1043.96 km²未发生变化（表3-11）。

表3-10　2000~2017年上海市土地覆被及变化　　（单位：km²）

项目	林地	草地	耕地	水域	建设用地	绿色空间	生态空间
2000年	146.4	20.48	4310.55	1690.2	1584.25	6167.63	1857.08
2005年	175.27	40.21	4141.72	1529.63	1865.07	5886.83	1745.11
2010年	222.18	62.9	3383.43	1534.07	2549.3	5202.58	1819.15
2015年	533.57	35.04	2891.48	1527.95	2763.97	4988.04	2096.56
2017年	719.37	336.83	2296.47	1531.7	2867.63	4884.37	2587.9
2000~2005年变化量	28.87	19.73	-168.83	-160.57	280.82	-280.8	-111.97
2005~2010年变化量	46.91	22.69	-758.29	4.44	684.23	-684.25	74.04
2010~2015年变化量	311.39	-27.86	-491.95	-6.12	214.67	-214.54	277.41
2015~2017年变化量	185.8	301.79	-595.01	3.75	103.66	-103.67	491.34
2000~2017年变化量	572.97	316.35	-2014.08	-158.5	1283.38	-1283.26	730.82
2000~2017年变化率（%）	391.37	1544.68	-46.72	-9.38	81.01	-20.81	39.35

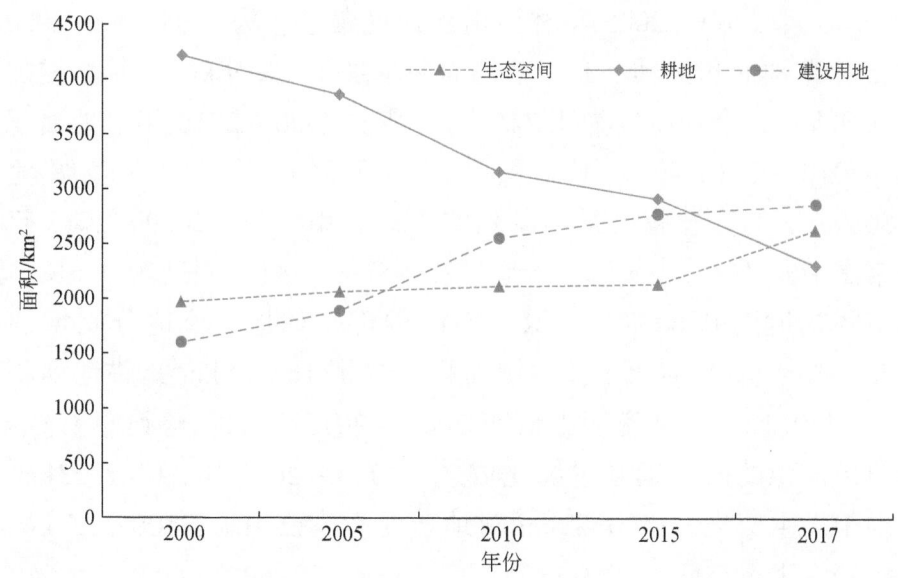

图 3-13　2000~2017 年上海市生态空间、耕地和建设用地面积变化

表 3-11　2000~2017 年上海市土地覆被转移矩阵　（单位：km²）

2000 年	2017 年		
	生态空间	耕地	建设用地
生态空间	1344.04	250.21	262.85
耕地	1002.25	1747.53	1560.82
建设用地	241.57	298.74	1043.96

（二）绿色空间面积变化

上海市绿色空间以耕地为主，还包括水域、林地和草地面积。绿色空间面积持续缩减也是上海市土地利用变化的一个显著特点（表3-10）。2000~2015 年绿色空间共减少 1179.591km²，约缩减了 19.13%，年平均减少量为 78.64km²，减少幅度为 1.28%/a。其中，林地稳步上升，2000~2015 年上海市林地由 146.4km² 增加到 533.57km²，共增加 387.17km²，增幅为 264%，年均变化速率为 17.63%。从林地的变化速度来看，2010~2015 年林地增加速度最快，

为28%/a，2000~2005年林地增加速度最慢，为3.94%/a。2000~2015年草地面积波动上升，草地面积增加了14.56km^2，年均增加量为0.97km^2，增加幅度为4.74%/a。其中2000~2010年草地面积增加，2010~2015年草地面积呈现出下降的趋势，下降幅度为8.86%/a，是变化程度最为剧烈的土地利用类型。2000~2015年上海市水域从1690.2km^{2}减少到1527.95km^2，减少幅度为9.6%，年均下降幅度为0.64%。在绿色空间内部，林地、草地分别增加了387.17 km^2、14.54 km^2，水域面积减少了162.25km^2，耕地面积减少了1419.12 km^2，说明上海市2000~2015年绿化建设卓有成效，但耕地面积的减少远超过绿化成效。2000~2017年，1747.53km^{2}的耕地未发生变化，1560.82km^{2}耕地转变为建设用地，1002.25 km^{2}耕地转变为生态空间（表3-11）。

（三）生态空间的变化

上海市生态空间以水域为主，还包括林地和草地。2000~2017年，上海市生态空间逐步增加（图3-13），总面积从1857.08km^{2}增加至2587.9km^2，增加了39.35%，年均增加42.99km^2。其中，2015~2017年增长量最大。2000~2017年，上海市生态空间1344.04 km^{2}未发生变化，250.21km^{2}转变为耕地，262.85km^{2}转变为建设用地（表3-11）。

（四）城市扩张方向

根据上海市中心城区范围内2000年上海市城乡建设用地的重心，作为城市扩展扇形分布图的原点，以覆盖2015年建设用地的长度作为半径（40km），采取8方位分配的扇形来分析城市扩展方向（图3-14）。结果表明，上海市建设用地扩展的主要方位是SE135°~SW225°，其中，西南方向扩张近572km^2，其次为向南和向西，分别扩张487km^{2}和401km^2，向东北方向扩张最少，仅为153km^2。因此，上海城市扩张方向以西南方向扩张为主，其次为南部与西部。

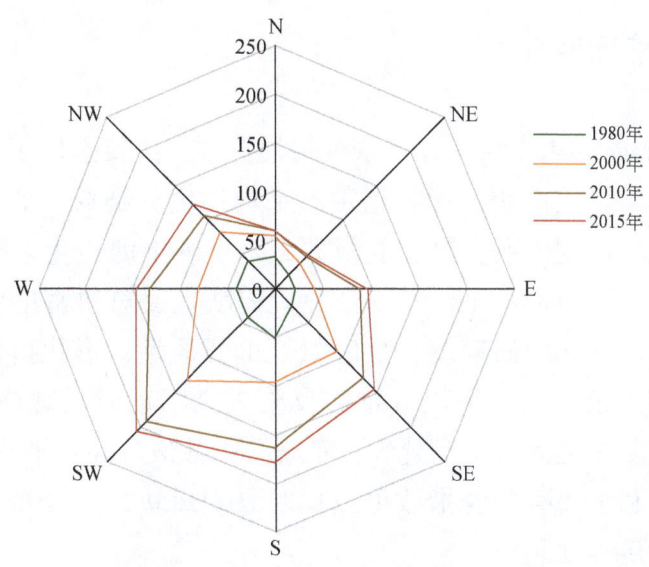

图3-14 不同时期建设用地扩张方向

综上,得出以下结论。

(1) 土地使用结构不合理。目前上海市建设用地总规模已达到上海市总面积的36.75%,远高于伦敦、巴黎、东京等国际大都市20%~30%的水平。

(2) 生态空间规模严重不足。2017年,上海森林覆盖率16.2%,与全国城市森林覆盖率22%的水平有一定的差距,与全球城市森林覆盖率高达40%~60%的标准差距甚远。绿地面积13.59km^2,人均公园绿地面积达到8m^2,距离全国平均人均公园绿地面积13.7m^2的水平和国家生态文明建设示范市的15m^2/人标准差距较大。上海建成区绿化覆盖率达到38.8%,与全球城市绿化水平相比,城市生态空间严重匮乏。

(3) 国土空间布局有待优化。上海城市建设扩张速度较快,国土开发圈层化蔓延趋势明显,空间格局需要优化,生态间隔系统亟待强化,农村建设用地布局碎片化现象明显,部分区域产城融合发展有待加强。

二、景观格局变化

使用 Fragstats4.2 软件计算景观格局指数,主要选取了斑块数、斑块密度、平均斑块面积、形状指数、平均斑块分维数、平均欧氏邻近距离、斑块凝聚度指数、聚合度指数,来反映上海市生态空间的景观结构组成和空间格局特征(表 3-12)。斑块数、斑块密度和平均斑块面积可以指示景观的破碎度,反映景观的异质性;形状指数反映景观空间格局的复杂程度;斑块分维数反映人类活动对景观格局的影响,一般来说,受人类活动干扰越大,景观分维数值越高;平均邻近距离、聚合度指数和斑块凝聚度指数可以反映景观斑块之间分布的离散、聚集及自然连接程度。

表 3-12 2000~2017 年上海城市生态空间的景观格局指数

景观格局指数	缩写及单位	2000 年	2005 年	2010 年	2015 年	2017 年
斑块数	NP(n)	2712	3653	6001	5637	8055
斑块密度	PD/(n/100hm^2)	0.3992	0.5261	0.8514	0.722	1.0319
平均斑块面积	AREA/hm^2	191.3278	138.3755	74.8848	89.3486	61.2965
形状指数	SHAPE	1.8173	1.8595	2.1102	1.727	2.1949
平均斑块分维数	FRAC	1.107	1.111	1.1325	1.0985	1.1315
平均欧氏邻近距离	ENN/m	90.0782	96.8135	87.471	113.541	38.0254
聚合度指数	AI/%	98.3356	98.2886	97.5587	94.6078	97.5471
斑块凝聚度指数	COHESION/%	99.9921	99.9897	99.9737	99.9461	99.9105

2000~2017 年,上海城市生态空间的景观格局指数变化情况见表 3-12。生态空间斑块数量和斑块密度在不断增加,而平均斑块面积在不断减小,说明景观破碎化趋势明显,生态空间的景观异质性在不断增强。形状指数和平均斑块分维数呈现增加趋势,说明生态空间斑块形状的复杂度在逐渐增加,人类活动对景观格局的影响程度在逐渐

增加。从斑块空间关系的特征来看,生态空间同类斑块的邻近距离明显减小,说明同类型斑块分布愈加集中;而斑块凝聚度指数和聚合度指数有减小趋势,生态空间在整体上呈现分散化趋势,而且自然连接程度降低。综上所述,上海城市生态空间格局受人类活动干扰的程度不断增加,呈现出明显的破碎化趋势,不同类型斑块聚合度降低、自然连通性降低。

第四章　城市热环境变化分析

第一节　热环境评估技术

一、研究进展

国外对城市热岛的研究起步较早，如 1997 年美国国家航空航天局（National Aeronautics and Space Administration，NASA）与美国环境保护局（Environmental Protection Agency，EPA）共同发起的"城市热岛试点计划"，对美国的洛杉矶、芝加哥等大城市进行了热岛治理，与此同时加拿大也开启了"Cool Toronto Project"计划，旨在改善多伦多的气候环境。我国城市热岛研究起步较晚，主要是利用气象台观测资料，用统计学的方法进行研究，研究对象集中在北京、上海等大城市。

目前城市热岛的研究主要包括地面观测法、遥感地表温度反演的方法、数值模拟法与计算流体力学的方法。在传统的地面观测法的研究中，Brian 和 Norma（2006）根据遥感数据资料对美国南部城市热岛现象和成因进行了描述和归纳。Sailor 和 Lu（2004）使用 PBL 方法对美国东部大城市 Philadelphia 的人为活动对城市热环境的影响进行对比研究。何萍和李宏波（2002）对 1959~2000 年气象站观测资料的分析表明，楚雄市的热岛效应越来越显著，并表现出明显的季节性。由于传统的城市热岛研究方法受限于观测站点的数量和位置，仅能从宏观上揭示城市热岛效应的空间分布，不能有效地在微观上表征城市热环境的发展和布局等特征，鉴于遥感技术在时间和空间上的优越性，遥感反演法已逐步成为城市热岛热环境研究的主要方法。遥感反演算法主要包括：针对热红外波段是单波段的单窗算法、普适性单通道算法和辐射传输方程法。其中单窗算法应用地表比辐射率、大气透过率和大气平均作用温度等参数进行地表温度反演，该算法对地表温度演算精度很高，平均误差小于0.4℃（覃志豪等，2001）。

在利用遥感反演方法研究城市热岛效应的初始阶段，学者们主要是从宏观的角度，对整个城市格局进行整体概况的研究。其中Carnahan和Larson（1990）在20世纪90年代就利用TM遥感影像从定性和定量的角度研究了印第安纳波利斯的城市热岛状况。Streuker（2002）利用TM影像对美国休斯敦市的城市热环境状况进行了研究，比较了城区与郊区的温度差异及相关的影响因素。Soushi和Yasushi（2005）利用ASTER和ETM+数据研究了名古屋地区春、夏、秋、冬四季的热场分布与变化特征，结果表明：夏季热中心出现在城市中心。Tran等（2006）综合利用了MODIS和TM数据对东京、北京、上海、武汉、平壤、曼谷、马尼拉及胡志明市的热环境状况进行了分析，在此基础之上研究了温度的昼夜变化及季节变化、植被状况、热场空间分布模式与城市自身热辐射之间的相关关系。段金龙等（2011）以郑州为例，利用1988年LandsatTM和2001年EMT+影像反演了亮温温度，结果表明郑州市热岛效应不断加剧。岳文泽等（2006）通过定量反演地表温度和NDVI，把生态环境效应与土地利用相结合，从而对城市土地利用的生态环境效应进行研究。

二、评估技术

（一）数据源

结合上海市历次城市规划情况，选择1987年、2000年和2017年三期，轨道号为118/38和118/39的Landsat卫星影像（表4-1）。所选用的影像数据成像质量较好，研究区内天气晴朗，大气对成像影响小。

通过辐射定标等一系列预处理，采用 WGS-84 坐标系，采用 UTM 投影，带号 51，反演得到 3 个时期上海市热场情况，据此分析上海城市热岛的时空变化情况及其成因。

表 4-1　本研究数据源

行列号	1987 年	1989 年	2000 年	2017 年
传感器	TM5	TM5	ETM+	LC8
118/38	5 月 18 日	8 月 11 日	9 月 18 日	8 月 24 日
118/039	5 月 18 日	8 月 11 日	9 月 18 日	8 月 24 日

（二）地表温度反演方法

首先通过对遥感热红外波段的反演可得到地表温度值。根据地表温度值，可以获得地表斑块的热场强度。地表温度的反演采用如下步骤：首先，对 Landsat 8 TIRS Band 10 进行辐射定标，将灰度值转变为辐射亮度（L）：

$$L = \text{Gain} \times \text{DN} + \text{Offset} \qquad (4\text{-}1)$$

式中，Gain 和 Offset 分别为传感器各波段的增益与偏离值 [W/(m²·sr·μm)]；DN 为灰度值；L 为辐射亮度 [W/(m²·sr·μm)]。其次，对 Landsat 8 OLI 进行大气校正，并用式（4-2）计算 NDVI：

$$\text{NDVI} = \frac{\rho_{\text{NIR}} - \rho_{\text{RED}}}{\rho_{\text{NIR}} + \rho_{\text{RED}}} \qquad (4\text{-}2)$$

式中，ρ_{NIR} 和 ρ_{RED} 分别表示热红外波段和红色波段，在 Landsat 8 OLI 中，分别为第 5 波段（0.845~0.885μm）和第 4 波段（0.630~0.680μm）。再者，根据 NDVI，利用 Sobrino 等（2004）提出的 NDVI 阈值法计算地表比辐射率（ε）：

$$\varepsilon = 0.004 \times P_{\text{v}} + 0.98 \qquad (4\text{-}3)$$

式中，P_{v} 为地表植被覆盖度，该参数通过 NDVI 计算得到，计算方法为

$$P_V = \begin{cases} 1 & \text{NDVI} > 0.7 \\ \dfrac{\text{NDVI} - \text{NDVI}_{min}}{\text{NDVI}_{max} - \text{MDVI}_{min}} & 0.05 \leqslant \text{NDVI} \leqslant 0.07 \\ 0 & \text{NDVI} < 0.05 \end{cases} \quad (4\text{-}4)$$

式中，NDVI_{max} 和 NDVI_{min} 分别为完全裸土或无植被覆盖区域，与完全被植被所覆盖区域的 NDVI 值。然后，根据 NASA 所公布的影像成像时间中心经纬度的大气热红外波段的透过率、上行辐射和下行辐射亮度，确定同温度下的黑体辐射亮度 $[B(T_S)]$：

$$B(T_S) = \frac{[L_\lambda - L^\uparrow - \tau(1-\varepsilon)L^\downarrow]}{\tau\varepsilon} \quad (4\text{-}5)$$

式中，L_λ 为经过辐射定标后的辐射亮度 $[\text{W}/(\text{m}^2 \cdot \text{sr} \cdot \mu\text{m})]$；$L^\uparrow$ 和 $L^\downarrow$ 分别为大气上行辐射和下行辐射 $[\text{W}/(\text{m}^2 \cdot \text{sr} \cdot \mu\text{m})]$；$\tau$ 为热红外波段在大气中的透过率；ε 为比辐射率。本研究所用行号为 032 和 033 的影像，由 NASA 公布的网站查知，其大气透过率分别为 0.9 和 0.84，上行辐射分别为 $0.76\text{W}/(\text{m}^2 \cdot \text{sr} \cdot \mu\text{m})$ 和 $1.30\text{W}/(\text{m}^2 \cdot \text{sr} \cdot \mu\text{m})$，下行辐射分别为 $1.29\text{W}/(\text{m}^2 \cdot \text{sr} \cdot \mu\text{m})$ 和 $2.20\text{W}/(\text{m}^2 \cdot \text{sr} \cdot \mu\text{m})$。最后，将同温度下的黑体辐射亮度转换为地表温度 T_S（℃）：

$$T_S = \frac{K_1}{\ln\left(\dfrac{K_2}{B(T_S)} + 1\right)} - 273 \quad (4\text{-}6)$$

式中，K_1 和 K_2 分别为传感器各波段参数，对于 Landsat 8 TIRS Band 10 数据，$K_1 = 774.89\text{W}/(\text{m}^2 \cdot \text{sr} \cdot \mu\text{m})$，$K_2 = 1321.08\text{K}$。

本研究根据正态分布的分位点划分热岛强度，即按照 -1.96、-1、0、1、1.96 划分为强冷岛、冷岛、弱冷岛、弱热岛、热岛和强热岛 6 个等级。计算方法为

$$\text{HI} = \frac{(T - T_{mean})}{\sigma} \quad (4\text{-}7)$$

式中，HI 为热岛强度；T 为地表温度（℃）；T_{mean} 为平均地表温度（℃）；σ 为地表温度标准差（℃）。

（三）热岛格局特征

选取斑块密度、最大斑块指数、边缘密度、平均斑块大小、平均形状指数和聚集度指数，以表征热岛和强热岛斑块的空间分布格局特征。其中，斑块密度表征热岛和强热岛斑块的数量特征，最大斑块指数和平均斑块大小用以表征热岛和强热岛斑块的面积特征，边缘密度和平均形状指数用以描述热岛和强热岛斑块的形状特征，聚集度指数用以描述热岛和强热岛的空间关系。各指数计算方法为

$$PD = \frac{N}{A} \times 1\,000\,000 \quad (4\text{-}8)$$

$$LPI = \frac{\max(a_{ij})}{A} \times 100 \quad (4\text{-}9)$$

$$ED = \frac{\sum_{k=1}^{m} e_{ik}}{A} \times 10\,000 \quad (4\text{-}10)$$

$$MPS = \frac{A}{N} \times \frac{1}{10\,000} \quad (4\text{-}11)$$

$$SHAPE = \frac{0.25 \times p_{ij}}{\sqrt{a_{ij}}} \quad (4\text{-}12)$$

$$AI = \left[\frac{g_{ii}}{\max \to g_{ii}}\right] \times 100 \quad (4\text{-}13)$$

式中，PD 为斑块密度（个/km²）；N 为热岛或强热岛斑块数量；A 为区域面积（m²）；LPI 为最大斑块指数；a_{ij} 为斑块 ij 的面积（m²）；ED 为边缘密度（m/hm²）；e_{ik} 为斑块 ik 的边缘长度（m）；MPS 为平均斑块大小（hm²）；SHAPE 为平均形状指数；p_{ij} 为斑块 ij 的周长（m）；AI 为聚集度；g_{ii} 为可能邻接数量；max→g_{ii} 为可能邻接的最大数量。

第二节 上海城市热环境空间分布

一、城市热环境面积

上海市城市地表热岛等级面积见表4-2。1987年，上海市主要以弱冷岛和弱热岛为主要类型，两者面积总和达上海市陆地总面积的84%。城市热岛和强热岛面积分别为312.55km^{2}和289.22km^2，分别占上海市陆地总面积的4.59%和4.16%。强热岛集中分布在黄浦区、长宁区、徐汇区、杨浦区、虹口区及宝山区沿江地区、彭浦镇、淞南镇；在城市外围，主要分布在嘉定城区、青浦城区、朱泾镇、金山城区、奉贤城区、川沙镇及惠南镇等地区。

表4-2 1987年、2000年和2017年上海市城市地表热岛等级面积表

（单位：km^2）

热场等级	1987年	2000年	2017年
弱热岛	2454.47	1971.31	1962.84
热岛	312.55	485.44	1006.28
强热岛	289.22	331.61	223.66

2000年，上海市弱冷岛和弱热岛面积总和占上海市陆地总面积的78%。城市热岛和强热岛面积分别为485.44km^{2}和331.61km^2，分别占上海市陆地总面积的6.98%和4.77%，与1987年相比，热岛和强热岛面积均有所增加。强热岛分布范围在1987年基础上有所扩大，向北与宝山区、月浦镇连片，南到华泾镇、梅陇镇、虹桥镇，西到桃浦镇、庙行镇；向东在黄浦江沿岸呈狭长分布，在浦东新区，强热岛南

到三林镇，北到高桥镇。在外围，除了原先的强热岛区域有所扩大外，安亭镇、周浦镇等地强热岛面积也有所扩大。

2017年，上海市弱冷岛和弱热岛面积仍为主要类型，但两者总和占上海市陆地总面积的65%，相较于1987年和2000年，比例有所较小。城市热岛和强热岛面积分别为1006.28km^{2}和223.66km^2，分别占上海市陆地总面积的14.46%和3.21%，与1987年和2000年相比，强热岛面积有所减小，但热岛面积增幅较大。强热岛分布范围较小，多分布在城市外围，在高桥镇、高东镇、月浦镇、金桥镇、祝桥镇、奉贤区、金山区、松江区及长兴镇等地有分布。热岛分布范围则较大，中心城区主要为热岛分布范围，在外围也多有分布。

各期上海市城市热岛空间分布见图4-1。

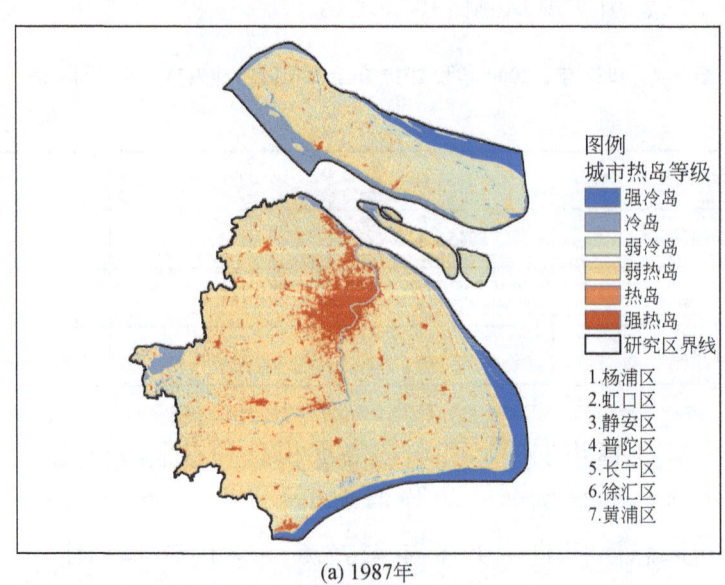

(a) 1987年

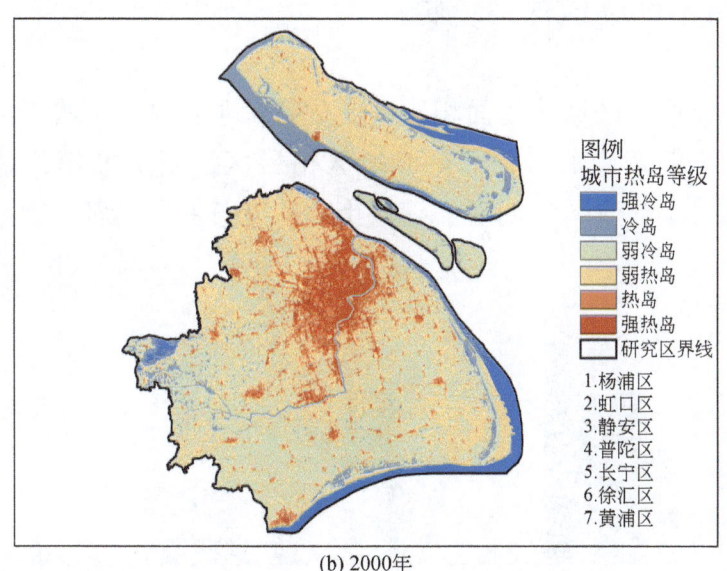

(b) 2000年

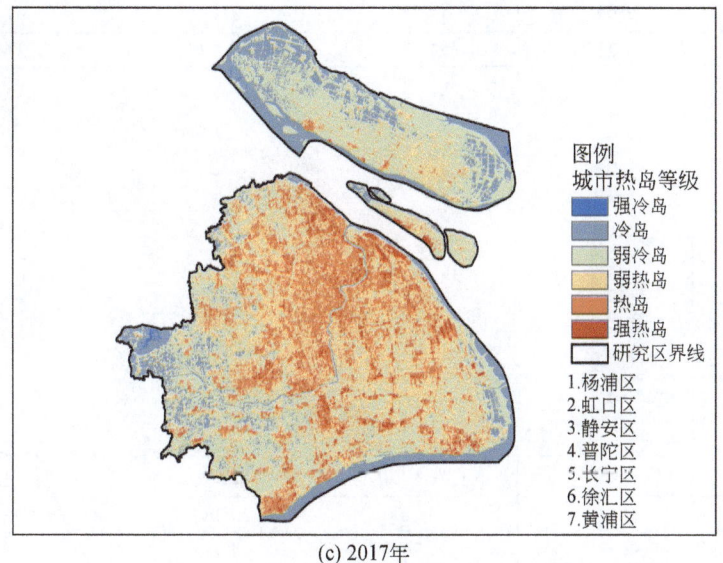

(c) 2017年

图 4-1　1987 年、2000 年和 2017 年上海市城市热岛空间分布图

二、上海不同区域热环境特征

上海市不同区域热场面积比例变化特征见图4-2。城市热岛及强热岛面积比例按中心城区、中心城区拓展区、新型城镇化地区及远郊区依次减小，显示出明显的随城市化程度分布的特征。对于热岛而

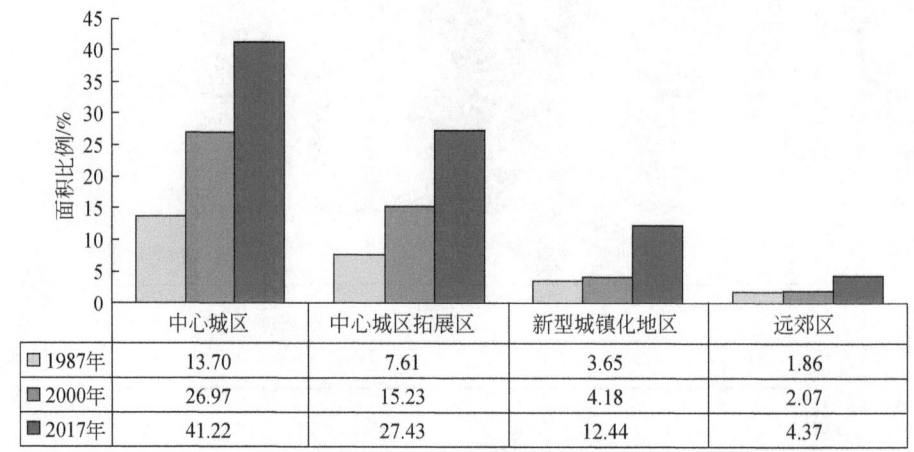

(a) 热岛

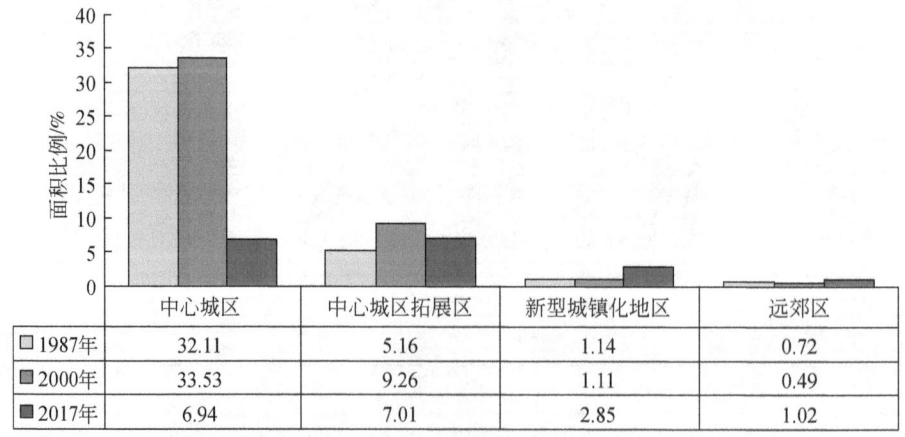

(b) 强热岛

图4-2 上海市各区域热岛及强热岛面积比例变化图

言，1987年、2000年和2017年各区热岛比例逐渐增大，到2017年，中心城区、中心城区拓展区、新型城镇化地区及远郊区镇热岛比例分别为41.22%、27.43%、12.44%及4.37%。对于强热岛，2017年，中心城区和中心城区拓展区强热岛面积比例有所减小，而新型城镇化地区和远郊区镇则有所增大，显示出城市外围强热岛扩张的分布特征。

第三节　上海城市热环境格局特征

根据2017年上海市城市热岛计算得到的格局特征指数见表4-3。从该表可知，中心城区、中心城区拓展区、新型城镇化地区热岛斑块密度和平均形状指数高于市域平均水平，中心城区和中心城区拓展区最大斑块指数及平均斑块大小高于市域平均水平，这显示出中心城区和中心城区拓展区热岛分布面积较大，斑块数量较多。从环境管理角度来看，理想的情况是热岛斑块数量较少、平均面积较小、斑块越破碎，这样才不至于形成大规模的区域热场中心。

表4-3　上海市市域及各区热岛格局指数表

地区	斑块密度	最大斑块指数	平均斑块大小	平均形状指数
中心城区	0.87	20.96	47.17	1.53
中心城区拓展区	1.18	4.98	23.23	1.54
新型城镇化地区	0.75	0.51	16.55	1.52
远郊区镇	0.30	0.96	14.49	1.48
市域	0.66	2.66	21.96	1.51

根据2017年上海市城市热岛计算得到的强热岛格局特征指数见表4-4。从该表可知，中心城区、中心城区拓展区强热岛斑块密度和平均形状指数、最大斑块指数及平均斑块大小均高于市域平均水平，这显示出中心城区和中心城区拓展区强热岛分布面积较大，斑块数量较多。从环境管理角度来看，理想的情况是热岛斑块数量较少、平均

面积较小、斑块越破碎，这样才不至于形成大规模的区域热场中心。

表 4-4　上海市市域及各区强热岛格局指数表

地区	斑块密度	最大斑块指数	平均斑块大小	平均形状指数
中心城区	1.30	0.87	5.34	1.21
中心城区拓展区	1.00	0.62	7.04	1.23
新型城镇化地区	0.55	0.07	5.19	1.21
远郊区镇	0.19	0.15	5.34	1.21
市域	0.56	0.09	5.75	1.21

第四节　上海城市热环境时空变化

一、城市热环境等级变化

利用 1987 年、2000 年和 2017 年热场数据，建立 30 年来上海市城市热场转移矩阵。矩阵元素表示由一类景观转移到另一类景观的面积比例。对角线的数值代表各类型景观自身继承的面积比例，可以直观看出各类景观动态演化趋势与演化幅度。上海市城市热岛等级面积变化见表 4-5。

表 4-5　1987 年和 2000 年上海市城市热岛等级转移矩阵　　（单位：%）

热岛等级		2000 年					
		强冷岛	冷岛	弱冷岛	弱热岛	热岛	强热岛
1987 年	强冷岛	51.42	13.01	21.35	13.68	0.2	0.34
	冷岛	7.51	62.54	25.44	3.94	0.42	0.15
	弱冷岛	0.63	7.79	61.4	26.57	2.79	0.82
	弱热岛	0.19	2.25	51.39	36.82	7.22	2.13
	热岛	0.02	0.45	6.82	34.11	39.69	18.91
	强热岛	0	0.06	0.25	3.31	30.29	66.09

续表

热岛等级		2017年					
		强冷岛	冷岛	弱冷岛	弱热岛	热岛	强热岛
2000年	强冷岛	26.69	28.1	36.42	6.73	1.06	1
	冷岛	0.3	46.93	35.46	11.47	3.97	1.87
	弱冷岛	0.01	16.55	47.67	26.18	7.39	2.2
	弱热岛	0.01	13.45	33.07	36.33	14.63	2.51
	热岛	0	1.2	3.9	38.05	50.31	6.54
	强热岛	0.02	0.12	1.59	23.56	58.38	16.33

1987～2000年，上海市最稳定的热力景观类型为强热岛、冷岛和弱冷岛三种类型，其保持不变的面积分别为66.09%、62.54%和61.40%；而最不稳定的热力景观类型为弱热岛和热岛，其发生变化的面积分别为63.18%和60.31%。从其发展演化的主要方向来看，弱热岛向弱冷岛、热岛向弱热岛及强热岛向热岛的转换比例最大，其转换比例分别达51.39%、34.11%及30.29%。由此可见，1987～2000年，上海市强热岛和冷岛较为稳定。

2000～2017年，上海市最稳定的热力景观类型为热岛、弱冷岛和冷岛三种类型，其保持不变的面积分别为50.31%、47.67%和46.93%；而最不稳定的热力景观类型为强热岛，其发生变化的面积达83.67%。从其发展演化的主要方向来看，强热岛向热岛、热岛向弱热岛、强冷岛向弱冷岛、冷岛向弱冷岛和弱热岛向弱冷岛转换比例最大，其转换比例分别达58.38%、38.05%、36.42%、35.46%和33.07%。由此可见，与上一时段相比，2000～2017年上海市强热岛稳定度显著降低，但转换类型大致相似。

为了探讨1987～2000年和2000～2017年上海市热力景观斑块的来源，利用逆向转移概率矩阵进行分析（表4-6）。2000年，上海市热岛主要来源于1987年弱冷岛、弱热岛和强热岛，其中有36.5%的面积由弱热岛转换而来；而强热岛中有57.64%来源于1987年的强热岛，来源于弱热岛和热岛的面积比例则较低，均在10%～20%。2017年，上海市热岛和强热岛的来源较为相似,来源于2000年弱冷岛、弱热岛、热岛和强热岛的面积比例较大,大致在10%~35%。由此可见,1987~2000年,强热岛的稳定度较大,2000年的强热岛中有相当大的面积来源于1987年的强热岛;相对于1987~2000年,2000~2017年上海市热岛和强热岛主要来源于弱冷岛和弱热岛。

表4-6 2000年和2017年上海市城市热岛等级来源的转移概率矩阵 (单位:%)

热岛等级		2000年					
		强冷岛	冷岛	弱冷岛	弱热岛	热岛	强热岛
1987年	强冷岛	74.53	6.46	1.53	1.74	0.1	0.25
	冷岛	10.27	29.33	1.72	0.47	0.2	0.11
	弱冷岛	12.39	52.90	60.03	46.06	19.6	8.41
	弱热岛	2.77	10.99	36.09	45.84	36.5	15.77
	热岛	0.04	0.28	0.61	5.40	25.55	17.82
	强热岛	0	0.04	0.02	0.49	18.05	57.64
热岛等级		2017年					
		强冷岛	冷岛	弱冷岛	弱热岛	热岛	强热岛
2000年	强冷岛	95.58	4.27	2.43	0.59	0.18	0.77
	冷岛	3.18	20.82	6.90	2.94	1.98	4.20
	弱冷岛	0.72	50.98	64.49	46.60	25.67	34.44
	弱热岛	0.38	23.38	25.25	36.48	28.66	22.16
	热岛	0.02	0.51	0.73	9.41	24.27	14.20
	强热岛	0.12	0.04	0.20	3.98	19.24	24.23

二、城市热环境空间变化

将热岛和强热岛作为城市热岛类型,其变化斑块空间分布情况见图4-3。1987~2000年,上海市新增热岛主要出现在中心城区周边,大体在中环与外环之间,包括大场镇、彭浦镇、桃浦镇、长征镇、虹桥镇、七宝镇、梅陇镇、华泾镇、三林镇、北蔡镇、金桥镇和高桥镇。2000~2017年,新增热岛主要分散在外环外,包括南翔镇、马陆镇、新桥镇、颛桥镇、航头镇、祝桥镇和高东镇等地。

第四章 城市热环境变化分析

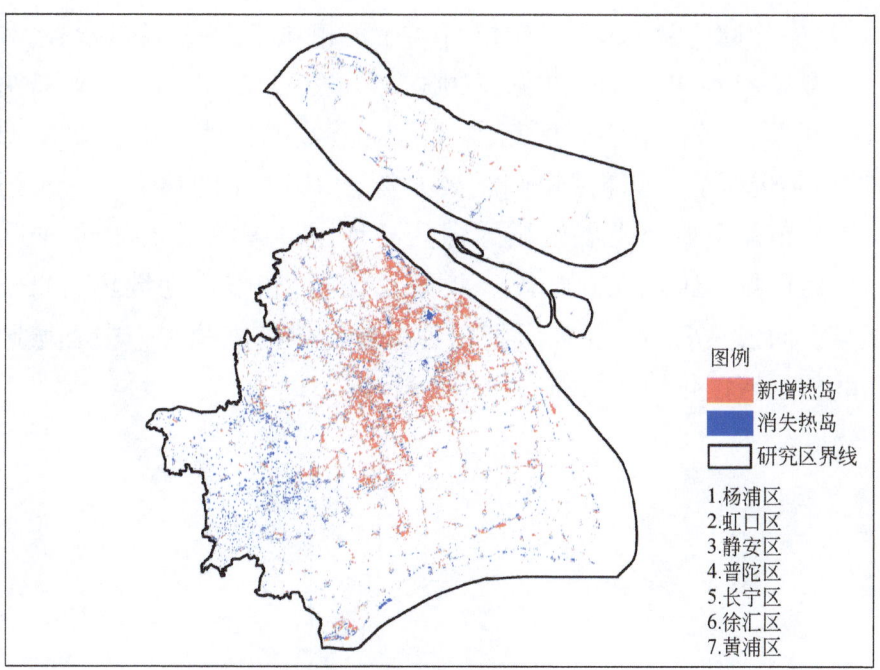

(a) 1987~2000年

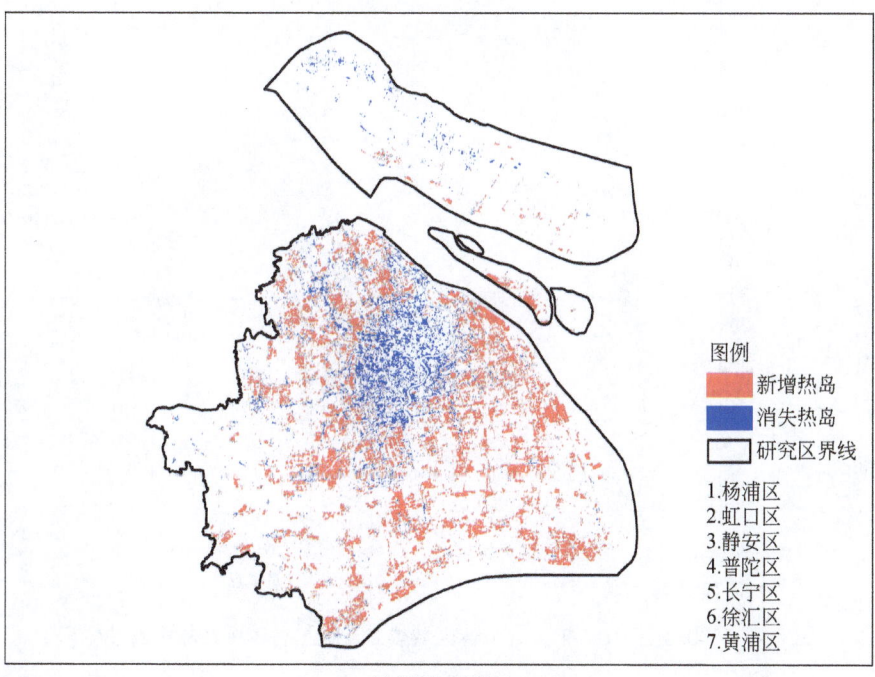

(b) 2000~2017年

图 4-3 上海市城市热岛变化斑块空间分布图

1987~2000年和2000~2017年,上海市城市发展各区域热岛和强热岛来源见图4-4。从图可见,2000年,中心城区热岛主要来源于1987年的强热岛,中心城区拓展区和新型城镇化地区则主要来源于1987年的弱热岛,远郊区镇则主要来源于1987年的热岛。对于强热岛,上海市4个城市发展区域的强热岛均主要来源于2000年的强热岛。由此可见,1987~2000年,上海市不同城市发展区域热岛来源存在差异,而强热岛的主要来源则较为一致。热岛来源中,中心城区拓展区和新型城镇化地区热岛的稳定性较大。

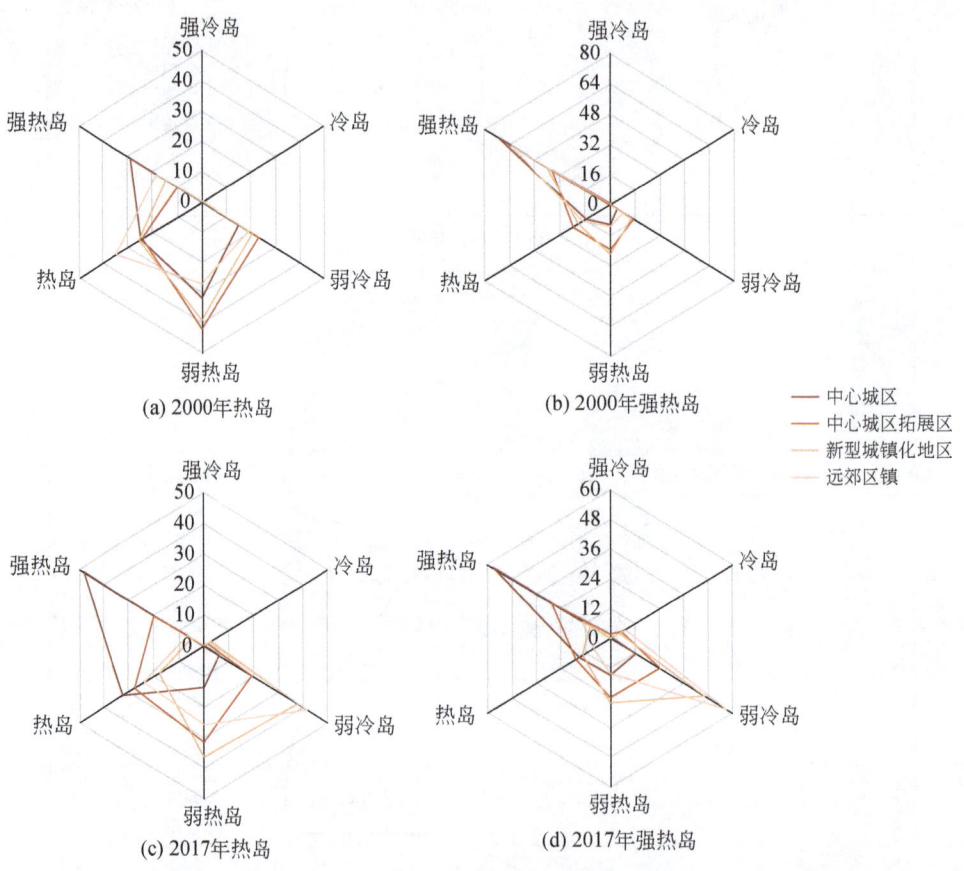

图4-4 2000年和2017年上海市各区域热岛及强热岛斑块来源比例(%)

2017年,中心城区热岛主要来源于2000年强热岛;中心城区拓展区热岛主要来源于2000年的热岛、弱热岛，来源于强热岛和弱冷岛的比例也较大；新型城镇化地区热岛主要来源于弱冷岛和弱热岛；远郊区镇热岛主要来源于弱冷岛。中心城区强热岛主要来源于强热岛；中心城区拓展区强热岛除主要来源于强热岛外，来源于弱热岛和弱冷岛也较多；新型城镇化和远郊区镇主要来源于弱冷岛。

三、城市热环境格局变化

根据1987年、2000年和2017年地表温度数据，以地表温度各等级为单元计算得到的格局指数见表4-7。从表可见，热岛最大斑块指数和平均斑块大小持续增大，显示上海市热岛斑块面积增大，但斑块密度却较1987年有所减小，显示上海市热岛斑块数量有所减小，原有热岛斑块之间发生邻接，由小斑块联合成为大斑块。

表4-7　上海市市域及各区热岛及强热岛格局变化表

景观指数	热岛			强热岛		
	1987年	2000年	2017年	1987年	2000年	2017年
斑块密度	0.68	0.51	0.66	0.14	0.29	0.56
最大斑块指数	1.01	1.86	2.66	2.15	2.47	0.09
平均斑块大小	6.62	13.67	21.96	30.25	16.61	5.75
平均形状指数	1.31	1.44	1.51	1.28	1.26	1.21

强热岛斑块密度持续增大，显示上海市强热岛斑块数量持续增多；最大斑块指数则在2000年以后有所减小，显示2000年以后上海市强热岛面积有所减小；平均斑块大小则显示强热岛持续减小。这表明到2017年，上海市强热岛斑块增多，但斑块面积较小，反映出强热岛的破碎化分布特征。2000年热岛较高的最大斑块指数，与中心城区主要为强热岛覆盖这一现象有关。2017年强热岛的破碎化程度加剧，与卫星城镇的建设提高了城市郊区的地表温度有关。

第五章 生态服务功能评估技术

第一节 城市生态空间的服务功能

城市生态空间作为城市内部重要的绿色基础设施，不仅保护和发展城市自然生态系统，同时保障居民的生活质量和身心健康。因此定量评估城市生态功能，有助于促进城市生态空间系统规划，优化生态空间格局，改善城市环境质量，促进城市生态建设。评价指标体系的建立是城市生态功能评价的前提和基础。由于评价目的及评价内容不同、可获取数据的差异及研究尺度的不同，不同区域城市生态系统服务评价与研究的指标选择往往存在较大差异，缺乏可比性。例如，严晓等（2003）从结构与功能两个方面来衡量城市绿地系统生态效益，在不同层次下选取评价指标，建立多级指标体系；李峰和王如松（2003）采用多边形综合指标法对扬州市绿地规划进行了评价与预测；美国 Groot 等（2002）把半自然生态功能分为 4 类，分别是调节功能、生境功能、生产功能和信息功能，并指出其中前两项功能对维持生态系统过程和组成部分至关重要。Larondelle 等（2014）采用 TEEB 生态系统服务指标体系中的关键生态系统服务，评估了欧洲 4 个城市（柏林、萨尔茨堡、赫尔辛基和斯德哥尔摩）的生态服务功能。

一、气候调节

由于城市热岛现象的出现和加剧，城市绿地降温功能的影响因子研究逐步受到重视。城市热岛不仅降低城市夏季居住环境舒适性，增大人口死亡风险（Shen et al.，2013），而且增加了能源消耗与温室气体排放（Zhang et al.，2014）。积极应对与缓解城市热岛现象已成为城市生态学研究与生态文明建设的重要内容（匡文慧等，2015）。Solecki 等（2004）指出城市树木可能是缓解和适应城市热岛效应最有效、成本最低的方法。

城市绿地气候调节的影响因子主要分为两类：一类是外部因素，主要是城市形态和气候因素；另一类是内部因素，也就是城市生态空间结构特征，它包含两个部分，生态空间组成要素和空间结构。外部因素如太阳辐射、海拔和建筑物特征等外界环境会影响城市绿地的降温功能。例如，Alexandri 和 Jones（2008）认为，干燥高温的天气下城市绿地降温效果明显，而潮湿低温天气时降温效果不明显。Hamada 与 Ohta（2010）对日本名古屋城区绿地研究发现，夏季城市绿地降温效果优于冬季，在每天 16：00～19：00 及晚上的降温效果与植被覆盖率更为相关。而在墨西哥城南部的研究发现，植被区在干季可能由于蒸散作用不足而不能发挥降温作用（Barradas et al.，1999）。

由于近年来气候变化及人类活动的影响，大范围气候异常现象频繁发生。IPCC 第五次评估报告指出，1880～2012 年全球平均地表温度升高 0.85℃，1951～2012 年全球平均地表温度的升温速率为 0.12℃/10a，几乎是 1880 年以来升温速率的 2 倍，近百年全球气候变暖毋庸置疑（IPCC，2013）。Alexander 等（2006）发现，1951～2003 年全球超过 70% 的区域，暖夜日数显著增加，最高气温和最低气温均呈增加趋势。未来全球气候变化对人类社会的影响仍将持续。21 世纪末（2081～2100 年）全球平均地表气温在 1986～2005 年的基础上将升高 0.3～4.8℃（IPCC，2013）。21 世纪以来长三角地区夏季高温事件频发。基于国家气候中心提供的 2000 站 1961～2015 年逐日地面数据，杨涵洧等（2018）发现，长三角地区夏季高温趋势上升，高温日数、平均高温度数及日最高气温每 10 年分别增加 1.3 天、0.06℃ 和 0.12℃。Medina-Ramon 和 Schwartz（2007）对美国 50 个城市的研究表明，极端高温事件增加了 5.74% 的死亡率。此外，2000 年以来，安徽东部、浙江北部和上海地区夏季高温日数和高温强度均增长明显，年均高温度日数均达到 40℃·d 以上。

基于上海地区 11 个气象站资料，史军等（2015）分析发现，1961~2013 年，上海年均气温显著上升，平均每 10 年升高 0.39℃。同时，上海气温呈现出中心城区高、四周低的空间格局，且随着距离中心城区的增加气温相应降低，城市热岛效应明显。中心城区与崇明岛（郊区）的年均温差达到 0.9℃。1961~2013 年上海年平均高温日数 8 天，且呈增加趋势（2.7d/10a），高温日数呈现出中心城区和西北部地区明显高于东部和南部沿海地区的特征（史军等，2015）。

二、空气净化

净化空气功能是城市生态系统服务中的重要服务功能之一。随着城市化的发展，主要空气污染物从传统污染物（NO_2、SO_2）变为新污染物（如 $PM_{2.5}$ 等）（Han et al., 2015）。城市绿地可以通过吸收有毒气体、干沉降、扩散作用和其他间接作用（Nowak and Heisler, 2010；Calfapietra et al., 2013），产生空气净化的作用（Nowak et al., 2018）。但是相较于气体污染物，由于其不同的尺寸和物理过程，颗粒污染物对居民健康产生更消极的影响（Janhäll, 2015）。目前城市绿地空气净化功能的研究重点在植被对可吸入颗粒的干沉降作用（Janhäll, 2015；Litschke and Kuttler, 2018）。研究植物干沉降的方法主要有三种，模型计算、野外观测和风洞试验，其中模型计算方法较为常见。例如，Selmi 等（2016）利用 i-TreeEco 模型量化测算法国斯特拉斯堡城市树木年可削减 12t 的 PM_{10} 和 5t 的 $PM_{2.5}$；基于 Nowak 等（2013b）的城市树木滞尘模型，刘文平和宇振荣（2016）构建了城市绿地滞尘模型，并应用于北京市海淀区绿色空间的 $PM_{2.5}$ 滞尘服务模拟。

植物通过叶片上的气孔和枝条上的皮孔，将大气污染物吸入体内，在体内通过氧化还原过程将污染物中和成无毒物质（降解作用），或通过根系排出体外，或积累储藏于某一器官内，从而起到净化空气的作用。关于城市绿色空间吸收空气污染物能力在群落尺度的研究很多。植物吸收有毒气体能力与植被特性、污染物浓度、触污时间、测定时间等因素相关。例如，邹晓东（2007）研究结果表明：绿地的郁闭度越大、疏透度越小、绿量密度越大，其发挥空气净化效应越明显。最佳环境效应的绿地状况参考值：疏透度为20%，郁闭度为0.85，三维绿量密度为22.5m^3。Nowak 和 Heisler（2010）发现树木覆盖率为100%的区域，吸收臭氧、二氧化氮和一氧化氮的能力是城市平均水平的4倍。Hirabayashi 和 Nowak（2016）通过计算美国城乡地区森林对空气污染物（NO_2、O_3、$PM_{2.5}$、SO_2）的净化量时发现，树木中的O_3浓度和清除率高于其他空气污染物，而且随着 LAI 的增加，空气污染物的去除率也增加。

近年来随着上海城市化进程加快，城市空气污染成为严重环境问题。上海是我国长三角的特大型城市和全国经济最发达的地区，近40年来经历了快速城市化过程，大气颗粒物污染问题突出（王敏等，2017）。基于上海地区11个气象站资料，史军等（2015）分析发现，1961~2013年，上海年平均霾日数22.8天，且呈增加趋势，增加率为11.3d/10a，年霾日数空间分布呈现出中心城区远高于郊区的特征。

三、生物多样性维护

生物多样性是生态系统功能和生态系统服务的基础（毛齐正等，2015）。随着中国城市化程度的提高和人们对环境的关注，城市植物物种多样性研究成为城市生态学的一个热点（李祖政等，2018）。目前很多研究集中在人类活动强度与植物景观格局对生物多样性维持的影响上（王卿等，2012）。Fahrig（2017）指出城市化进程的推进，导致城市生境多样化、生境破碎化，由此增加了城市生物多样性。但是当大量的自然生境被人工生境所取代，自然植被被以外来观赏植物为主的植被取代时，也会导致生物均质化而降低生物多样性（欧阳子珞等，2015）。在我国深圳城市绿地的一项研究中发现，由于大量的人工植被以引进外来种为主，最终导致生物多样性的均质化现象（Gong et al.，2013），因此城市化已成为生物均质化的一个主要原因（Morelli et al.，2014）。

城市生物多样性是在城市范围内基因、物种和城市生态系统的有机组合，是城市生态环境的重要组成部分与可持续发展的资源保障。城市生物多样性的变化影响生态系统过程及其抵御外界环境变化能力，是评价城市生态系统服务功能的重要指标。进入工业化时代以来，人类社会经济快速发展，人口数量急剧增加，环境污染问题严重，栖息地丧失与破碎化现象突出，全球生物多样性面临巨大威胁。

上海市是我国城市化水平最高、人口最稠密的大都市，生物多样性资源承受着巨大压力。根据《上海市生物多样性保护战略与行动计划（2012—2030年)》，上海市现有淡水鱼类300多种，陆生脊椎动物530多种，野生维管束植物780种，其中，蕨类植物4纲17科25属35种，被子植物2纲108科415属745种。近30年来，上海城市空间快速扩张，土地利用强度不断提高，人口密度急剧攀升，原有自然生态空间被逐步蚕食，野生动植物赖以生存的栖息地锐减且呈现破碎化趋势，导致陆域与水生动物分布孤立，野生动物种类与数量不断减少。据调查，上海现有国家重点保护和濒危野生植物23科27属28种，需要重点保护的野生植物有54科82属101种，主要分布在金山岛、佘山地区、崇明佘山岛等生物多样性较高的地区。此外，上海外来植物数量多，分布范围广，种群数量有增加趋势，已经成为上海植物区系的重要组成部分。因此，郊区生境单一及城区生境破碎化是上海生物多样性减少及一些原生植物种类消失的主要原因，加强上海城市生物多样性保护尤其重要。

四、固碳释氧

城市固碳释氧功能越来越受到人们的关注（Pataki et al.，2011）。由于城市化进程中的土地覆盖的改变一方面直接导致自然森林的减少，进而减少绿地面积，降低区域的碳吸收能力（Grimm et al.，2008），另一方面城市大量使用化石燃料导致二氧化碳的排放增加，使区域碳汇转变为碳源，这两方面都提高了大气中二氧化碳的浓度，对全球碳循环有巨大的影响。Nowak等（2013a）研究揭示美国50个州的城市树木总共储存了6.432亿 t 碳，每年的总固存率为2560万 t。国外其他研究评估了意大利佛罗伦萨（Vaccari et al.，2013），德国莱比锡（Strohbach et al.，2012），韩国首尔等城市的碳平衡（Jo，2002）。

城市植被通过在光合作用期间固定碳并将多余的碳作为生物量存储，从而充当了 CO_2 的汇。大量研究证明城市绿地的固碳效益的发挥在很大程度上受群落结构特征和植物生长特性及人类干扰的影响（Liu and Li，2012；Nowak and Crane，2002），群落结构特征包括其组成成分、林冠面积、树龄、径阶、层次结构等，如徐飞等（2010）在对上海城市森林固碳能力进行评估时发现，城市森林的碳吸收与郁闭度及群落密度为正相关，与平均胸径负相关。树龄对固碳释氧功能也起到了重要的影响，有研究表明20世纪在大西洋中部地区生长的树木比较年轻并且生长很快，充当了碳汇的作用，但是在21世纪初植被种群成熟，并且可能不再充当重要的碳汇（Albani et al.，2006）。很多研究已经证明冬季植被的固碳效益相比其他的季节最弱，是由于植被的固碳释氧功能取决于光合作用（赵艳玲等，2014）。干扰对植被固碳释氧功能也有一定的影响，有学者认为修剪会刺激树木的补偿生长，从而提高植被初级生产力，另外干扰导致植被的枯萎病死也会降低城市固碳释氧量（温家石，2010）。除城市森林之外，城市湿地也具有固碳释氧功能，如梅雪英和张修峰（2008）研究了长江口典型湿地发现，湿地具有很强的固碳能力,是全国陆地植被平均固碳能力的 2.3 ~ 4.9 倍。

五、水文调节

城市绿地水文调节功能包括径流调蓄（Zhang et al., 2012）、污染物去除（Denman et al., 2016）和地下水质净化。当不透水面随着城市化的持续发展而增加时,就会出现暴雨径流和内涝（Walsh et al., 2012）,极端降雨事件的发生频率随着气候变化的增加而可能成为一个日益突出的现象（Wissmar et al., 2004）。基于城市规模、人类活动和成本,增加城市雨水排放系统的容量是比较困难的。城市绿地在对雨水的渗透、滞留和调蓄方面具有非常显著的作用,能够有效削减城市的雨洪流量,缓解内涝压力。例如,Bernatzky（1983）研究发现在植被覆盖的城市地区,只有 5%~15% 的降水形成地表径流,其余降水都被植被拦截,而没有植被的城市区域,大约降雨中的 60% 以地表径流的形式排到城市下水道；Gill 等（2018）在曼彻斯特模拟表明,居民区绿地覆盖增加 10% 可减少地表径流的 4.9%,再增加 10% 类似绿地覆盖,可减少地表径流的 5.7%。

由于城市人口的快速增加和城市规模的不断扩张,城区面积不断扩大,下垫面不透水面积急剧增加,强烈改变了自然水分循环过程,促使城市地区的生态、经济及社会因素发生复杂变化。同时,全球气候变化使得多数地区强降水事件发生频率增加,极大增加了城市内涝的风险。近年来,在全球气候变化和城市化背景下,我国多个大中城市频遭暴雨内涝灾害袭击。上海市易受梅雨季节和汛期台风影响。2013 年 10 月 6~8 日,"菲特"台风带来的特大暴雨导致上海严重内涝,交通瘫痪,9.7 万人受灾,直接经济损失达 9300 余万元。2007~2016 年,上海市暴雨内涝灾情 16 655 条,平均每年 1665.5 条,其中汛期 6~9 月内涝灾情占 77%（李海宏和吴吉东,2018）。

六、休闲游憩

城市绿色空间是绿色资源财富与生活品质的重要指标,也是环境公平的重要组成部分。随着城市人口的快速增长、可支配收入和生活质量的提高、休闲时间和亲近自然愿望的增加,我国城市普遍面临绿色空间需求的急剧增长,城市绿地空间分布的公平性愈加受到重视。以居民为中心、提供更好的绿色公共资源和公共空间,让城市居民可享受、可亲近绿地空间成为新时代生态建设要求。欧洲环境局(European Environment Agency)将15min内能够达到绿地作为城市环境质量评价的标准之一,美国推行的10-MinuteWalk项目力争保障居民能够在10min内到达公园,而英国Natural England组织建议所有居民能够在300m内到达面积2hm²以上的绿地。不过Bertram和Rehdanz(2015)研究发现,城市生态空间的数量、距离与生活满意度呈倒U形关系,其中1km缓冲区与面积35hm²的生态空间是形成生活满意度的峰值。我国城市管理者普遍重视以公共绿地面积、人均绿地面积等指标衡量绿地资源的供给水平,而城市绿地的合理空间布局及满足需求的有效性方面亟需提升。尤其是随着我国城市人口规模及可支配收入和生活质量的不断提高,居民休闲时间和游憩需求日益增加,如何有效发挥城市绿地的休闲游憩功能已成为提高我国城市治理水平的重要任务。

自2001年以来,上海市绿地面积稳步增长,全市建成区绿化覆盖率由1990年的12.4%增加到2017年的39.1%,城市公园数量已由1980年的45个增加到2015年的165个,但人均公共绿地面积一直维系在7~8m²,一方面是持续的人口增加抵消了城市绿地面积增加量,另一方面是城市绿地面积中的企事业单位的附属绿地、生产性绿地及街道绿地,不能用于居民游憩使用。因此相对于快速增加的人口规模与休闲游憩需求而言,上海城市生态空间及其休闲游憩资源仍严重匮乏。陈静和肖扬(2019)基于上海市195处绿地的实证分析发现,虽然上海绿地的区域分布相对公平,但空间分布的效率较低。Fan 等（2017）对上海市公共绿地可达性评价发现,城郊公共绿地可达性明显低于城区。Gu 等（2017）分析了上海市 14 个郊野公园发现,郊野公园空间可达性较差,多数街区居民需要开车 60min 以上才能到达。张雪梅和申广荣（2019）通过采集实时在线地图交通数据分析了浦东新区公园的可达性,发现内环区域可达性好于外环区域,但中部与北部区域公园可达性低。刘震等（2019）则借助携程网采集数字足迹研究上海城市游憩者行为特征发现,康娱休闲类游憩资源更受居民喜爱,且游憩网络的高密度、高中心势的特征明显。但是,上海城市绿地的休闲游憩服务水平及其经济价值如何,尤其是空间分布的有效性如何鲜有研究。

第二节 上海城市生态空间功能评估方法

一、指标体系

根据上海市生态环境特点与社会经济发展需求,结合城市生态空间的生态服务功能,遵循以下原则筛选建立上海城市生态空间的生态服务功能指标体系（表 5-1）。

表 5-1 上海城市生态空间功能监测指标体系

一级指标	二级指标	具体指标	指标含义
生态环境功能	水文调节	径流调蓄	缓和暴雨地表径流,降低城市内涝风险
	气候调节	温度调节	降低环境温度,缓解热岛,提高舒适度
		固碳释氧	固定 CO_2 与释放 O_2,减缓气候变化
	空气净化	$PM_{2.5}$ 滞留	滞留空气 $PM_{2.5}$ 颗粒物,改善空气环境
	生境保育	生境质量	提供丰富栖息场所,保障多样生物环境
社会文化功能	景观美学	休闲游憩	打造舒适美学景观,提供休闲游憩场所

（1）合理性：功能指标选取既要考虑城市生态空间的理论功能，又要结合上海市生态环境管理的实际需求，有效反映城市生态空间功能的区域差异。

（2）完备性：综合考虑影响上海市生态环境质量因素，保证评价指标与目标有机联系，形成层次分明、内容全面的指标体系。

（3）独立性：充分考虑各项指标之间的互相独立性，摒弃一些与主要指标关系密切的从属指标，尽可能减少指标间包含与重叠关系。

（4）可行性：充分考虑各项指标的可获得性，可通过生态环境监测、相关统计资料或者相对完善可靠的技术方法进行计算测量。

二、评估模型

（一）调节温度

城市生态空间调节气温功能由绿色植物蒸腾降温和湿地水面蒸发降温组成。其中，绿地蒸腾降温效果主要体现在夏季高温时期，且降温与增湿效应同属于植物蒸腾过程。因此，基于不同城市绿地类型夏季降温差，可转换为相应植物蒸腾过程消耗热量，理论上夏季高温天数设为90天，则上海市城市绿地年蒸腾吸热量的计算公式为

$$Q_i = \Delta T_i \times \rho_c \tag{5-1}$$

$$TQ = \sum_{i=1}^{7} 90 \times Q_i \times A_i \tag{5-2}$$

式中，Q_i为第i个绿地斑块每天蒸腾吸收热量［10^8J/（hm^2·d）］；ΔT_i为第i类绿地日降温幅度（℃）；ρ_c为空气的容积热容量（hm^2）；TQ为上海城市绿地夏季蒸腾吸热总量（J）；A为绿地斑块面积（hm^2）。

城市湿地水面在夏季高温天气下，湿地水面蒸发产生热量、水分及气体交换，从而起到降低空气温度的作用，可根据不同类型湿地的水面率和蒸发量测算其吸热量。计算公式为

$$W_k = \sum_{r=1}^{n} (\lambda_r \times A_r \times \text{ET} \times \delta) \tag{5-3}$$

式中，W_k 为湿地夏季蒸发吸热量（kJ）；λ_r 为湿地水面率（%）；A_r 为湿地面积（hm^2）；ET 为上海夏季水面蒸发量（mm）；δ 为水汽化热（kJ/kg）。

为获取不同绿地降温幅度及湿地蒸发强度，需在调查样地中选择代表性样地（20 个），并选择一块开阔的无植被区域作为对照点。在晴朗无风或微风天气对样地和空白对照点同步观测空气温湿度和蒸腾速率。试验仪器为 NK4500 气象站和 TPS-2 光合作用测定仪。试验时间为 7~8 月，观测时间以 24h 为周期，每分钟记录一次，每个样地做 3 个重复。此外，水面蒸发降温效应采用水面蒸发器观测获得。

（二）吸滞 $PM_{2.5}$

绿色植被吸滞 $PM_{2.5}$ 的功能受多种因素影响。Nowak 等（2013b）在测算美国 10 个案例城市的树木移除 $PM_{2.5}$ 功能时，提出了一个由污染物浓度和污染物沉降到叶表面速率共同表征的植被滞尘模型，分别通过计算案例城市的总叶面积、叶表面 $PM_{2.5}$ 沉降速率与再悬浮率，并结合大气中 $PM_{2.5}$ 浓度确定林木移除 $PM_{2.5}$ 量。考虑到颗粒物沉降到叶表面的速率与风速、滞尘返还率密切相关，构建了由污染物浓度、叶面积、叶表面污染物沉降速率与返还率及滞尘时间共同影响的城市绿地滞尘模型（刘文平和宇振荣，2016），以定量评估城市绿地滞尘功能的空间差异。该研究重点关注上海市域绿色植被滞尘功能的时空差异，因此，应用该绿地滞尘模型，结合上海市降水、风速等气象数据与空气质量监测数据，估算分析绿色空间滞留 $PM_{2.5}$ 的数量及其差异，计算公式为

$$Y_{PM} = V \times d \times LAI \times c \times (1 - r) \times T \tag{5-4}$$

式中，Y_{PM} 为单位面积绿色空间滞留 $PM_{2.5}$ 量（$\mu g/m^2$）；V 为 $PM_{2.5}$ 沉降到叶表面的速率（m/h）；d 为 $PM_{2.5}$ 日均浓度（$\mu g/m^3$）；LAI 为绿色空间的叶面积指数；c 为绿色空间的植被覆盖度（%）；r 为植被滞尘时向空气中的返还率（%）；T 为滞尘时间（h）。

模型验证采用样地实测，在调查样地内选取代表性样地 20 个，在

相邻降雨事件期间，逐日对固定样地叶片采样（总采集时间≥20天），并采用称重法测定叶片吸附飘尘能力。空气 $PM_{2.5}$ 浓度监测采用两台微计算机激光粉尘仪 LD-5C（B）在样地和空旷对照地同步观测监测，每 5min 记录数据一次，每个点位连续监测 24h。每个样地做 3 个点位重复。

（三）生境维持

InVEST 模型是由自然资本项目支持开发，可用于量化多种生态系统服务的评估模型，可结合土地覆被和生物多样性威胁因素的信息生成生境质量地图。相较于传统方法，该模型所需数据易得，能够更有效地分析物种分布数据缺乏的地区。同时，生境质量模块可综合考虑不同地类对各类威胁因子的敏感性和威胁强度，分析研究区生境质量的分布情况，进一步评估研究区的生物多样性和生态潜力。基于 ArcGIS10.2 软件，利用 InVEST3.3.3 模型生境质量模块，综合考虑威胁因子的影响距离和权重、威胁因子强度、生境对威胁因子的敏感性和法律保护程度等因素，评估分析上海城市生态空间的退化程度与生境质量水平，评价方法如下：

$$D_{xj} = \sum_{r=1}^{R} \sum_{y=1}^{Y_r} \left(\frac{W_r}{\sum_{r=1}^{R} W_r} \right) r_y \, i_{rxy} \, \beta_x \, S_{jr} \qquad (5\text{-}5)$$

式中，D_{xj} 为生境退化指数；y 为 r 威胁栅格图上的所有栅格；R 为威胁因子数目；Y_r 为地类图层上的威胁因子栅格数；W_r 为威胁因子权重；r_y 为威胁因子强度；β_x 为法律保护程度；S_{jr} 为 j 类土地类型对威胁因子的敏感性大小；i_{rxy} 为威胁因子对生境的威胁水平，分为线性和非线性。

$$i_{rxy} = 1 - \left(\frac{d_{xy}}{d_{r\max}} \right) \quad （线性） \qquad (5\text{-}6)$$

$$i_{rxy} = \exp\left[-\left(\frac{2.99}{d_{r\max}} \right) d_{xy} \right] \quad （指数） \qquad (5\text{-}7)$$

式中，d_{xy} 为栅格 x（生境）与栅格 y（威胁因子）的距离；$d_{r\max}$ 为威胁因子 r 的最大影响范围。

$$Q_{xj} = H_j \left[1 - \left(\frac{D_{xj}^2}{D_{xj}^2 + k^2} \right) \right] \quad (5\text{-}8)$$

式中，Q_{xj} 为地类 j 中栅格 x 的生境质量；H_j 为地类 j 的生境属性；k 为半饱和参数；D_{xj} 为土地利用类型 j 中栅格 x 的生境退化水平。

为验证 InVEST 模型的评估结果精度，选取 20 个典型生态空间样地开展样方群落调查。在每个样方内随机选择 3 块 30m×30m 样地，记录样地内乔灌木种类与数量、植被覆盖度等植被群落信息，并计算各样地 Simpson 指数来间接检验生境质量指数的准确性。

（四）固碳释氧

植物固碳释氧评估首先采用积分法求得植物叶片在 1 日内的净同化量，植物在测定日的净同化量计算公式为

$$P = \sum_{i=1}^{n} \left[(P_{i+1} + P_i) \div 2 \times (t_{i+1} - t_i) \times 3600 \div 1000 \right] \quad (5\text{-}9)$$

式中，P 为测定日同化总量 [mmol/(m²·s)]；P_i 为初测点瞬时光合作用速率 [μmol/(m²·s)]；P_{i+1} 为下一测点的瞬时光合作用速率 [μmol/(m²·s)]；t_i 为初测点的瞬时时间（h）；t_{i+1} 为下一测点时间（h）；n 为测试次数。此外，3600 为每小时 3600s，1000 为同化量微摩尔与毫摩尔之间的换算单位。

然后采用日同化总量换算为测定日固定 CO_2 和释放 O_2 量，计算公式分别为

$$W_{CO_2} = P \times 44/1000 \quad (5\text{-}10)$$

$$W_{O_2} = P \times 32/1000 \quad (5\text{-}11)$$

式中，44 为 CO_2 的摩尔质量（g/mol）；32 为 O_2 的摩尔质量（g/mol）；W_{CO_2} 为单位面积叶片每天固定 CO_2 的质量 [g/(m²·d)]；W_{O_2} 为单位面积叶片每天释放 O_2 的质量 [g/(m²·d)]。

单位土地面积上单株植物的日固碳释氧量可通过以下公式计算：

$$Q_{CO_2} = \text{LAI} \times W_{CO_2} \quad (5\text{-}12)$$

$$Q_{O_2} = \text{LAI} \times W_{O_2} \quad (5\text{-}13)$$

式中，LAI 为单株叶面积指数；Q_{CO_2} 为日固定 CO_2 的量 [g/(m²·d)]；Q_{O_2} 为日释放 O_2 的量 [g/(m²·d)]。

最后，根据单位土地面积上植物株数，计算一定面积生态空间的年固碳释氧量，计算公式为

$$T_{CO_2} = 365 \times N \times Q_{CO_2} \times A \div 1000 \tag{5-14}$$

$$T_{O_2} = 365 \times N \times Q_{O_2} \times A \div 1000 \tag{5-15}$$

式中，N 为单位面积上植物株数（株/hm²）；A 为生态空间的土地面积（hm²）；T_{CO_2} 为年固定 CO_2 的量（t）；T_{O_2} 为年释放 O_2 的量（t）。

本模型中需要获取光合作用速率、叶面积指数及单位面积样地内植物株数等参数。其中，植物光合作用过程监测采用 LI-6400XT 便携式光合测定仪 2 台，在自然光照下在室外进行活体测定。取样时选择生长状况良好、无病虫害的健康成林植株，对选取的树木中部冠层阳面中高部位树枝前端第 3~第 5 片成熟功能叶片在标准叶室进行测试取值。从 5：30~19：30 每 2h 同步测定净光合速率（Pn）、蒸腾速率（Tr）、气孔导度（Gs）、胞间 CO_2 浓度（Ci）、叶片温度（Tl）、大气 CO_2 浓度（Ca）、光合有效辐射（PAR）、气温（Ta）、相对湿度（RH）等参数，连续监测 3 天（晴天），每个树种重复测定 3 株并取平均值。

植株叶面积指数采用在试验样地选取树龄相同、冠型均匀、枝叶茂盛等有代表性的试验树种各 5 株，运用 LAI-2200 冠层分析仪，用 60°镜头在植物 6 个不同方向各取一组观测值，仪器自动计算出叶面积指数，每个树种做 3 次测试后取平均值（LAI）。

（五）休闲游憩

基于城市居民对生态空间休闲游憩需求和空间格局特征，构建城市生态空间休闲游憩功能指标体系，评价休闲游憩功能供给需求匹配程度。生态空间游憩功能供给的评价指标选取人均公共绿地面积、公园绿地平均面积、公园面积占比、公园理论服务面积、服务半径覆盖率和游憩满意度等指标。首先采用直线型法进行指标标准化处理，把

指标值转化为无量纲的相对数 [0~1];然后根据指标的评价目标,将指标分为正向与负向两种,正向指标为指标值越大越好,负向指标为指标值越小越好。

正向指标标准化公式为

$$若 X_{ij} < S_j, Z_{ij} = \frac{X_{ij}}{S_{ij}} \quad (5-16)$$

$(i=1,2,3,\cdots,n; j=1,2,3,\cdots,m); X_{ij} \geq S_j, Z_{ij} = 1$

负向指标标准化公式为:

$$若 X_{ij} > S_j, Z_{ij} = \frac{S_{ij}}{X_{ij}} \quad (5-17)$$

$(i=1,2,3,\cdots,n; j=1,2,3,\cdots,m); X_{ij} \leq S_j, Z_{ij} = 1$

式中,X_{ij} 为各项指标的现状值;S_{ij} 为指标体系的标准值;n 为评价单元个数;m 为评价指标数。

综合评价模型采用加权求和模型。加权求和方法是指标综合应用最多的方法,不仅应用于模糊综合评价模型、物元评判模型及 Shepard 插值模型等模型中,在很多生态问题评价时也被直接运用。其计算公式为

$$U = \sum_{i=1}^{n} W_i Z_i \quad (5-18)$$

式中,U 为指标综合值;W_i 为 i 指标的权重系数;Z_i 为 i 指标的标准化值;n 为指标项数。研究采用专家法确定评价指标的权重值。

本书涉及的数据主要包括居民生态游憩行为特征和上海城市生态游憩空间两类,第一类主要采用问卷调查的方法获得,第二类以实地调研和 GIS 数据获得。其中,居民生态游憩行为特征通过面对面调查和网络调查两种渠道进行问卷调查工作,根据样本统计,对被试的属性分别从性别、受教育程度、婚姻及家庭状况、年龄和收入等要素进行分析。

三、调查监测

2019年7月9日至8月10日对上海城市生态空间开展样地调查与功能监测。主要监测内容包括3个方面：①样地信息，包括样地名称、经纬度坐标、面积、形状等；②样地植物群落调查，包括样地优势乔木、灌木和草本植物、数量、群落结构、郁闭度等；③样地生态环境观测，包括气象要素、土壤水分、空气成分等，具体指标如表5-2所示。

表5-2 样地生态环境观测指标

指标	仪器	数据采集频率
温度、湿度、风速等气象指标	Kestrel5500手持式气象仪	8:00~18:00每分钟记录一次
空气负离子浓度	DLY-3空气离子测量仪	8:00~18:00每小时记录一次
$PM_{2.5}$浓度	LD-5C激光粉尘仪	8:00~18:00每两分钟记录一次
CO_2浓度	AZ77535CO_2浓度仪	8:00~18:00每小时记录一次
土壤温度、湿度及电导率	Wet三参数土壤水分仪	8:00~18:00每小时记录一次

（一）样地选择

采样路线主要参考上海市西北—东南的海岸线扩张方向及东北—西南的城市扩张方向为轴线，在两轴线周边选取面积较大、方便进入的生态空间类型，途经嘉定区、宝山区、普陀区、闵行区、浦东新区和奉贤；西南—东北方向上依次经过松江区、黄浦区、浦东新区和宝山区，且尽量涵盖公园、林荫道、湖泊湿地等类型，调查观测活动总时间共计17天，观测样地22个（图5-1）。详细观测样地信息如表5-3所示。

图 5-1 调查观测样地空间分布图

表 5-3 调查观测样地信息

监测点位	编号	经度/(°)	纬度/(°)	区域
双桥公园	SHH	121.331 919	31.252 830 56	嘉定区
公园附近林荫道	BOU	121.336 003	31.255 641 67	嘉定区
街旁绿地1	SGS1	121.336 733	31.265 163 89	嘉定区
街旁绿地2	SGS2	121.335 925	31.265 133 33	嘉定区

续表

监测点位	编号	经度/(°)	纬度/(°)	区域
河边硬化边坡	RHS	121.338 242	31.260 880 56	嘉定区
京沪高速旁绿地	JHE	121.339 519	31.253 463 89	嘉定区
顾村公园	GCP	121.361 081	31.339 861 11	宝山区
嘉北郊野公园	JBP	121.197 608	31.366 316 67	嘉定区
普陀区城区公共绿地	PTG	121.390 428	31.221 261 11	普陀区
浦江郊野公园	PJP	121.504 017	31.056 822 22	闵行区
吴泾公园	WJP	121.472 7	31.049 177 78	闵行区
滴水湖	DSL	121.926 75	30.898 813 89	浦东新区
东海大桥S2高速公路旁	SEG	121.891 025	30.873 35	浦东新区
上海海湾国家森林公园	BFP	121.698 358	30.866 530 56	奉贤区
金海公路与树宁路交汇口附近绿地	SRG	121.481 364	30.938 913 89	奉贤区
奉浦四季生态园	FPE	121.465 186	30.936 4	奉贤区
昆秀湖湿地公园	KXP	121.169 139	31.042 977 78	松江区
广富林郊野公园	GFP	121.178 181	31.055 866 67	松江区
佘山国家森林公园	SSP	121.196 911	31.093 536 11	松江区
复兴公园	FXP	121.464 733	31.218 6	黄浦区
陆家嘴中心绿地	ZXR	121.503 867	31.238 105 56	浦东新区
吴淞炮台湾国家森林湿地公园	WSP	121.507 958	31.396 127 78	宝山区

(二) 过程监测

城市生态环境功能监测主要通过重要生态过程测定完成，包括植被蒸腾过程与降温增湿效应观测、绿地蓄水产流过程、植物吸附滞留污染物及$PM_{2.5}$浓度能力观测等。

(1) 植被蒸腾过程与降温增湿效应观测。在调查样地中按照群落结构类型选择代表性样地，并选择一块开阔的无植被区域作为对照点。

在晴朗无风或微风天气对样地和空白对照点同步观测空气温湿度和蒸腾速率。试验仪器为 NK4500 气象站。试验时间为 7~8 月，观测时间以 24h 为周期，每分钟记录一次，每个样地做 3 个重复。此外，水面蒸发降温效应采用水面蒸发器观测获得。

（2）绿地蓄水产流过程观测。在调查样地中按照不同景观类型和空间邻近原则（确保降水与土壤条件相似）选取代表性样地 20 个，采用人工模拟降雨法测定土壤水分饱和量。即首先采用土壤水分测定仪（TZS）测量样地土壤初始水分含量，然后采用标准喷雨装置模拟降雨，直到土壤水分含量达到相对稳定状态，记录此时水分速测仪度数及模拟降雨总量。土壤入渗速率采用 Turf-Tec 渗透装置测定。在观测样地内将仪器压入土壤中 15cm，然后向内环中注满水，记录每分钟下渗的深度，求出不同时刻的下渗速率即为下渗过程曲线。每个样地做 3 个重复。

（3）植物吸附滞留污染物及 $PM_{2.5}$ 浓度观测。在调查样地内根据不同区域位置（道路、居民区、广场、公园等）选取代表性样地，在两个相邻降雨事件期间，逐日对固定样地叶片采样（总采集时间≥20 天），并采用称重法测定叶片吸附飘尘能力。即首先采集样地叶片放入密封袋中并编号，记录取样地点、叶片种类和照片等；在实验室内向密封袋中注水，静置 12h 后摇匀，使其充分混合，然后利用量筒取出单位体积混合水注入已编号并称重的铝盒内，并放入烘箱内烘干，铝盒烘干前后重量之差即为单位体积内灰尘重量；采用叶面积仪测量叶片面积，并计算单位叶面积滞尘量。此外，空气 $PM_{2.5}$ 浓度监测采用两台微计算机激光粉尘仪 LD-5C（B）在样地和空旷对照地同步观测监测，每 5min 记录数据一次，每个点位连续监测 24h。每个样地做 3 个点位重复。

（4）群落特征的记录。在每个样地内，选择样地中心、群落结构较好的绿地斑块作为调查样方，其中乔木样方设置为 20m×20m，记录代表性乔木种类，测量每株乔木的树高、胸径、冠幅和枝下高；沿乔木样方内对角线分别设 3 个 3m×3m 的样方开展灌木调查，记录所有灌木种类、株数、高度及目测灌木盖度；在灌木样方内分别设置2个1m×1m的样方进行草本调查，测量并记录草本植物的高度、覆盖面积，目测估算草皮盖度。此外，观测样地叶面积指数通过LAI-2200植物冠层分析仪在观测日上午8：00~9：00获取，按照乔木对角线在冠层下方的同一水平面上（距地面1.5m左右）测量15~20次，并取相应平均值。

（三）观测数据

叶面积指数（leaf area index，LAI）是指一定土地面积上植物叶面面积总和与土地面积之比，是描述植被冠层结构最基本的参量之一，是本研究开展样地植物群落调查的重要参数之一。在各监测点选择有代表性的样地进行LAI的监测及样方调查，用以辅助后续其他指标的分析。结果如图5-2所示，不同的城市绿地的LAI差异较大，总体而言LAI的值均大于1，吴泾公园、佘山国家森林公园等地则达到了3以上。

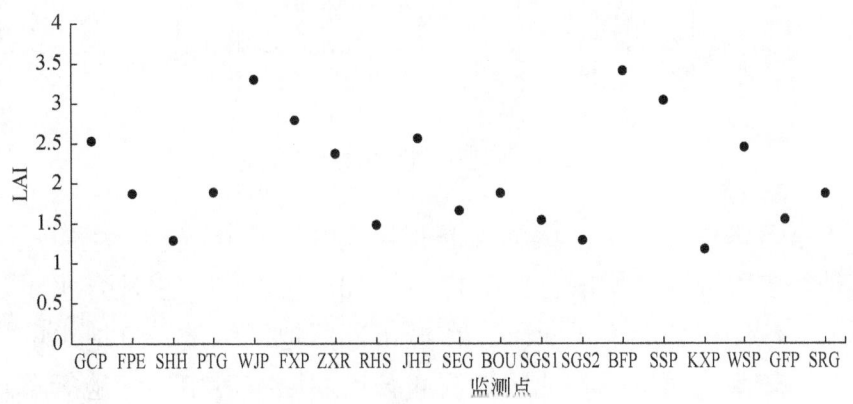

图5-2 监测样地LAI数值

监测样地的CO_2含量是评估固碳释氧生态功能的一个重要参数，本研究采用AZ77535 CO_2浓度仪获取样地CO_2浓度，监测结果如图5-3所示。从日均浓度来看，日均CO_2浓度最低的样地为顾村公园、普陀区城区公共绿地,最低值为1190ppm①。日均 CO_2 浓度最高的样地为昆秀湖湿地公园、吴泾公园,最高为1323ppm, CO_2 浓度差距不大。实验点和对照点的 CO_2 浓度差距不大,绿地内部的 CO_2 浓度并没有显著低于外部,这可能与植物的呼吸作用有关。其中,上海海湾国家森林公园的园内实验点 CO_2 浓度比园外对照点低28.4ppm,佘山国家森林公园园内实验点的 CO_2 浓度比园外对照点高27.7ppm,可见不同的绿地吸收 CO_2 的能力有所差异。

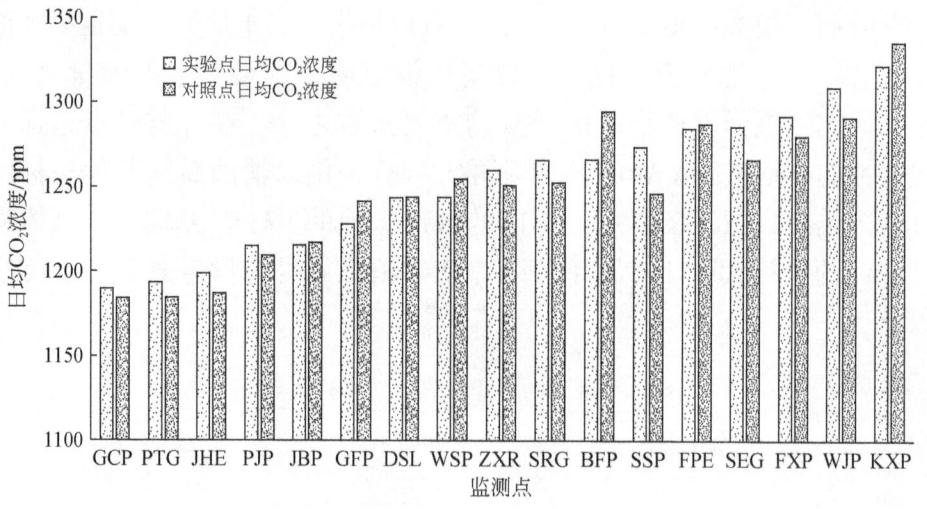

图 5-3 监测样地 CO_2 浓度数值

土壤含水量反映了土壤的湿润程度,受天气状况、土壤质地和地表植被等多种因素的影响,同一样地不同植被覆盖的土地含水量仍有差距。监测结果如图 5-4 所示,在城市郊区地区绿地,草地中的土壤含水量比较高;而市中心地区如复兴公园、陆家嘴中心绿地等草地的含水量则相对比较低;林地的土壤含水量在大多数绿地中处于比较高的水平。

---

① $1ppm = 10^{-6}$ 。

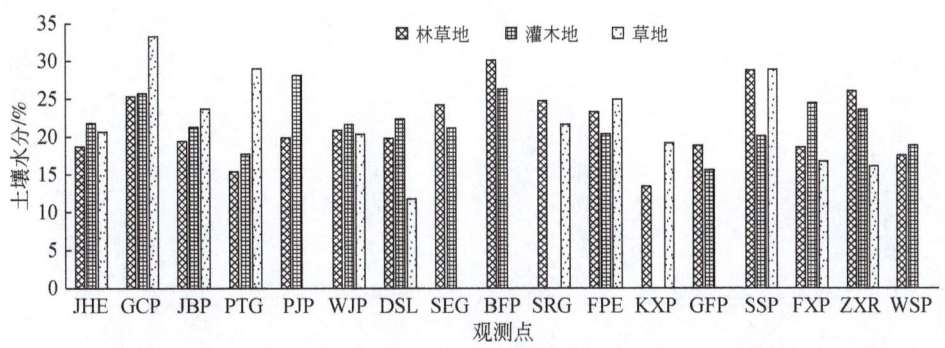

图 5-4 监测样地土壤含水量数值

PM$_{2.5}$浓度是指大气中空气动力学当量直径小于或等于 2.5μm 的颗粒物，是 PM$_{2.5}$滞留这一重要生态功能评估的重要参数，研究结果如图 5-5 和图 5-6 所示，研究发现不同样地的 PM$_{2.5}$浓度有着较大差别。以市中心的陆家嘴中心绿地和城市郊区的佘山国家森林公园为例说明。如图 5-5 所示，陆家嘴中心绿地实验点即绿地中心处的 PM$_{2.5}$浓度始终低于外围空地，日浓度变化呈现出双峰趋势，14:00 后 PM$_{2.5}$浓度基本保持波动稳定，绿地中心日均为 0.042mg/m³，比外围空地低 0.013mg/m³。

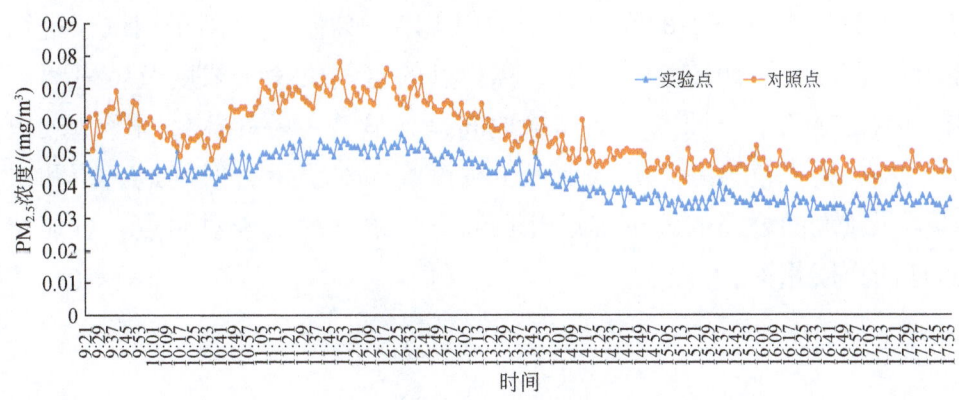

图 5-5 陆家嘴中心绿地实验点和对照点 PM$_{2.5}$日浓度变化

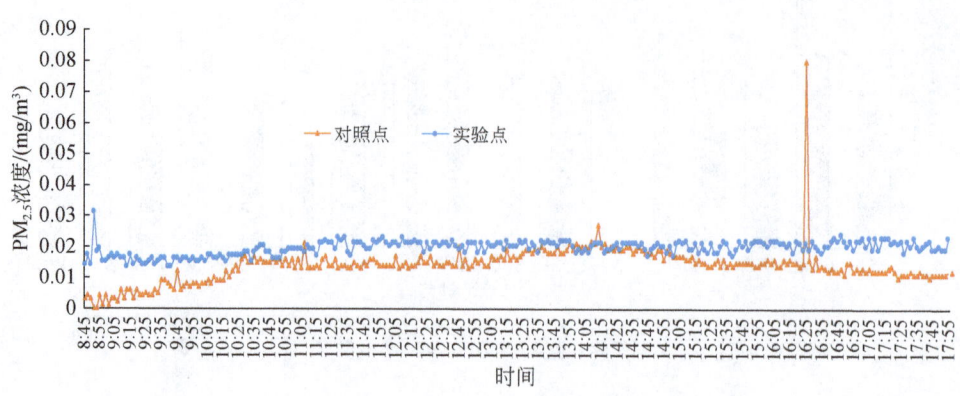

图 5-6　佘山国家森林公园实验点和对照点 $PM_{2.5}$ 日浓度变化

佘山国家森林公园位于上海西郊古城松江境内，园区内森林密布，占地 401 hm^2。如图 5-6 所示，佘山国家森林公园样地监测对照点位于森林公园门外的空地，全天平均 $PM_{2.5}$ 浓度 0.014 mg/m^3，实验点位于园内绿地，全天平均 $PM_{2.5}$ 浓度为 0.019 mg/m^3。实验点 $PM_{2.5}$ 浓度基本高于对照点，且全天均较为平稳。

空气负离子能够调节神经系统功能、加强新陈代谢、改善呼吸系统，具有抑菌、除菌的功能，可以有效提高森林、城市或室内的环境空气质量。本研究中的空气离子采用 DLY-3G 空气负离子测试仪进行监测，监测结果如图 5-7 所示。实验点的空气负离子浓度及负氧离子浓度均明显高于对照点，不同绿地间差异显著——森林公园等植被覆盖较高、树木较为高大的绿地离子浓度高于对照点，但湿地公园和水体面积较大的公园的离子浓度和负氧离子浓度均低于对照点，可能与水体的作用相关。

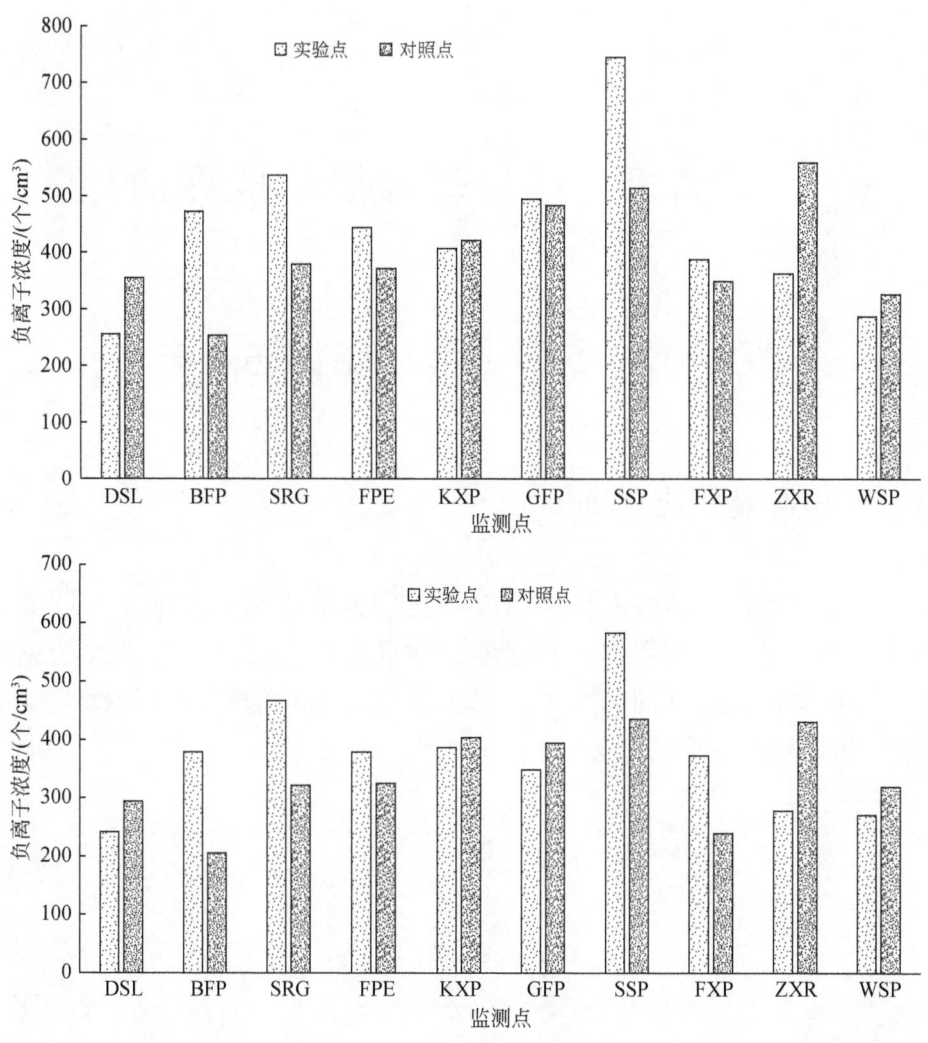

图 5-7 监测样地空气离子数值

第六章 夏季降温功能评估

第一节 温度调节功能评估方法

一、样地降温效应分析

为评估城市绿地外部环境温度和内部覆被格局对绿地温度调节功能的影响,基于观测数据,对绿地的冷岛效应与绿地内格局因子进行相关分析与多元线性回归分析。观测样地降温功能采用日均降温幅度(T_r)和日均降温率(T_p),计算公式为

$$T_r = \frac{\sum_{i=1}^{n}(T_{ci} - T_i)}{10} \tag{6-1}$$

$$T_p = \frac{\sum_{i=1}^{n}\frac{T_{ci} - T_i}{T_{ci}} \times 100\%}{n} \tag{6-2}$$

式中,T_{ci}为对照点第i时刻的温度值(℃);T_i为观测点第i时刻的温度值(℃);n为记录时间($n \leqslant 10$)。

大量研究表明,城市绿地及建设用地的类型、结构和空间布局形态均会对绿地的降温功能产生影响(Chang et al., 2007;高吉喜等,2016)。参照城市绿地降温功能的潜在影响因素,本研究选择不同的覆被格局因子评估分析其对绿地降温效益的影响,具体包括观测点绿地面积、乔木密度、叶面积指数(LAI)、水体比例、灌木盖度、草坪盖度、观测点硬化地表比例、对照点交通用地比例及不透水面比例,并

把前 7 个因素归为内在因素，其余为外在因素，同时通过野外植被调查和 Google Earth 影像获取相应的格局因子信息（表 6-1）。考虑到土地覆被格局因子计算过程中需要确定影响范围，参照前人研究成果发现，Cheung 和 Jim（2019）认为城市公园空气温度可通过其周围 20m 范围内土地覆盖特征反映出来，Konarska 等（2016）则选取半径为 10~150m 的圆形缓冲区获取格局因子来研究城市绿地的降温效益，部分研究是通过遥感影像获取公园内各类土地覆被比例（Cao et al.，2010；阮俊杰，2016；Du et al.，2017）。此外，已有大量研究证实了水体的降温效应（Hathway and Sharples，2012；Amani-Beni et al.，2018），考虑到如果水体比例指标的缓冲区半径过小可能会导致绿地缓冲区内水面比例差异太小，以致水体的降温作用显示不明显，为此选择 200m 作为绿地内水体的缓冲区半径（表 6-1）。

表 6-1 地表覆被格局参数及其获取方法

位置	格局因子	单位	定义	获取方法
观测点	城市绿地面积	m²	观测点所在的城市绿地面积	Google Earth 测算
	叶面积指数	—	观测点 20m×20m 样方内单位土地面积上植物叶片总面积占土地面积的倍数	野外测量
	乔木密度	株/m²	观测点 20m×20m 样方内单位土地面积上乔木（树高≥5m）株数	野外测量
	灌木盖度	%	观测点 20m×20m 样方内灌木（树高<5m）垂直投影的面积占地表面积的比率	野外测量
	草坪盖度	%	观测点 20m×20m 样方内草本植物垂直投影的面积占地表面积的比率	野外测量
	水体比例	%	观测点 200m 缓冲区内水体面积所占比例	Google Earth 测算
	硬化地表比例	%	观测点 20m 缓冲区内硬化地表面积所占比例，主要为绿地内人行道路和广场，不包括林冠覆盖面积	Google Earth 测算
对照点	交通用地比例	%	对照点 20m 缓冲区内交通用地面积所占比例，主要为车辆通行道路，不包括人行道	Google Earth 测算
	不透水面比例	%	对照点 20m 缓冲区内不透水面面积所占比例，主要为商业区、住宅区、人行道、广场、工业区等，不包括有树冠覆盖面积	Google Earth 测算

二、样地降温能力参数[①]

已有研究表明,城市绿地植被主要通过蒸腾作用和冠层遮阴两个过程实现城市小气候调节(张彪等,2018)。且在一般情况下,外界环境温度越高,植物的蒸腾作用越强烈,其蒸腾降温效应越明显。在我们对上海城市绿地实地开展降温观测期间,外界环境温度变化在 30~37℃。为此,通过线性回归分析发现,上海城市绿地的降温幅度随着外界环境温度的升高而增加(图6-1),二者呈现出中等相关关系,相关系数为 0.47($p<0.05$)。通过建立回归方程($y=-8.17+0.32x$)推断发现,当外界环境温度为26℃时,上海城市绿地的降温效益将不明显。

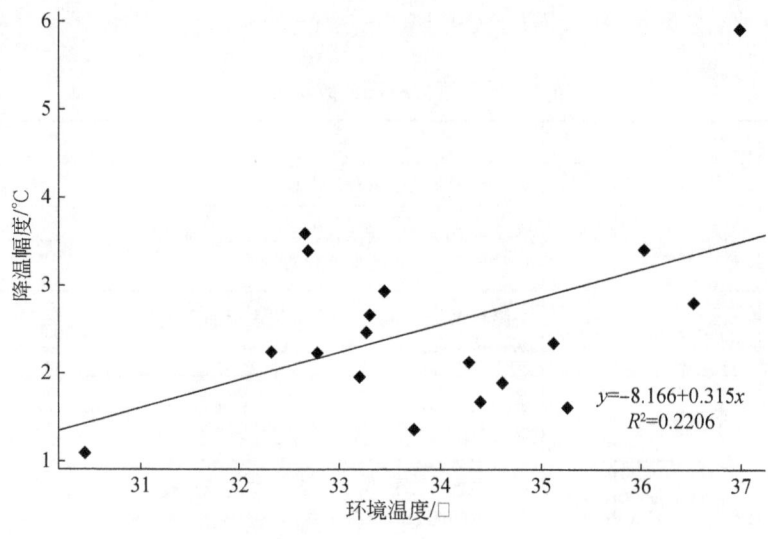

图 6-1 环境温度与绿地降温幅度的关系

三、土地覆被格局影响

为识别土地覆被格局对绿地调节温度功能的影响,对 18 个观测样

[①] 此部分内容已在《生态学报》2020年第40卷第19期发表,具体参见谢紫霞等(2020)。

地的降温率及覆被格局因子特征统计发现，上海城市绿地的降温率变化在2.92%~16%，平均降温率达到7%。在土地覆被格局因子中，城市绿地斑块面积、水体比例、硬化地表比例和不透水面比例的差异较大，而乔木密度、LAI、灌木盖度和草坪盖度的差异较小。对不同土地覆被格局因子与降温率进行回归分析发现，降温率与不透水面比例、乔木密度、LAI、水体比例、硬化地表比例呈现出较强的线性关系，绿地斑块面积与降温率表现出较强的对数关系，而降温率与交通用地比例、灌木盖度和草坪盖度的相关性不显著（图6-2）。尤其是降温率与对照点不透水面比例的相关关系最显著（图6-2），其次是乔木密度、绿地斑块面积、LAI及水体比例对绿地降温效应有较明显的提升作用，而硬化地表比例对城市绿地降温效应表现出抑制作用。因此，从单因子来看，改变城市绿地内乔木栽植数量、绿地斑块面积、LAI、水体配置和硬化地表配置可有效调控上海绿地的降温效应。

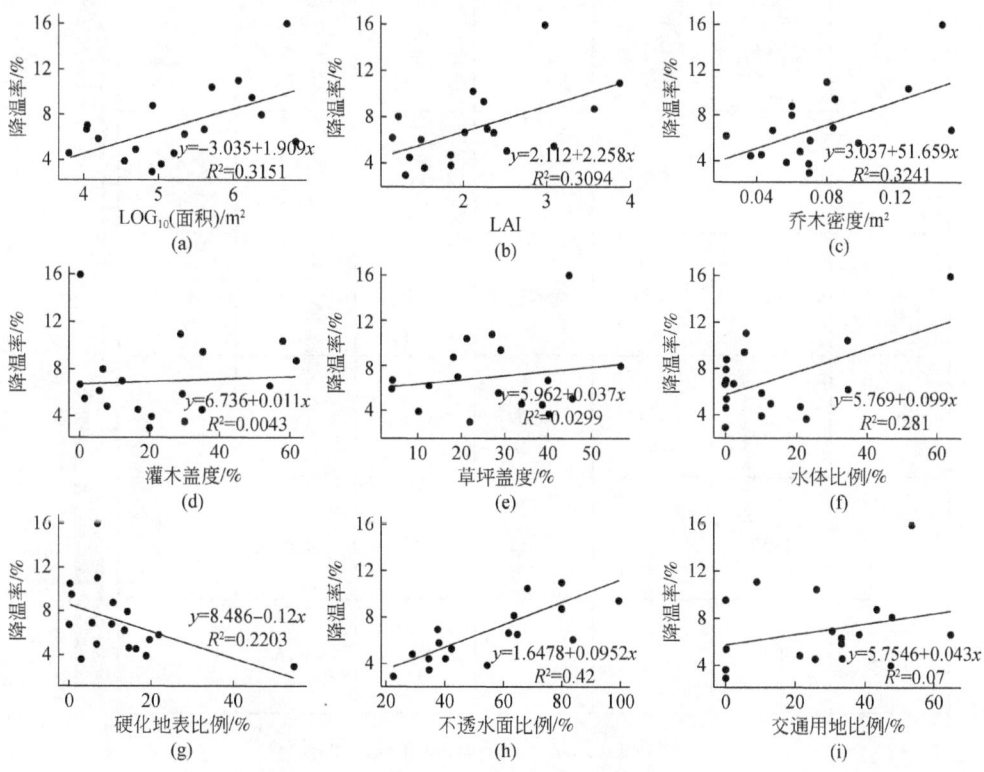

图6-2 日均降温率与景观格局的简单线性回归

此外，我们开展了不同覆被格局因子之间的 Pearson 相关分析，结果发现上海城市绿地中的乔木密度、LAI、水体比例和草坪盖度均与绿地斑块面积的相关性较强（图6-3），其中乔木密度和绿地斑块面积的相关性最大（$r=0.52$，$p<0.05$），LAI 和水面比例与绿地斑块面积呈较强的正相关，而灌木盖度与绿地斑块面积为负相关，原因可能在于观测样地中的群落结构以乔草为主。因此，在后面的多元线性回归分析中需剔除绿地斑块面积变量。分析结果也表明，乔木密度和灌木盖度均与 LAI 正相关，硬化地表比例与 LAI 为负相关，其中乔木密度的相关关系最强；而水体比例与乔木密度也表现出较强的正相关，原因可能是拥有较多水体的绿地斑块更适宜乔木生长；LAI、乔木密度和硬

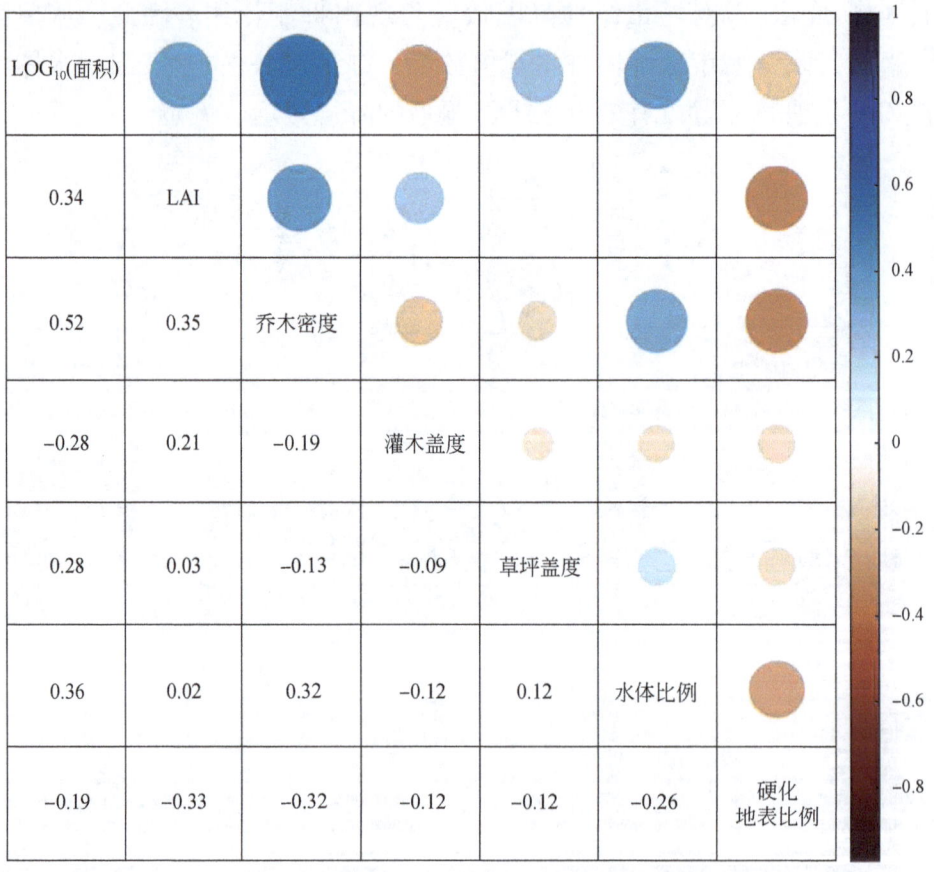

图 6-3 景观参数 Pearson 相关矩阵图

化地表比例负相关性较强,这是因为在绿地缓冲区内,硬化地表比例的增加也意味着植被覆盖面积的减少。因此,整体来看,优化乔木种植方式、提高乔木植株密度有助于提升上海市绿地的降温效应。

基于以上综合分析,我们选取对绿地降温效应有着显著影响的关键因子,利用 R-studio 对变量进行多元线性回归分析,并分别以 LAI 和乔木密度为主变量构建相应的回归模型,结果发现,当绿地斑块面积和乔木密度保持不变时,LAI、水体比例和不透水面比例的多元回归模型为 $y=-1.19+1.66\times LAI+0.08\times$水体比例$+0.06\times$不透水面比例($R^2=0.75$,$F=13.86$,$p<0.001$),说明在其他参数相同的情景下,如果水体比例增加 20%可使白天绿地降温率提高 1.68%,如果绿地 LAI 增加 1 将使白天绿地的降温率上升 1.66%;当绿地斑块面积和叶面积指数保持不变时,乔木密度、水体比例和不透水面比例的多元回归模型为 $y=-0.77+34.64\times$乔木密度$+0.06\times$水体比例$+0.08\times$不透水面比例($R^2=0.73$,$F=12.65$,$p<0.001$),也就是说,如果其他因子保持不变时,观测样方内的乔木密度增加 5%,可使城市绿地的降温率提高 1.73%,如果绿地内的水面比例增加 20%,则城市绿地的降温率可上升 1.18%。

第二节 温度调节评估结果[①]

一、降温吸热类型差异

2017 年上海市绿地面积 10.45 万 hm^2,平均每公顷绿地每天吸热 7.26 亿 J,夏季(6~9 月)可蒸腾吸热 8.49×10^{15} J。其中,阔叶林夏季吸热量为 3.94×10^{15} J,贡献了全市绿地吸热总量的 46%;混交林夏季吸热 2.79×10^{15} J,提供了 33%的吸热总量;因此,阔叶林与混交林

[①] 此部分内容已发表在《自然资源学报》2021 年第 36 卷第 5 期,具体参见张彪等(2021)。

是上海市绿色降温功能的主体。另外，上海市草地夏季吸热量可达 $1.22×10^{15}$ J，占到全市绿地吸热量的14%；针叶林与竹林夏季吸热量较低，均提供绿地蒸腾吸热量的3%；而灌木林夏季吸热量最小，吸热比例不足0.5%。不过，混交林和竹林的单位面积吸热能力较强（图6-4），分别为 $8.77×10^8$ J/(hm^2·d) 和 $8.62×10^8$ J/(hm^2·d)，阔叶林、针叶林和灌木林的降温吸热能力接近，分布在7.23~7.96 J/(hm^2·d)，而草地单位面积吸热能力仅有3.65 J/(hm^2·d)。

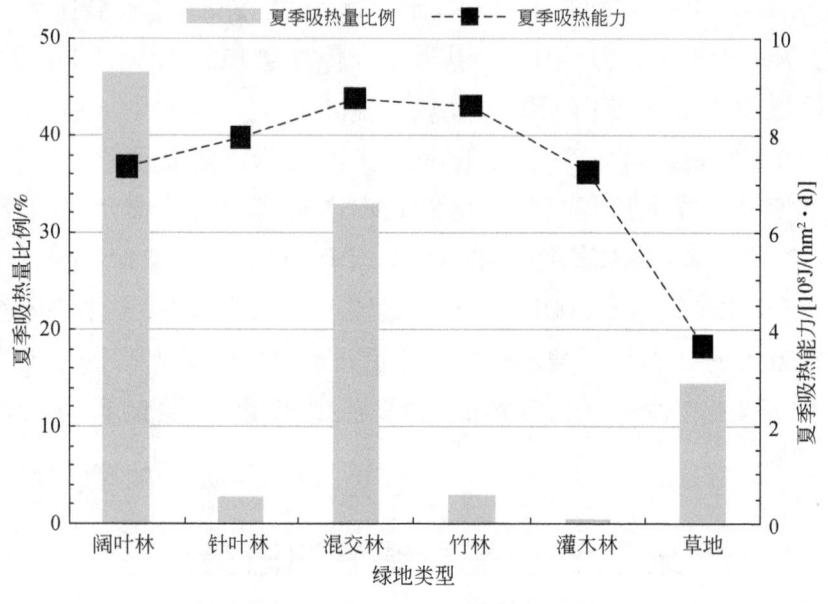

图6-4　不同绿地类型夏季蒸腾吸热量

二、降温吸热区域差异

评估结果表明，浦东新区夏季降温吸热量可达 $2.88×10^{12}$ J，可提供上海市降温吸热总量的33%；其次为崇明区和奉贤区，夏季降温吸热量分别为 $1.73×10^{12}$ J 和 $1.23×10^{12}$ J，分别占上海城市绿地降温吸热总量的20%和14%。宝山区、金山区、嘉定区、闵行区、青浦区及松江区绿地降温吸热贡献率分别在3%~7.5%；虹口区、长宁区和静安区绿地降温吸热量最小,其贡献率不及0.2%,此变化趋势主要与不同区县绿地面积有关(图6-5)。因此,浦东新区、崇明区和奉贤区为上海城市绿地降温吸热功能的主体。不过,就单位面积绿地夏季降温吸热能力来看,虹口区绿地单位面积吸热22.71J/($hm^2·d$),降温吸热能力最高,其次为黄浦区和徐汇区,其降温吸热能力分别为18.56J/($hm^2·d$)和14.77J/($hm^2·d$),奉贤区和浦东新区绿地降温吸热能力均在10.55J/($hm^2·d$)附近,青浦区、长宁区、金山区和嘉定区绿地降温吸热能力较低(图6-5),原因主要是与不同区(县)绿地的组成结构有关。

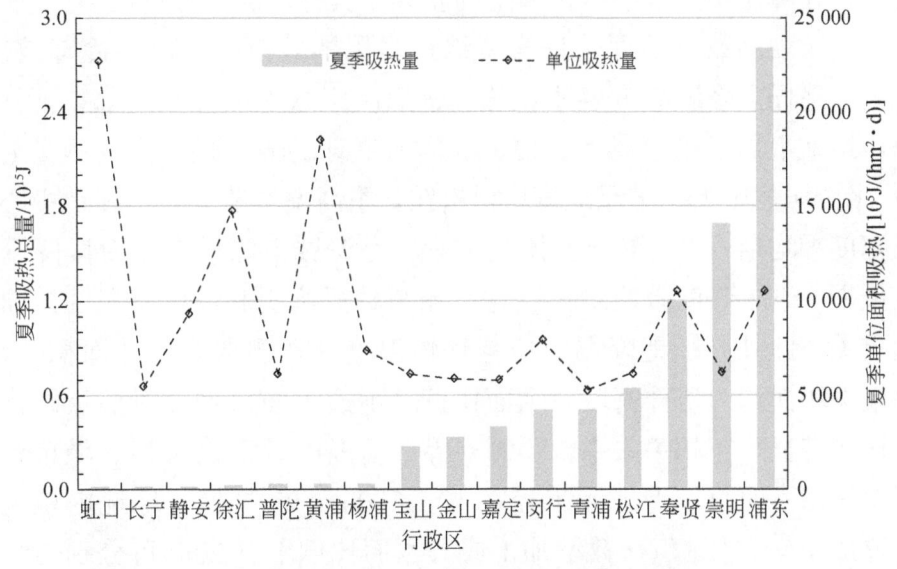

图6-5 上海市不同地区绿地夏季蒸腾降温功能

三、城市绿地降温效应

从城市尺度直观认识量化绿地资源改善城市小气候可揭示城市绿地生态功能的重要性,本节从样地观测结果定量评估了上海市绿地夏季蒸腾降温的功能。结果表明:上海市10.45万hm^2绿地夏季可蒸腾吸热$8.49×10^{15}$J,平均每公顷绿地每天吸热7.26亿J。不同类别和区

（县）绿地的降温功能差异较大，阔叶林与混交林夏季降温贡献较大，主要与绿地面积和组成结构有关。但是，由于不同类型绿地降温效果观测数据的准确性、不同气候带夏季时间的差异等研究方法上的争议，势必造成定量评估一定区域绿地夏季蒸腾降温功能的不确定性。由于绿色植被的实际降温效果主要取决于绿量、观测时间及气象气温环境等多种因素，即使同一类型绿地降温值的变化幅度也很大，因此准确量化与比较绿地实际降温是几乎不可能的，为此本节仅将前人观测数据作为绿地降温幅度的理论值而非实际值具有一定的合理性。同时，鉴于同一城市区域气候背景的相似性，比较不同行政区和不同功能绿地类型在降温功能及经济价值上的差异则具有一定的可行性。

基于观测数据的评估证实了绿地对周围城市空气具有冷却效应。不同绿地样点降温幅度各不一样，这取决于绿地内部和外部特征，上海市绿地平均降温幅度为2.61℃，高凯等（2009）通过野外测量上海市21个居住区130个绿地斑块得出在夏季高温季节上海市绿地中心降温幅度平均值在2.6℃。整体上来看，上海城市绿地上午时段降温效应最大，下午降温效应最小，这可能与林冠遮阴和蒸腾降温的共同作用有关。此外，绿地降温效应与环境温度、观测点乔木叶面积指数、绿地斑块面积、植株密度、水面比例、不透水面比例和对照点硬化地面比例有显著正相关关系，预测外界环境温度低于26℃时，城市绿地降温作用不明显；考虑到半径在10~200m的缓冲区，绿地内植被密度增加5%、叶面积指数增加1或者水面比例上升20%可分别使绿地降温率上升1.73%、1.66%和1.18%，因此改变城市绿地内乔木栽植数量、绿地斑块面积、叶面积指数、不透水面比例及水体配置可有效调控上海夏季绿地降温效应。

此外，绿色植被对周围气温的影响是有一定范围的，随着与植被距离的增加，其对环境温度的影响逐渐减弱。本研究没有考虑绿地降温的影响范围，不过可以肯定的是，其降温影响区域肯定要大于结论中的范围；还有，植物蒸腾降温的主要器官是叶片，因而绿地降温功能与其覆盖率和绿量有较大关系，因此准确量化绿地的降温功能效应，还需要进一步研究。即便是同一类型的绿地，其植物构成差别也非常大。用某一块绿地的降温效应代表全部类型，实际误差很难估算。因此如果能有进一步的指标加以细化，会减少其误差的。

结合以往研究和本节结果，城市绿地对环境温度的影响容易受太阳辐射、空气湿度等外界环境因子的制约，而且绿地结构、绿地面积、植被类型、景观格局、植被覆盖度和生物量等也是绿地降温功能的影响因素。

第三节　林地降温效应梯度变化[①]

一、林地斑块降温效应的城乡梯度差异

研究结果表明，沿城乡梯度上海市城市林地斑块降温效应逐渐减弱（图6-6）。其中，中心城区的林地斑块降温幅度最大，为1.96℃，高于

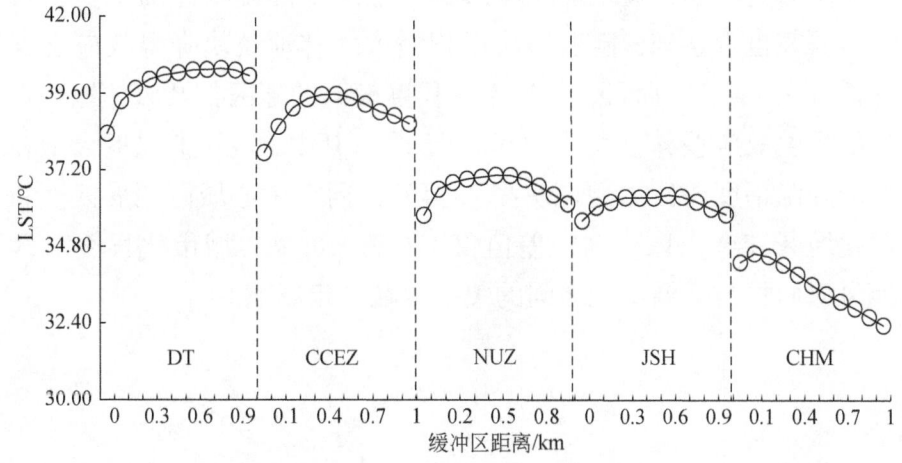

图6-6　2017年上海市不同区域林地斑块外围不同距离平均温度变化图
LST为地表温度；DT为中心城区；CCEZ为中心城区拓展区；NUZ为新型城镇化地区；JSH为金山区；CHM为崇明区。下同

---

① 此部分内容已发表在生态学杂志2021年第40卷第5期，具体参见仇宽彪等（2021）。

中心城区拓展区、新型城镇化地区和金山区；而且，城市林地斑块的降温幅度按照中心城区拓展区、新型城镇化地区和金山区递减。值得注意的是，崇明区林地斑块并不具有显著的降温效应，这可能与其周边水体分布较多的地理特征有关。因此，在高温季节上海市林地斑块虽然具有显著的降温功能，但是这一降温功能明显受到城市化程度的影响。

二、斑块几何特征与林地降温效应关系

1. 斑块面积与降温效应

为分析林地斑块面积对林地斑块降温效应的影响，首先依据斑块面积对林地斑块进行了等级划分。考虑到 Landsat 8 TIRS 影像空间分辨率为 100m，为准确提取城市林地斑块的地表温度，减少混合像元的影响，以斑块面积大于 1hm² 的城市林地为研究对象，按照面积将林地斑块划分为小斑块（1.0~5.0hm²）、中斑块（5.0~20.0hm²）和大斑块（≥20hm²）共 3 个等级。

大量研究表明，斑块面积是影响林地斑块降温功能的主要因素之一。本研究也观察到，随着斑块面积增大，林地斑块降温效应逐渐增强［图6-7（a）］。而且，在城市化程度较高的地区，城市林地各等级斑块的降温效应差异较大［图6-7（b）］。其中，在中心城区大型林地斑块的降温幅度要比小型斑块高 2.74℃；而在中心城区拓展区、新型城镇化地区和金山区，这一差值仅 1.0℃。可见，城市化程度对区域林地斑块面积与降温功能之间的关系存在一定影响。

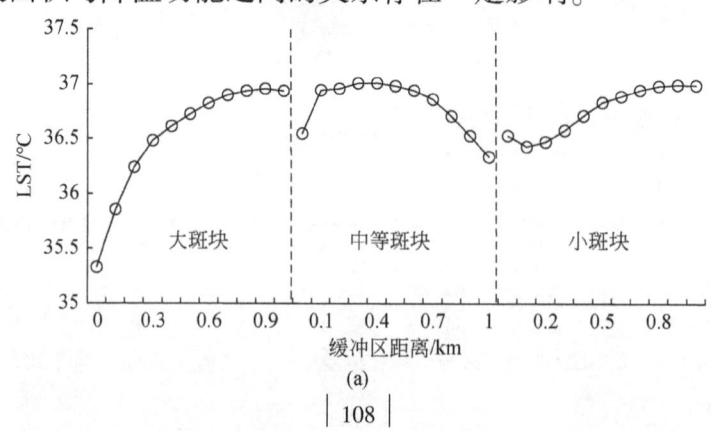

(a)

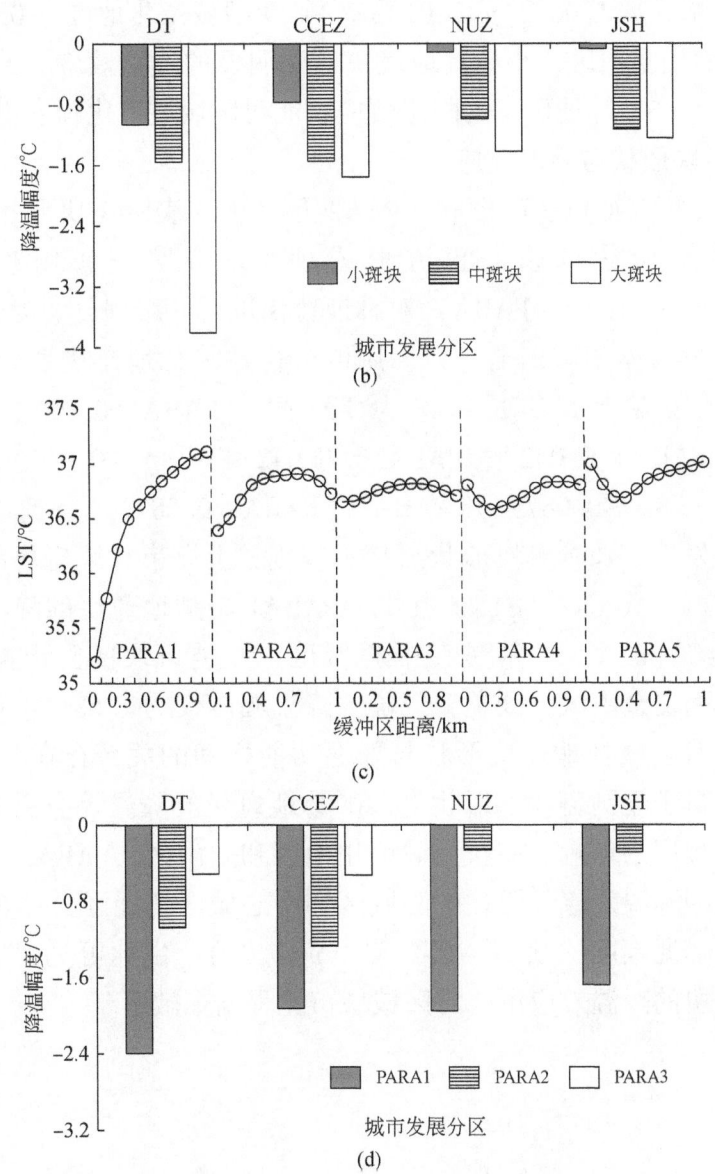

图 6-7 2017 年上海市林地斑块几何特征与冷岛效应关系图

(a) 全市林地斑块面积特征与 LST 变化图；(b) 林地斑块面积与冷岛效应强度关系沿城乡梯度变化图；
(c) 全市林地斑块形状特征与 LST 变化图；(d) 林地斑块形状与冷岛效应关系沿城乡梯度变化图

此外，相对于大型林地斑块，小型林地斑块的降温效应更易受到区域城市化程度的影响。本研究发现，从中心城区向外，小型林地斑块的降温幅度从 1.06℃（$p<0.01$）减少到新型城镇化地区的 0.11℃（$p<0.05$），而到金山区，小型林地斑块已无明显的降温效应（$p=0.33$）。由此可见，小型林地斑块的降温效应可能对区域城市化程度更敏感。

2. 斑块形状与降温效应

PARA 可表征斑块的形状，PARA 值越大，表示斑块形状越狭长；反之，斑块形状越趋近正方形或圆形。按照斑块周长面积比（parameter-area-ratio，PARA）对林地斑块进行等级划分。为保证各等级斑块数量大体相同，本研究采用四分位数将林地斑块划分为 5 类，斑块形状从规则到狭长依次为 PARA1（$PARA<0.027$）、PARA2（$0.027 \leqslant PARA \leqslant 0.042$）、PARA3（$0.042 \leqslant PARA \leqslant 0.061$）、PARA4（$0.061 \leqslant PARA \leqslant 0.087$）和 PARA5（$PARA \geqslant 0.087$）。

结果发现，随着斑块形状渐趋不规则，上海市林地斑块的降温效应渐趋减弱[图 6-7（c）]，其中，PARA1 型林地斑块的降温幅度最大[图 6-7（d）]。尤其是在中心城区，该类斑块的降温幅度可达 2.39℃；而在金山区，该类型斑块的降温幅度仅为 1.68℃。可见，城市化程度对区域林地斑块形状与降温功能之间的关系存在一定影响。此外，相对于规则斑块，形状复杂的林地斑块的降温效应更易受到区域城市化程度的影响。在新型城镇化地区和金山区，PARA3 型林地斑块无明显的降温效应，而在中心城区和中心城区拓展区，PARA3 型林地斑块的降温幅度达 0.51～0.53℃（$p<0.01$）。由此可见，形状不规则林地斑块的降温效应可能对区域城市化程度更敏感。

第七章 空气净化功能评估

第一节 空气净化功能评估技术

城市绿地滞尘模型包含空气污染物浓度、污染物沉降速率、滞尘返还率、叶面积指数、植被覆盖度等参数。本研究中各参数的计算与获取途径如下：①$PM_{2.5}$浓度从上海市生态环境局获得，为上海市不同监测站点的空气颗粒物监测数据，并统计得到宝山区、崇明区、奉贤区等16区的月均浓度；②植被叶表面$PM_{2.5}$沉降速率v参考自章旭毅等（2016）对上海市$PM_{2.5}$的干沉降速率测定结果，植被滞尘返还率r取自Nowak等（2013b）不同风速下的返还率表，其中，上海市日均风速由国家气象科学数据共享服务网获得；③叶面积指数LAI采用赵燕佩等（2015）建立的上海市生态用地植被覆盖度与LAI的回归关系模型计算，绿色空间植被覆盖度由归一化植被指数（NDVI）反演得到，其中，上海市春夏秋冬四季NDVI分别由2017年4月2日、8月24日、11月4日和2月13日的遥感影像反演得到；④由于降雨事件对植被滞尘过程有明显影响，该研究以日降雨量15mm作为判断滞尘周期的依据，即日降雨达到或超过15mm时，则计上一次滞尘过程结束，且降雨后第二天重新开始滞尘。此外，植被滞尘存在最大限度，即达到最大限度后滞尘量不再增加，本节假设在没有降雨事件发生时，取上述研究的平均值21天作为滞尘饱和时间T。

本研究中模型检验主要采用上海市徐汇区和闵行区10个样点植被滞尘能力实测值。首先基于采样点位置确定各样地混合像元组分类型，然后根据样点植被滞尘能力与上海市降尘中$PM_{2.5}$比例测算出滞留

PM$_{2.5}$能力,并基于土地覆被解译数据利用面积比例加权计算出各样地栅格的 PM$_{2.5}$ 滞留能力,最后与模拟估算的各样点 PM$_{2.5}$ 滞留能力进行对比验证,线性回归结果达到 0.75,满足本节分析要求。

第二节　绿色空间滞留 PM$_{2.5}$ 功能差异特征

一、不同类型绿色空间滞尘差异

上海市绿色空间主要由林草地和农田组成,其中农田分布面积最大,理论上可每年滞留 1888.42t 的 PM$_{2.5}$ 污染物,其滞留量约占绿色空间滞留 PM$_{2.5}$ 总量的 53.45%,因此上海市的农作物植被起着非常重要的空气质量改善作用。此外,上海市林草植被每年可潜在滞留 PM$_{2.5}$ 约 1370.80t 和 273.68t,分别占到绿色空间滞留 PM$_{2.5}$ 总量的 38.80% 和 7.75%。由于城市空间内林草地分布与常住人口分布更为趋近,所以林草生态系统对城市空气质量的改善更为明显。此外,上海市单位面积绿色空间年滞留 PM$_{2.5}$ 的平均能力为 10.4kg/hm^2,且不同类型之间的差异较大,表现为林地植被>草地植被>农田植被,其每年滞留 PM$_{2.5}$ 的能力平均值分别为 20.24kg/hm^2、9.11kg/hm^2 和 8.68kg/hm^2(图 7-1)。

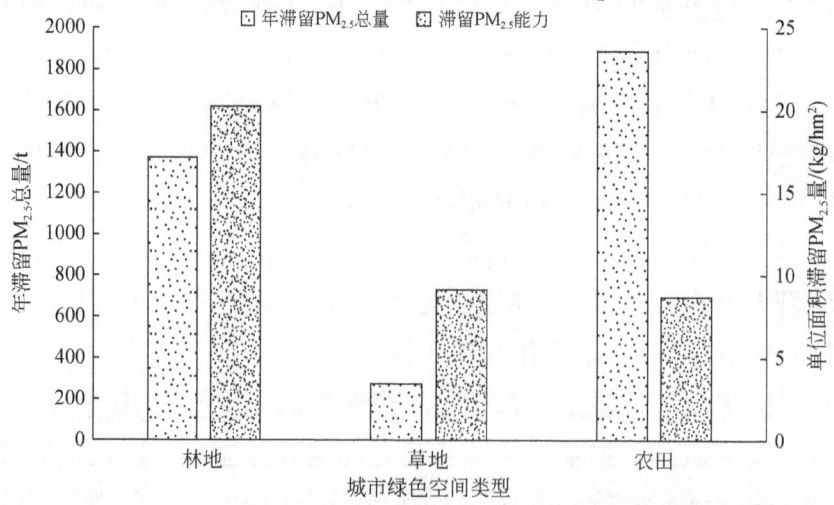

图 7-1　不同类型绿色空间滞留 PM$_{2.5}$ 功能

二、不同季节绿色空间滞尘差异

叶片是绿色植物吸收滞留空气污染物的主要器官,上海市植被以常绿阔叶林、常绿落叶阔叶混交林为主,一年四季的常绿植物较多,因此上海市绿色空间具备滞留 $PM_{2.5}$ 功能的时间较长。模拟结果表明(图7-2),2017 年上海市绿色空间的 $PM_{2.5}$ 滞留作用在 6~9 月最为显著,而在 10~12 月、4~6 月及 1~2 月绿色空间滞留 $PM_{2.5}$ 的功能较低,且在 2~4 月绿色空间滞留 $PM_{2.5}$ 的能力最低,主要原因是 2017 年的 2~4 月,日降雨≥15mm 的降雨事件较少,已达最大滞尘量的植被叶片停止滞尘。从 4 个季节来看,2017 年上海市绿色空间在夏季的 $PM_{2.5}$ 滞留量最高,每日可达到 27.25t;春季和秋季绿色空间日均滞留 $PM_{2.5}$ 分别为 11.70t 和 11.09t,且残冬与早春时绿色空间的滞尘能力最弱,日平均滞留 $PM_{2.5}$ 为 2t。根据上海市环境状况公报数据显示,2017 年上海市 $PM_{2.5}$ 的平均浓度为 39mg/m³,其中,10 月平均浓度最低(24mg/m³),12 月平均浓度最高(54mg/m³),这与上海市绿色空间滞留 $PM_{2.5}$ 功能的供给时间存在一定程度的错位,因此,如何提升上海绿色空间冬末春初时的滞尘功能需要加以重视。

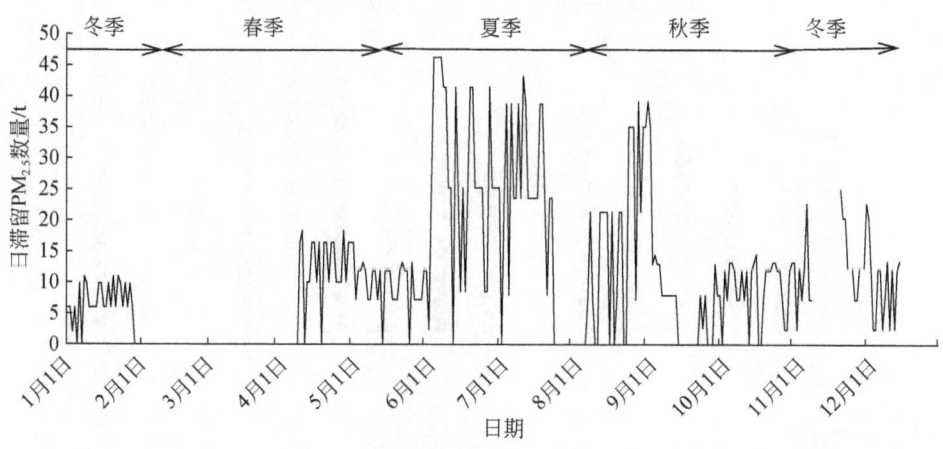

图 7-2　上海市绿色空间 2017 年日均滞留 $PM_{2.5}$ 的数量

三、不同地区绿色空间滞尘差异

受绿色空间面积与组成的影响,上海市不同地区绿色空间滞留 $PM_{2.5}$ 的功能存在明显差异。其中,崇明区农田分布最为集中,绿色植被覆盖度高,2017 年可潜在滞尘的数量达到 1283.31t,占上海市绿色空间滞留 $PM_{2.5}$ 总量的 37.23%,因此是上海市滞尘功能的最大供给区域。浦东新区、青浦区、金山区和松江区的绿色空间面积较大,是上海市绿色空间滞尘功能的重要供给区域,可分别提供 13.68%、10.54%、9.83% 和 9.25% 的 $PM_{2.5}$ 滞留量。不过,奉贤区、嘉定区、闵行区和宝山区的绿色空间年均可滞留 $PM_{2.5}$ 的数量分别为 291.13t、191.55t、95.57t 和 70.20t,其占市域绿色空间滞留 $PM_{2.5}$ 总量的比例均不足 10%,是上海市绿色空间滞尘功能供给的次要区域。虹口区、黄浦区、静安区、普陀区、徐汇区、杨浦区和长宁区属于中心城区,人工建设表面大,绿色空间面积相对较少,其滞留 $PM_{2.5}$ 的数量均不及上海市绿色空间滞留总量的 1%,为绿色空间滞尘功能供给的较低区域(图7-3)。不过,从单位面积绿地滞留 $PM_{2.5}$ 的能力来看,长宁区最高,每公顷绿色空间

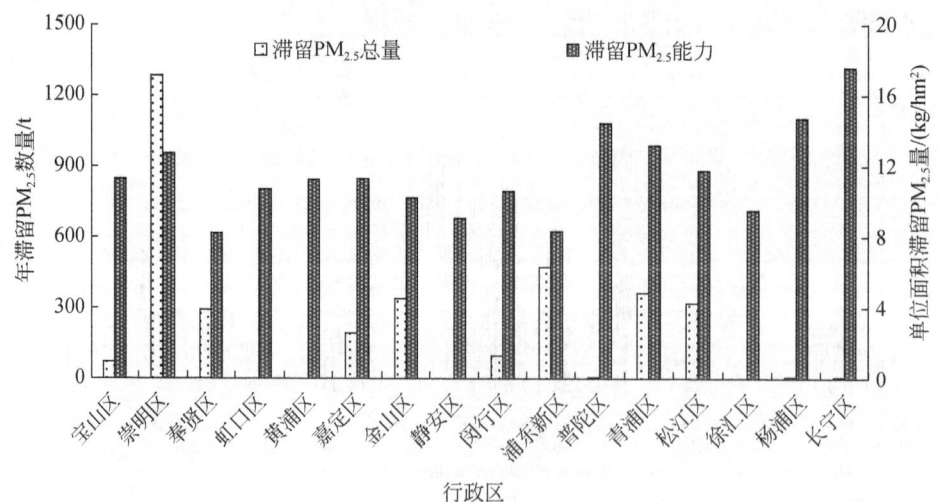

图 7-3 上海市各地区绿色空间 2017 年滞留 $PM_{2.5}$ 功能

可滞留 $PM_{2.5}$ 17.55kg,其次为杨浦区、普陀区、青浦区、崇明区,其绿色空间潜在滞留 $PM_{2.5}$ 能力为 12~15kg/hm^2,而静安区、徐汇区、浦东新区等绿色空间的滞留 $PM_{2.5}$ 能力较低,均小于 10kg/hm^2(图7-3)。

四、不同植被覆盖状况滞尘差异

植被覆盖可直观反映绿色植被的空间分布情况,显著影响着城市绿色空间滞留 $PM_{2.5}$ 的功能。总体来看,随着植被覆盖度的增加,绿色空间滞留 $PM_{2.5}$ 的功能同步增大,且林草地和农田对 $PM_{2.5}$ 的滞留能力均与植被覆盖度呈正相关(图7-4)。其中,当林地植被盖度在 0.6~0.8 时和 0.4~0.6 时,单位面积林地滞留 $PM_{2.5}$ 的能力分别为 22.87kg/hm^2 和 13.94kg/hm^2。根据植被覆盖度等级划分,高植被覆盖度的绿色空间年均滞留 16.37kg/hm^2 的 $PM_{2.5}$,而低植被覆盖度的区域仅能滞留 4.33kg/hm^2(表7-1)。因此,2017 年上海市高植被盖度的绿色空间滞留 $PM_{2.5}$ 的总量为 1567t,较高植被覆盖度的绿色空间和较低植被覆盖度的绿色空间分别滞留 1253t 和 190t,而低覆盖度绿色空间仅能滞留 62t 的 $PM_{2.5}$。可见,上海市植被盖度 0.6 以上的绿色空间可提供 80% 的 $PM_{2.5}$ 滞留量(图7-5)。

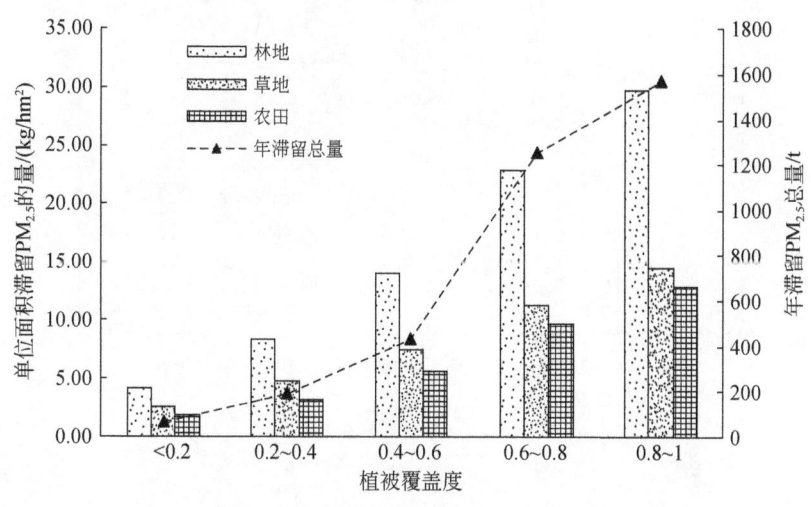

图 7-4 不同植被覆盖度城市绿色空间滞留 $PM_{2.5}$ 功能

表 7-1　不同植被盖度的绿色空间滞留 $PM_{2.5}$ 能力的统计检验

植被覆盖度（状况）	样本数	平均值/(kg/hm²)	最小值/(kg/hm²)	最大值/(kg/hm²)	变异系数
<0.2（较低覆盖）	11 475	2.42	0.01	27.29	0.69
0.2~0.4（低覆盖）	19 666	4.33	0.43	29.97	0.40
0.4~0.6（中覆盖）	25 308	7.43	1.60	37.04	0.27
0.6~0.8（较高覆盖）	43 144	13.00	3.59	71.81	0.20
>0.8（高覆盖）	42 508	16.37	6.29	68.37	0.17

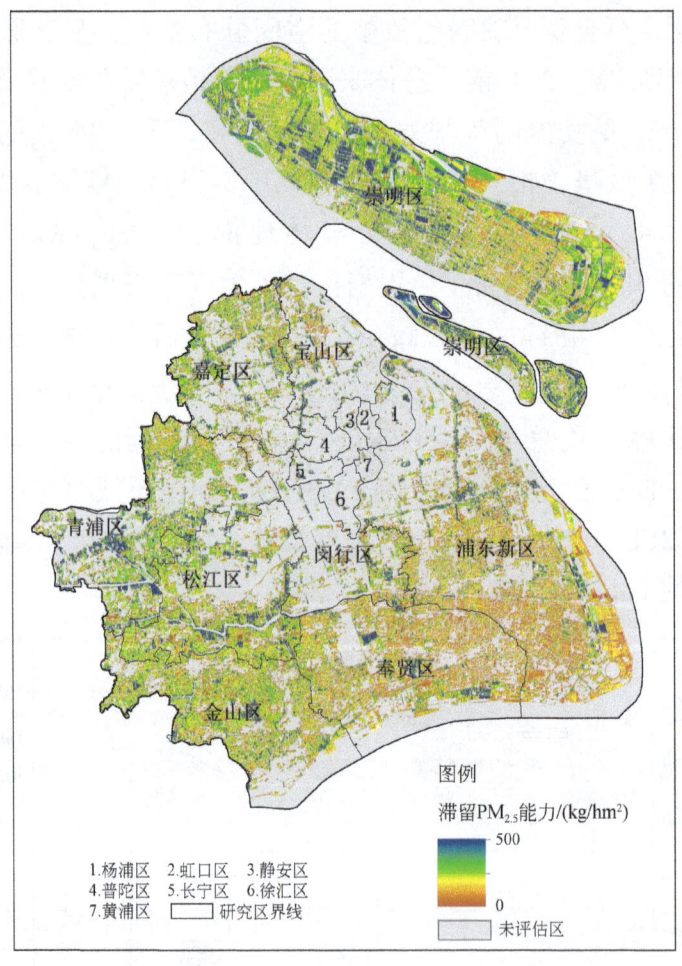

图 7-5　2017 年上海市绿色空间滞留 $PM_{2.5}$ 能力分布

第八章 生境维持功能评估

第一节 生境维持功能评估技术

一、参数处理

欧维新等（2018）在计算长三角地区生境质量分值时，对 InVEST 模型参数进行了修正设定。本节借鉴生境质量模型中需要输入的相关参数值，其中，生境威胁源距离（d_{xy}）和权重（W_r）见表8-1，生境敏感性（S_{jr}）参数见表8-2。不过现有评估案例中均未考虑地方保护政策影响（β_x）（邓越等，2018），考虑到上海市境内分布有近海海域、东滩鸟类国家级自然保护区及青西郊野公园、浦江郊野公园等城市公园，因此本节将各类保护区 β_x 取值为1.5，公园绿地与海域及黄浦江取值为1，以重点反映地方生态保护政策的影响。

表8-1 威胁因子最大影响距离和权重

威胁因子	最大影响距离	权重	衰减线性相关性
水田	8	0.7	线性
旱地	8	0.6	线性
城镇用地	10	1	线性
农村居民点	5	0.6	线性
其他建设用地	6	0.5	线性
裸地	1	0.5	线性

表 8-2 土地利用类型对威胁因子的敏感性

地类名称	生境适宜度	水田	旱地	城镇用地	农村居民点	其他建设用地	裸地
水田	0.6	0	0.1	0.5	0.3	0.2	0
旱地	0.4	0.2	0	0.5	0.2	0.2	0.1
有林地	1	0.8	0.8	1	0.8	0.6	0.4
灌木林	1	0.4	0.4	0.6	0.4	0.2	0.2
疏林地	1	0.8	0.8	1	0.9	0.7	0.4
草地	0.7	0.4	0.4	0.6	0.5	0.3	0.2
河渠	1	0.6	0.5	0.8	0.6	0.4	0.2
湖泊	1	0.6	0.5	0.9	0.7	0.5	0.3
水库坑塘	1	0.7	0.5	0.9	0.8	0.6	0.4
滩涂	1	0.8	0.7	1	0.9	0.7	0.6
城镇用地	0	0	0	0	0	0	0
农村居民点	0	0	0	0	0	0	0
其他建设用地	0	0	0	0	0	0	0
裸地	0.2	0.2	0.2	0.4	0.3	0.3	0

资料来源：欧维新等，2018

为分析比较上海市生境质量状况的时空差异，按照等距分布将生境质量指数（HQ_x）划分 5 个等级（表 8-3），当生境质量指数越大时，生境质量等级越高，表明该斑块生境质量状况越好，反之亦然。对于质量等级较高的生境斑块，如果其在市域生境质量总值中的贡献较大（主要供给者），则具有更高的保护利用价值潜力。为此首先计算市域所有栅格生境质量（HQ_x）与栅格个数（x）之和，并将其作为上海市生境质量总值（THQ），然后逐个栅格计算其生境质量指数在生境质量总值中的比例，并将此比例作为该栅格生境的保护价值潜力指数（HPI_x），当保护价值指数越大时，该栅格生境越具有保护利用的价值潜力（表 8-3），计算公式为

$$HPI_x = \frac{HQ_x \times 100}{THQ} = \frac{HQ_x \times 100}{\sum_{x-1}^{n} HQ_x} \qquad (8-1)$$

式中，HPI_x 为栅格 x 的生境保护价值潜力指数（%）；THQ 为研究区栅格生境质量总值；HQ_x 为栅格 x 的生境质量指数；n 为生境栅格 x 的总个数。

表 8-3　生境质量指数分级与保护价值潜力

生境质量分级	生境质量指数（HQ）	指示意义	保护价值指数（HPI）/%	指示意义
I	HQ≤0.2	生境质量差，生境明显退化，人类活动干扰显著	HPI≤20	高质量生境少，生境保护的重要性与价值潜力低
II	0.2<HQ≤0.4	生境质量较差，生境退化较明显，人类活动干扰较强	20<HPI≤40	高质量生境较少，生境保护的重要性与价值潜力较低
III	0.4<HQ≤0.6	生境质量状况一般，存在一定程度的生境退化和人类活动干扰	40<HPI≤60	有一定数量的高质量生境，但生境保护的重要性与价值潜力一般
IV	0.6<HQ≤0.8	生境质量较好，表现出生境退化，受人类活动干扰较少	60<HPI≤80	高质量生境较多，生境保护的重要性与价值潜力较大

二、模型验证

此外，为验证 InVEST 模型的评估结果精度，选取 20 个典型生态空间样地在 2019 年 8 月开展了样方群落调查。在每个样方内随机选择 3 块 30m×30m 样地，记录样地内乔灌木种类与数量、植被覆盖度等植被群落信息，并计算各样地 Simpson 指数来间接检验生境质量指数的准确性。结果表明，样地 Simpson 指数与生境质量的 Pearson 相关系数为 0.663（$p<0.01$），调查样地生境质量指数与生物多样性状况有较好的正相关性，说明生境质量模拟结果基本可信（图 8-1）。

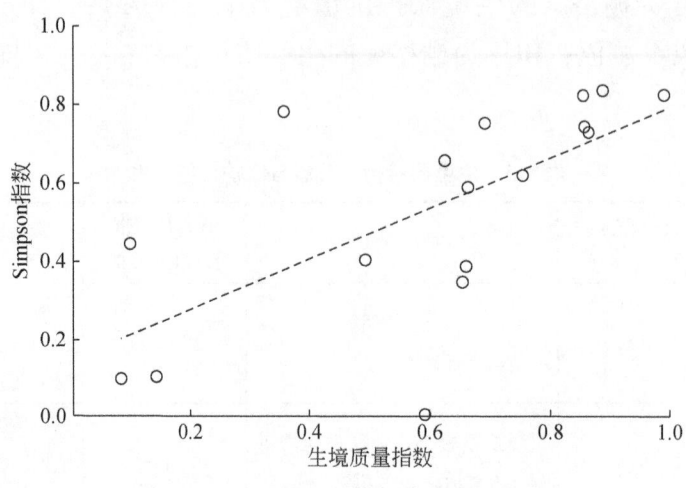

图 8-1 实地调查与模拟值相关性检验

第二节 生境维持评估结果

一、生境质量等级差异

评估结果发现，2017年上海市生境质量指数为0.42，处于生境质量等级的一般水平（Ⅲ级），说明上海市生物多样性资源的受威胁程度较高。2017年上海市域生境质量以Ⅰ级和Ⅴ级为主，其面积占比分别为36.68%和32.66%（图8-2）。其中，生境质量Ⅰ级区面积约2862.92km^2，广泛分布在上海市的中部，但其生境保护的价值潜力低（7.84%）；生境质量Ⅴ级区面积约为2496.58km^2，主要分布在上海市东部和南部的边缘及河湖水系分布区，且其生境保护价值潜力最大（62.84%）；生境质量Ⅱ级区和Ⅲ级区的面积分别为741.83km^2和1540.97km^2，二者规模占比也较高，集中分布在上海市的远郊区及崇明岛，其生境保护价值潜力分别为6.10%和21.11%；而生境质量Ⅳ级区的面积最小（109.70km^2），仅为上海市域面积的1.41%，且呈现零散斑块状分布，因此其保护价值潜力也较低。整体来看，上海市生境质量处于中等偏低水平,且最差与最优质量等级的生境规模均较大,说明城市生境质量状况呈现出明显的两极分化现象,因此亟须重点加强城市边缘区与崇明区高质量等级的生境保护与维护。

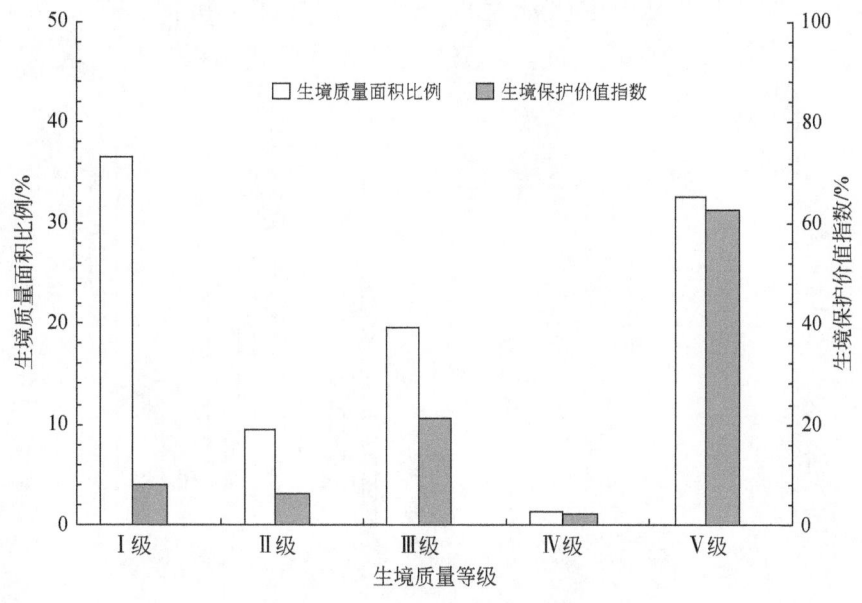

图 8-2 上海市生境质量现状等级分布

二、生境质量空间差异

统计分析 2017 年上海市生境质量的空间分布特征发现,不同行政区的生境质量指数存在明显差异(图 8-3)。位于中心城区的杨浦区、虹口区、静安区及普陀区、长宁区、徐汇区和黄浦区等生境质量指数均小于 0.2,其中静安区生境质量指数最低(0.05),原因主要是中心城区集中着高强度的城市建设用地和人类活动,自然生境受外界干扰和威胁的风险高,因而导致该区域的生境保护价值潜力很低,其中虹口区与黄浦区的保护价值指数最低(均为 0.11%)。闵行区、宝山区、嘉定区和松江区生境质量处于Ⅱ级水平,其生境保护价值指数分布在 3%~6%,说明此类地区的生境状况受人类活动干扰较大,且实施生境保护的价值潜力较小；而浦东新区、金山区、青浦区和奉贤区的生境质量指数为0.4~0.5，为上海市生境质量状况的平均水平，且浦东新区的生境保护价值潜力较大（21.08%）；此外，崇明区生境质量指数接近0.6，是上海市生境质量的最优区，其保护价值潜力指数高达32.90%，因而是上海市生境质量的主要贡献者和高保护价值区。

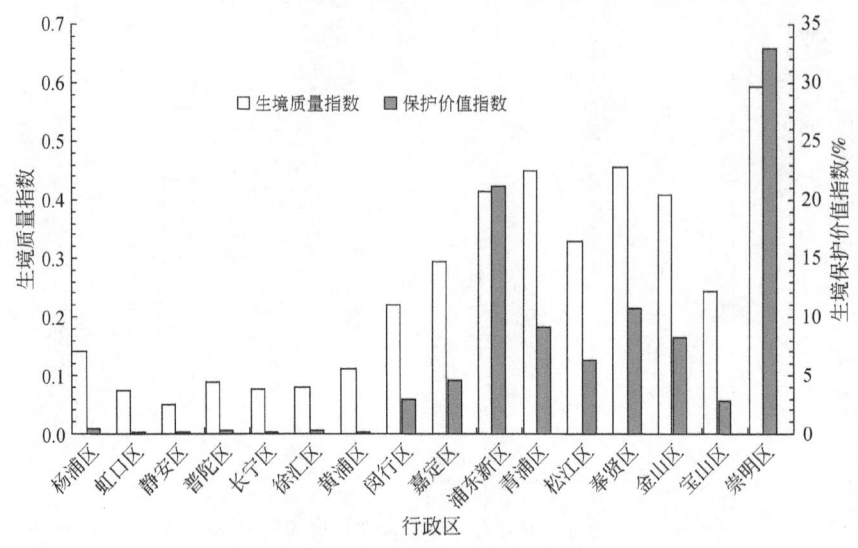

图8-3 上海市不同行政区生境质量差异

上海市崇明区主要由崇明、长兴和横沙三岛组成，土地覆被以森林、农田、水域为主，受人类活动干扰相对较少，与中心城区相比具有一定的特殊性，因此重点分析崇明区以外城区的生境质量差异。结果发现，上海城区生境质量指数由内环向外环递增趋势明显（表8-4），其中内环线以里地区、内环—外环线地区的生境质量指数分别为0.07和0.15，说明外环线以内地区的生境质量状况差，且以Ⅰ级生境质量为主，不过外环线附近地区的生境保护潜力明显高于内环线以里地区。其次，外环—郊环线地区的生境质量状况较差，且以Ⅰ级和Ⅲ级生境质量区为主，但其保护价值指数增加到34.21%；而郊环线以外的地区生境质量状况一般，生境质量Ⅲ级区和Ⅴ级区的面积比例明显增加，因而其生境保护的价值潜力最高（表8-4）。

表8-4　上海城区生境质量的环路差异

环路分区	生境质量指数（HQ）	主要生境等级（面积占比/%）	保护价值指数（HPI）（%）
内环线以里	0.07	Ⅰ级（90.87）	0.79
内环—外环线	0.15	Ⅰ级（82.04）	5.26
外环—郊环线	0.30	Ⅰ级（52.78）；Ⅲ级（21.31）	34.21
郊环线以外	0.47	Ⅰ级（29.27）；Ⅲ级（21.73）；Ⅴ级（35.46）	59.74

三、生境质量时空变化

从2000～2017年变化来看，上海市生境质量指数由0.56下降到0.42，多年平均值为0.49，主要原因在于近年来上海城市扩张导致人工建设区域不断占用吞噬周边原有自然生境。2000～2017年上海市生境质量Ⅰ级区面积占比从20.43%增加到36.93%，生境质量Ⅱ级区面积比例由3.28%增加到9.57%（图8-4），说明上海市低质量

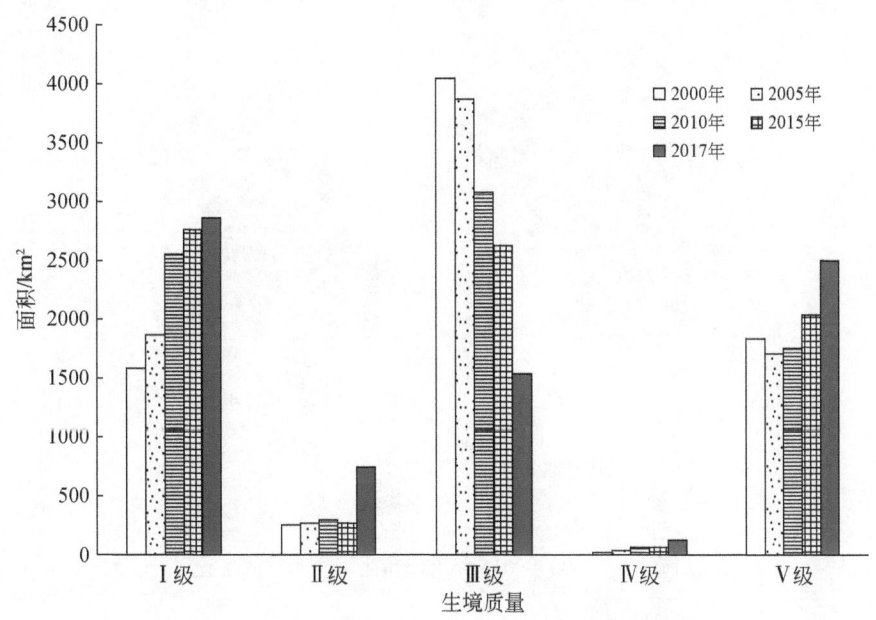

图8-4　2000～2017年上海市生境质量变化

生境的规模明显增加，且呈现出由中心城区不断向外扩张的趋势（图8-5）。评估期内，生境质量Ⅳ级区和Ⅴ级区的面积比例也相应增大，且集中增加在城市边缘的东部和南部地区，说明上海市近郊区和海岸带生态环境保护取得一定成效。不过评估期内上海市生境质量Ⅲ级区规模大幅下降，其面积占比由2000年的52.31%下降到2017年的19.88%，原因主要是近郊区耕地被大量开发建设为城市生产生活用地（图8-6）。

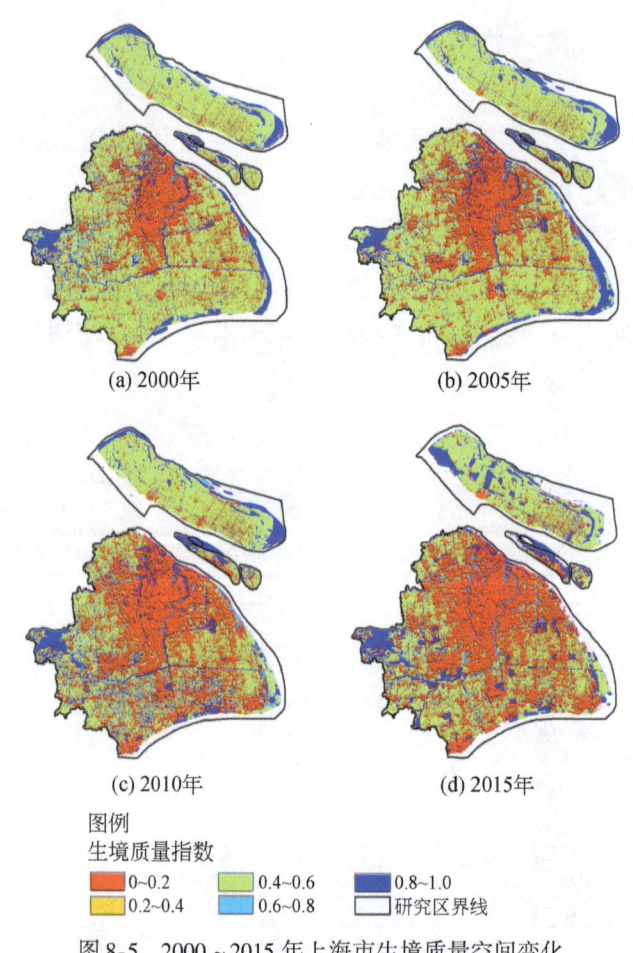

图8-5　2000~2015年上海市生境质量空间变化

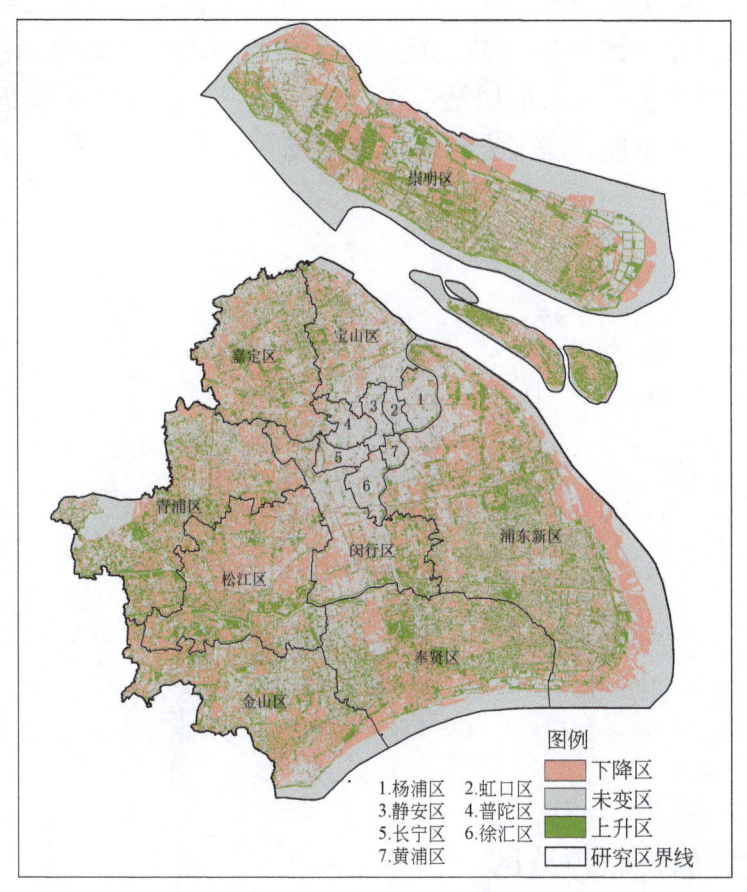

图 8-6　2000～2017 年上海市生境质量变化区

与 2000 年相比，2017 年上海市有 33.12% 的地区生境质量下降，主要分布在西部和南部的近郊区、海岸带及崇明岛北部，均是近年来上海城市扩张最为明显的地区。评估期内约 19.21% 的地区生境质量有所提高，主要分布在浦东新区、奉贤区、青浦区等远郊区及崇明岛中部和横沙岛；其余 47.67% 的地区生境质量状况未发生明显变化，主要为近海海域、水库湿地及中心城区（图 8-6），原因主要是 2000 年中心城区的人工建设已基本成熟，且近年来未进行大规模土地利用调整，而近海海域和水库湿地一直受到严格的生态环境保护。

根据不同土地覆被类型发现，其生境质量总值和单位面积平均值均有明显差异（图8-7）。生境质量单位面积平均值最高的是林地、湿地，湿地因面积广布总值居第一位，林地第三。农田的单位面积生境质量均值低于草地，居于末位，但农田面积广布，也提供了极高的生境质量总值。

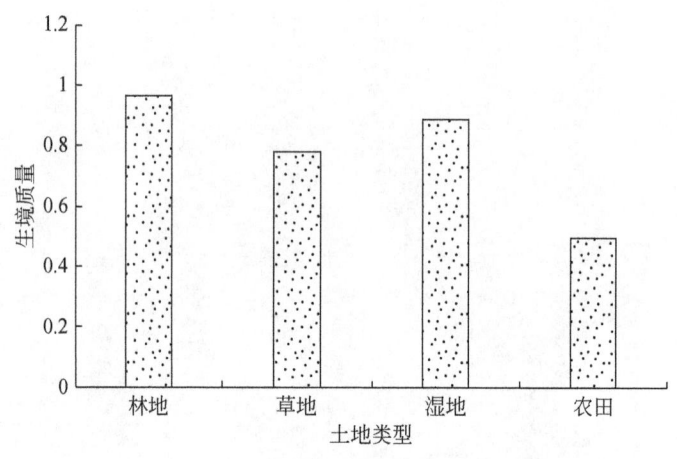

图8-7　不同土地覆被类型的生境质量

四、生境保护利用分区

基于 InVEST 模型与 ArcGIS 空间统计分析发现，上海市生境质量格局明显存在时空差异，即不同地区生境质量状况、受威胁程度及保护利用的紧迫性存在显著差别，因而需要分区分类实施生态保护利用措施。根据原生生境质量、现状生境类型及生境质量变化幅度开展生境保护利用分析发现，需要严格生态保护的面积为2173km^2，约占上海市域面积的28%，主要分布在城市东部和南部的沿海湿地、西部淀山湖、黄浦江上游周边地区及崇明区（图8-8）。此区域供给着上海市41%~56%的生境保护潜力价值，是上海市高质量生境主体和生态保护的战略留白区，适宜实施最严格的生态环境保护与管理，严格控制人为开发建设活动，最大限度降低人类活动干扰，并加强生态系统状况与生物多样性的长期定位监测。

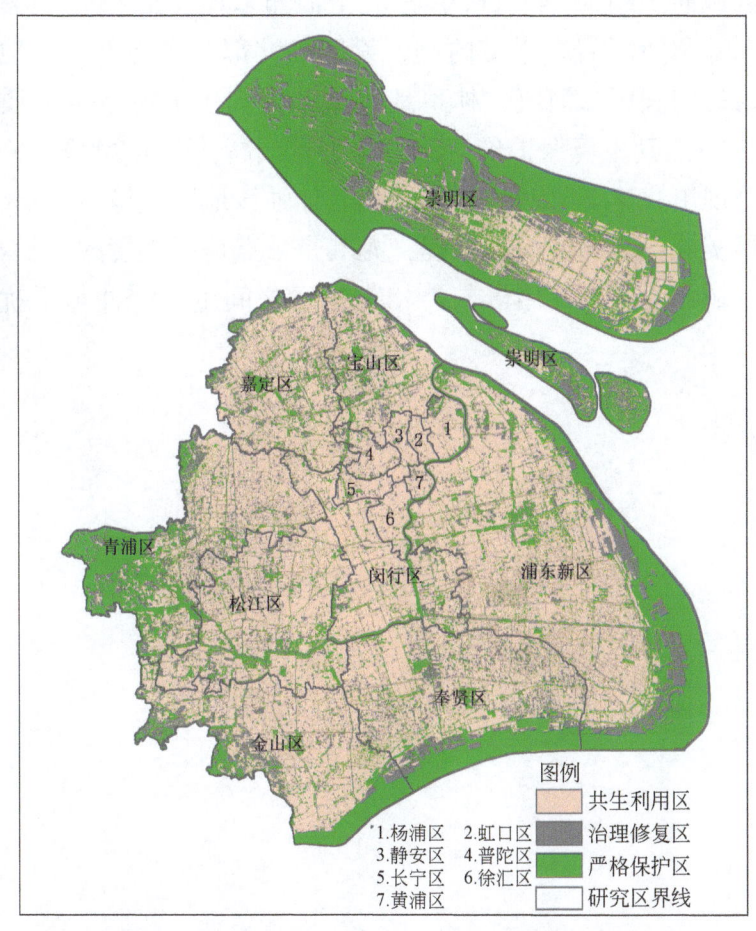

图 8-8　基于生境质量格局变化的上海市生境保护利用分区

　　由于上海市是人口规模与经济产业高度集中的大都市，人类活动频率与强度对自然生境的干扰均较大，因此大部分地区为以人居为主、以生物为辅的共生利用区，其面积约占到上海市域面积的 53%，土地覆被主要是以工业、交通、居住为主的建设用地和耕地。此区域可提供上海市 21%~37% 的生境保护潜力价值，应重点优化城市蓝绿地系统空间布局，加强城市公园生态化和河流水系的自然化管理，尽量减少人为活动干扰，为城市生物留有一定的活动栖息空间，以促进城市内部人与自然的和谐共生。

上海市域内生境共生利用区与严格保护区以外的地区为治理修复区。该区域面积约为1471km^2，占到上海市域国土面积的17%，集中分布在东部和南部的海岸带内侧、崇明岛北部和东南部，土地覆被以海岸线附近的农田、河流、林草地为主，可提供上海市生境质量价值的23%。虽然其生境保护价值潜力并不是最高，但是2000~2017年生境质量呈现出快速下降趋势，因而亟需加强该地区生境质量退化监测，及时布局实施生态修复治理工程，尤其是重点地区生境的保护与恢复，增强该区域作为共生利用区与严格保护区之间生境缓冲与干扰屏蔽的功能。

第九章 绿色植被固碳释氧功能评估

第一节 绿色植被固碳释氧功能分析

一、固碳释氧功能测算

同化法是某段时间内通过测定植物叶片的瞬时光合速率,得到单位叶面积的净同化量,并借助有效叶面积指数(LAI)得到单位土地面积上单株植物的日固碳释氧量,最后利用树叶覆盖度和有效光合时间计算周期内区域固碳释氧量(Fu et al., 2019;吴婕等,2010)。同化法适用于微观尺度城市森林植被固碳释氧效益的动态研究(Li et al., 2019)。为了实现大尺度范围植被固碳释氧总量的估算,本节基于高分辨率遥感影像对城市森林植被信息进行了分类提取。计算公式为

$$W_{CO_2} = P \times (1-0.2) \times 44/1000 \tag{9-1}$$

$$W_{O_2} = P \times (1-0.2) \times 32/1000 \tag{9-2}$$

$$Q_{CO_2} = \text{LAI} \times W_{CO_2} \tag{9-3}$$

$$Q_{O_2} = \text{LAI} \times W_{O_2} \tag{9-4}$$

$$T_{CO_2} = T \times \text{FPC} \times Q_{CO_2} \times A \tag{9-5}$$

$$T_{O_2} = T \times \text{FPC} \times Q_{O_2} \times A \tag{9-6}$$

式中,P 为植物日同化量 $[\text{mmol}\cdot/(\text{m}^2\cdot\text{d})]$;$W_{CO_2}$ 和 W_{O_2} 分别为单位叶面积日固定 CO_2 和释放 O_2 量 $[\text{g}/(\text{m}^2\cdot\text{d})]$;$Q_{CO_2}$ 和 Q_{O_2} 分别为单位面积单株植物日固定 CO_2 和释放 O_2 量 $[\text{g}/(\text{m}^2\cdot\text{d})]$;$T$ 为一年内有效光合天数(天);FPC 为树叶覆盖度;A 为城市森林面积(km^2);T_{CO_2}

和 T_{O_2} 为 T 时间段内区域固定 CO_2 和释放 O_2 的量（t）。

典型样地植物的日同化量（P）来源于相关文献研究结果（乔小菊，2016；邵永昌等，2016；薛雪等，2016；张蓉蓉，2016；李梦，2014；刘敏敏等，2014；赵艳玲，2014；陈明玲，2013），并按照夜晚暗呼吸消耗量约占白天同化量的20%得到植物日净同化量（P）（薛雪等，2016）。此外，上海城市森林植被包括一定比例的落叶林（傅徽楠等，2000），冬季落叶林的光合作用几乎为零（Gratani and Varone，2006），且冬季常绿植被的光合作用在一年中处于最弱，因此评估过程中有效光合天数（T）包括春夏秋三季（孙春健等，2012）。张艳丽等（2013）测定当日降雨量大于5mm时，植物光合作用积累量与呼吸作用消耗量大致相抵，因此有效光合天数（T）需减去植物生长季中的雨天日数。根据上海市气象局公布的降水数据，2017年上海市有231天日降雨量小于5mm，其中冬季有70天，因此上海城市森林植被有效光合天数（T）确定为161天。

树叶覆盖度（FPC）是单位面积上树叶投影覆盖的面积比例。树叶覆盖度（FPC）与LAI以及植物群落的光合作用密切相关（Fisher et al., 2018）。LAI可以根据实地观测数据和2017年8月17日的卫星遥感影像（Landsat 8 OLI）反演得到。首先根据归一化植被指数（NDVI）构建上海森林植被LAI模型（惠凤鸣等，2003），用以反演上海城市森林植被的LAI。模型的相关指数为0.815，模拟值与样地实测值的均方根误差（RMSE）为0.399（图9-1）。由于FPC取决于太阳位于天顶时观察到的树叶分布情况（Fisher et al., 2018），所以可以通过构建LAI的函数反演FPC，计算公式如下：

$$FPC = 1 - e^{-G(0)LAI} \tag{9-7}$$

式中，FPC为树叶覆盖度；$G(0)$ 为叶倾角的函数，取0.5（Armston et al., 2007）；LAI为遥感反演的有效叶面积指数。

生物量法是基于野外实测数据和卫星遥感影像，依据生物量回归模型测算现存有机体的干重来间接计算植物固碳释氧量（周健等，2013），操作简便且精度较高（朱凯等，2015），因而应用较为广泛

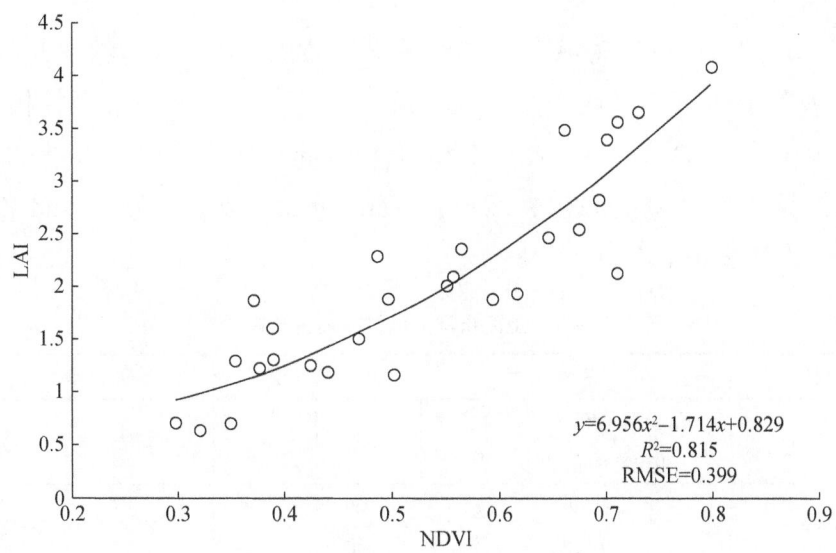

图 9-1　基于 Landsat 影像和 LAI-2200 测定的 NDVI-LAI 关系

（赵敏和周广胜，2004）。由于基于研究区或气候条件相似区开发的树木异速生长方程来计算城市森林植被的生物量更准确，为此本节采用相关文献（张希金等，2018；刘坤等，2017；王哲，2014；王哲等，2012；袁位高等，2009；嵇浩翔等，2011；贺红早等，2007；李建华等，2007；Ter-Mikaelian and korzukhin，1997；高智慧等，1992）中的异速生长方程得到上海城市森林植被的生物量（表9-1）。计算过程中优先使用单个物种的异速生长方程，若无单个物种的异速生长方程，则使用同属或同科物种的异速生长方程，若无同属或同科物种异速生长方程，则使用相容性异速生长方程。对于只有地上生物量方程的树种按1/4的地下地上生物量比计算全株生物量（Liu and Li，2012）；对于常绿树种，则假设树叶每年凋落25%（Liu and Li，2012）；对于落叶树种，需要减去其树叶的固碳量。净初级生产力（NPP）表示植被通过光合作用所固定的有机碳扣除植被本身呼吸消耗和死亡的部分，用以测定植被的碳净固定量（周健等，2013），因此城市森林的固碳释氧量可依据光合作用方程计算得出，计算公式为

$$S_{CO_2} = NPP \times 1.62 \tag{9-8}$$

$$S_{O_2} = \text{NPP} \times 1.20 \tag{9-9}$$

式中，S_{CO_2} 和 S_{O_2} 分别为城市森林植被单位面积年固定 CO_2 量 [g/(m²·a)] 和单位面积年释放 O_2 量 [g/(m²·a)]；NPP 为城市森林植被净初级生产力 [gC/(m²·a)]，由林分生物量、林分状况及林龄的函数关系推算所得（刘建泉等，2017；Wang et al.，2011；Zhao and Zhou，2005；方精云等，1996）。

表 9-1 上海市常见植被异速生长模型

树种	模型	R^2	径阶/cm	来源
悬铃木	$B_{total} = 0.069 (D^2H)^{0.913\,38}$ $B_f = 0.002\,898 (D^2H)^{0.913\,38}$	— —	—	嵇浩翔等（2011）
杨树	$B_{total} = 0.073 D^{2.525}$ $B_f = 0.02 D^{1.817}$	0.960 0.946	—	李建华等（2007）
雪松	$B_{total} = 0.066\,62 D^{2.003\,17} H^{0.407\,63}$ $B_f = 0.280\,5 D^{1.331\,3}$	— —	—	Ter-Mikaelia 和 Korzukhin（1997）
香樟	$B_{total} = 0.175\,4 (D^2H)^{0.819\,9}$ $B_f = 0.059\,9 (D^2H)^{0.574\,3}$	0.993 0.989	—	姚迎九等（2003）
杜英	$B_{total} = 0.188\,33 D^{2.141\,25}$ $B_f = 0.002\,57 D^{2.589\,46}$	0.93 0.95	5~17	王哲等（2012）
黄山栾树	$B_{total} = 0.109\,94 D^{2.482\,38}$ $B_f = 0.001\,39 D^{3.232\,31}$	0.99 0.87	5~15	王哲等（2012）
马褂树	$B_{total} = 0.063\,93 D^{2.611\,47}$	0.97	4~14	王哲等（2012）
女贞	$B_{aboveground} = 0.471\,8 D^{1.648\,13}$ $B_f = 0.247\,93 D^{0.893\,46}$	0.98 0.667	2.89~16.8	张希金等（2018）
无患子	$B_{aboveground} = 0.141\,19 D^{2.357\,53}$ $B_f = 0.032 D^{1.982\,18}$	0.97 0.88	2.19~18	张希金等（2018）
广玉兰	$B_{total} = 0.330\,788 D^{1.909\,57}$ $B_f = 0.062\,077 D^{1.851\,57}$	0.974 0.918	3~13	王哲（2014）
银杏	$\ln(B_{total}) = -2.29 + 2.41\ln(D)$ $\ln(B_f) = -5.21 + 2.37\ln(D)$	0.985 0.868	>10	刘坤等（2017）
水杉	$\ln(B_{total}) = -0.816\,8 + 2.154\,9\ln(D)$ $\ln(B_f) = -0.786\,5 + 0.113\,7\ln(D)$	0.976 0.835	—	高智慧（1992）

续表

树种	模型	R^2	径阶/cm	来源
南酸枣	$B_{total}=0.825+0.02D^2H$	0.895	—	贺红早等，（2007）
	$B_f=0.117+0.001D^2H$	0.678		
杜仲	$B_{total}=1.687+0.046D^2H$	0.946	—	贺红早等（2007）
	$B_f=0.055+0.002D^2H$	0.947		
松类相容性生物量模型	$B_{total}=0.06H^{0.7934}D^{1.8005}+0.137708D^{1.487266}L^{0.405207}+0.0417H^{-0.078}D^{2.2618}$ $B_f=0.0596D^{1.3484}L^{0.5823}$	0.869	—	袁位高等（2009）
软阔相容性生物量	$B_{total}=0.0444H^{0.7197}D^{1.7095}+0.0856D^{1.22657}L^{0.397}+0.0459H^{0.1067}D^{2.0247}$ $B_f=0.0211D^{1.017}L^{2.5247}$	0.869	—	袁位高等（2009）
硬阔相容性生物量模型Ⅰ	$B_{total}=0.056H^{0.8099}D^{1.814}+0.098D^{1.648}L^{0.461}+0.0549H^{0.1068}D^{2.0953}$ $B_f=0.0111D^{2.1092}L^{0.3144}$	0.869	—	袁位高等（2009）
硬阔相容性生物量模型Ⅱ	$B_{total}=0.0803H^{0.7815}D^{1.8056}+0.286D^{1.0968}L^{0.945}+0.247H^{0.1745}D^{1.7954}$ $B_f=1.5\times10^{-1}D^{1.3845}L^{0.2978}$	—0.869	—	袁位高等（2009）
杂竹	$B_{total}=0.015189D^{0.6305}H^{2.0687}$	0.869	—	袁位高等（2009）

注：B_{total}，全株生物量；$B_{aboveground}$，地上生物量；B_f，树叶生物量；D，胸径；H，树高；L，冠长。

此外，考虑到同化法和生物量法测算城市森林的固碳释氧量均存在一定误差，本节取上海城市森林固碳释氧量两种计算结果的平均值。

二、固碳释氧功能特征

评估结果表明，2017年上海城市森林面积为79 674.72hm²，年均固定CO_2 135.57万t，同时释放O_2 99.57万t，单位面积森林植被的固碳释氧能力分别达到17.02t/hm²和12.50t/hm²（表9-2）。同时发现，基于生物量法计算的固碳释氧量高于同化法计算的固碳释氧量，原因可能在于同化法未考虑冬季常绿植被的光合作用。

表9-2　上海城市森林的固碳释氧功能

固碳释氧功能	同化法	生物量法	平均值
固定 CO_2/万 t	127.11	144.04	135.57
释放 O_2/万 t	9.24	106.69	99.57
固定 CO_2 能力/(t/hm^2)	15.95	18.08	17.02
释放 O_2 能力/(t/hm^2)	11.60	13.39	12.50

从城市森林组成类型来看，上海城市森林植被中的阔叶林面积最大，占到城市森林总面积的81%，可固定117.61万t的CO_2，同时释放86.35万t的O_2，因此年均贡献占上海城市森林植被固碳释氧总量的86.75%，其固碳释氧能力分别达到18.22t/hm^{2}和13.38t/hm^2；由于灌木林和混交林面积相对较小，其面积比例分别为10.73%和5.71%，因此二者固碳释氧贡献比例仅为7.26%和4.92%，不过混交林的固碳释氧能力明显高于灌木林地。此外，针叶林的固碳释氧能力最低，不及阔叶林的2/5，加上其面积不及城市森林植被总面积的2.6%，因此针叶林的固碳释氧贡献率仅为1.07%（图9-2）。

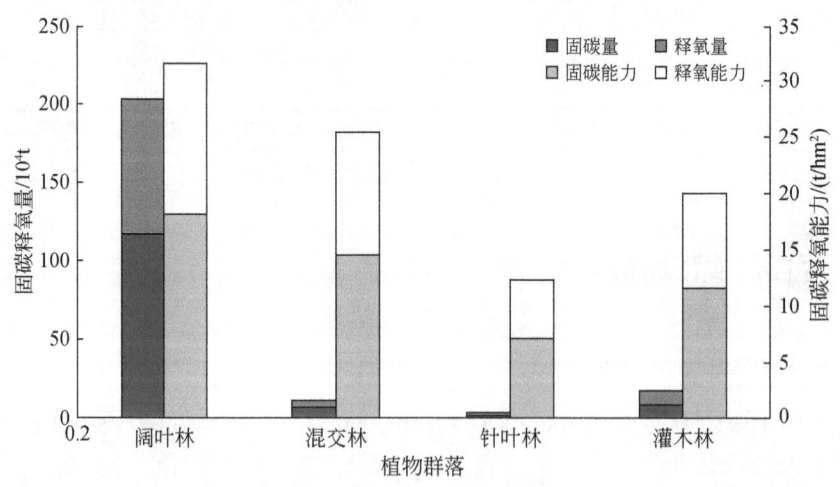

图9-2　上海城市森林固碳释氧功能的植被群落差异

为观察上海城市森林植被固碳释氧功能的空间差异，将不同类型植被群落的固碳释氧量依据上海城市森林类型的空间分布投射到500m×

500m 的栅格上，得到上海城市森林植被固碳释氧效益空间分布图（图9-3）。结果发现，除崇明区外，上海城市森林植被的固碳释氧功能呈现出"中间低、四周高"的空间格局，位于城市远郊区的青浦区、松江区、奉贤区及浦东新区等，有较为集中的城市森林植被分布，因而表现出较高的固碳释氧量；而崇明区固碳释氧效益整体较优，集中分布在中部，主要归因于崇明区生态资源丰富，森林植被保护较好。

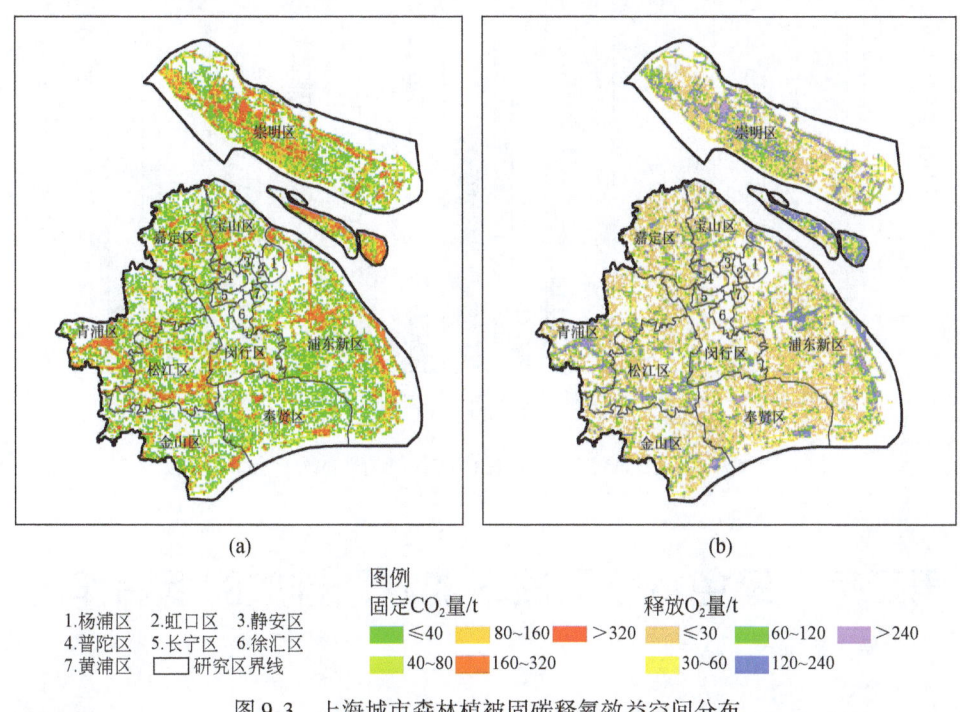

图9-3　上海城市森林植被固碳释氧效益空间分布

因此，从不同行政区来看，崇明区森林植被固碳释氧量分别为44.34万t和32.24万t，占到上海城市森林固碳释氧总量的32.8%，其固碳释氧能力分别为17.88t/hm^{2}和13t/hm^2；其次为浦东新区，其森林植被的固碳释氧量分别为27.12万t和19.92万t，贡献了上海城市森林植被固碳释氧量的20%，固碳释氧能力分别为16.15t/hm^{2}和11.75t/hm^2。青浦区、松江区、奉贤区、金山区、嘉定区、闵行区和宝山区等郊区森林植被的固碳释氧量累计占到总量的45.42%。而静安区、普陀区、虹口区等中心城区植被的固碳释氧量不及总量的1.8%，其中黄浦区固碳释氧能力最高，分别为18.52t/hm²和13.47t/hm²。这主要与各行政区的森林植被面积和植被群落类型相关（图9-4）。

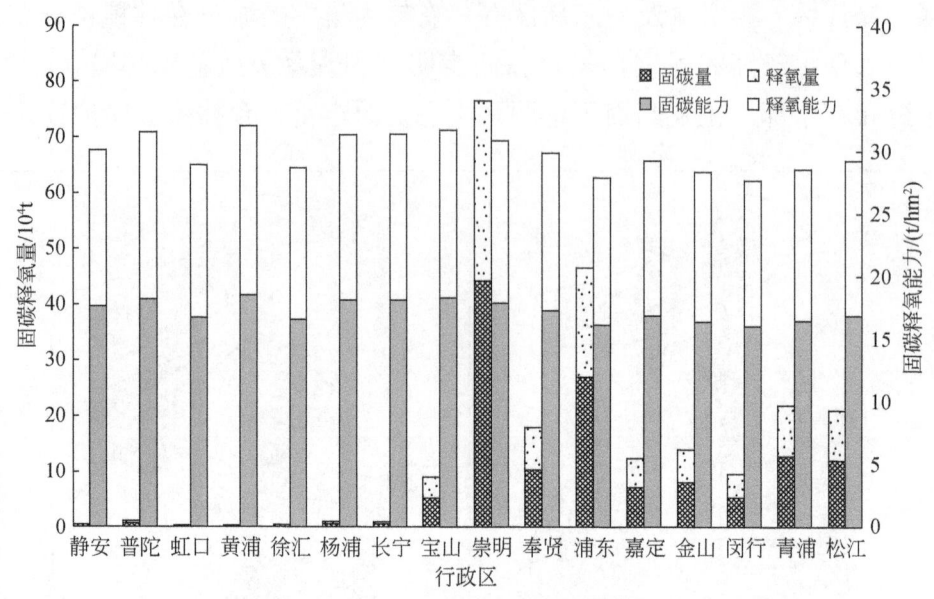

图9-4　上海城市森林植被固碳释氧功能的分区差异

第二节　绿色植被固碳对能源碳排放的抵消作用

一、能源碳排放估算

目前国内碳排放量的研究多根据地区统计年鉴等资料计算（秦耀辰等，2014）。由于夜间灯光数据直接反映与能源消耗相关的CO_2排放量（Lv et al.，2020；杜海波等，2021），且两者拟合结果较好，因此可以利用CO_2和夜间灯光值的回归模型估算不同尺度上的CO_2排放量（苏泳娴等，2013；于博等，2020）。Ghosh等（2010）综合利用人口分布数据和DMSP/OLS夜间灯光数据开发了一种改进模型计算区域碳排放量。为此，本节基于Ghosh等（2010）的改进模型，综合利用上海市人口、能源消费和 VIIRS-NPP 夜间灯光等数据，自上而下估算城市能源消费的 CO_2 排放量的空间分布，计算公式为

$$CE = \sum_{i=1}^{16} EN_k \times EF_k \quad (9\text{-}10)$$

$$PCE_L = CE/(SOP_L + x \times SOP_D) \quad (9\text{-}11)$$

$$CE_L = PCE_L \times SOP_L \quad (9\text{-}12)$$

$$CE_D = x \times PCE_L \times SOP_D \quad (9\text{-}13)$$

$$CE = CE_L + CE_D \quad (9\text{-}14)$$

$$CE_{Lp} = \frac{CE_L}{SOP_L} \times DN_p \quad (9\text{-}15)$$

$$CE_{Dp} = \frac{CE_D}{SOP_D} \times POP_{Dp} \quad (9\text{-}16)$$

式中，CE 为能源消费的 CO_2 排放量（t）；k 为能源种类的个数；EN_k 为能源终端消费量（t 或 m^3）；EF_k 为能源 CO_2 排放系数（t/t 或 t/m），CE_L 为照明区 CO_2 排放量（第二产业、第三产业和城市居民生活能源消费量的 CO_2 排放量）（t）；CE_D 为黑暗区 CO_2 排放量（第一产业和农村居民生活能源消费量的 CO_2 排放量）（t）；SOP_L 和 SOP_D 分别为照明区和黑暗区的人口数量（人）；PCE_L 为照明区域的人均 CO_2 排放量（t）；CE_{Lp} 为照明区每个栅格单元的 CO_2 排放量（t）；变量 x 表示 2017 年黑暗区与照明区人均 CO_2 排放比率；DN_p 为城市照明区每个栅格单元夜光灯值；CE_{Dp} 为城市黑暗区每个栅格单元 CO_2 排放量（t）；POP_{Dp} 为城市黑暗区的每个栅格单元人口数量（人）。

本书碳排放量计算采用 2017 年上海街道人口密度数据、VIIRS-NPP 夜间灯光数据和上海市终端能源消费统计数据。VIIRS-NPP 夜间灯光数据来源于 NOAA/NGDC 网站，空间分辨率为 15″。首先将月尺度夜间灯光数据合成年尺度夜间灯光数据。对于夜间灯光数据的弱光背景噪声值，参照唐梁博和崔海山（2017）的方法，选择面积较大的湖泊、旱地、水田等的中心点作为采样点，记录该位置的灯光像元值，并计算它们的平均像元值作为最小灯光阈值，且将最小灯光阈值赋值为零。此外，上海市生产和生活能源终端消耗量来源于《中国能源统计年鉴》

(2018年)和《上海统计年鉴》(2018年),并参考《2006 IPCC 国家温室气体排放清单指南》确定的各类能源 CO_2 排放系数、《中国能源统计年鉴》中的标准煤系数和《中国区域电网基准线排放因子公告》的电网 CO_2 排放系数,对16类能源终端消费量(原煤、焦炭、焦炉煤气、其他煤气、其他焦化产品、原油、汽油、柴油、煤油、燃料油、液化石油气、炼厂干气、其他石油制品、天然气、热力和电力)进行计算。

二、区域能源碳排放

测算结果表明,2017年上海市终端能源消费的 CO_2 排放量达到2.73亿t,其中以工业为主的第二产业排放量约为1.36亿 tCO_2,占到能源碳排放总量的49.82%;以农业为主的第一产业年排放 CO_2 148.88万t,不及能源碳排放总量的0.55%;而第三产业的 CO_2 排放量约为1.03亿t,为上海市能源碳排放总量的37.73%,其中交通运输、仓储和邮政业的碳排放量占到20.54%;另外生活消费的 CO_2 排放量为3171.19万t,主要来自城镇消费的 CO_2 排放(图9-5)。可见,上海市工业和交通运输行

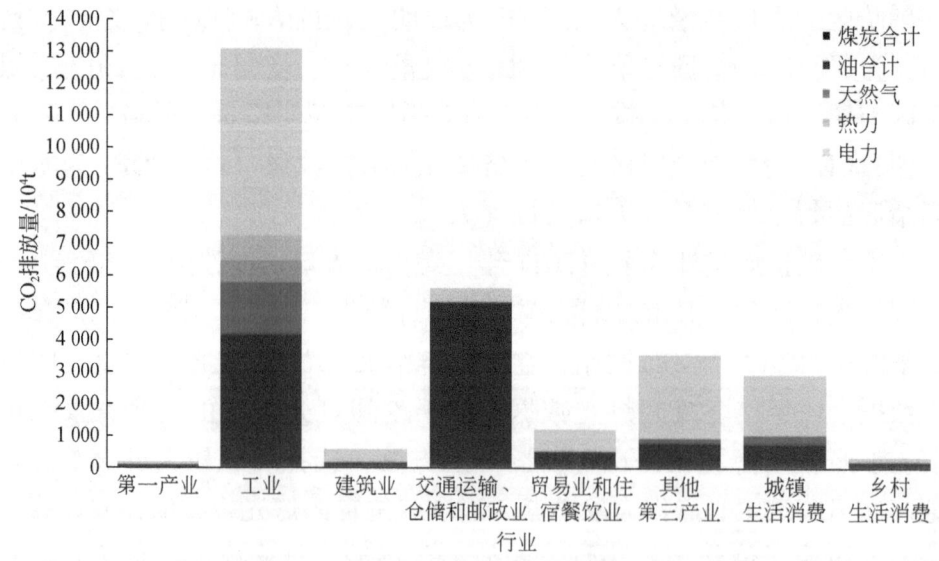

图9-5 基于能源终端消费的上海市 CO_2 排放量

业为区域主要 CO_2 排放源，共占能源 CO_2 排放总量的 68.40%。

从上海市 CO_2 排放空间分布来看，除崇明区外，CO_2 排放量呈现出由中心向四周降低的趋势，中心城区年 CO_2 排放量为 0.31 亿 t，占到全市 CO_2 排放总量的 11.36%，且单位面积的 CO_2 排放量高达 1080.55t/hm^2。浦东新区年排放约 0.87 亿 t 的 CO_2，占到全市 CO_2 排放量的 32%，单位面积的 CO_2 排放量达到 540.01t/hm^2。相比之下，黄埔区的 CO_2 排放量仅为 289.45 万 t，不及上海市能源 CO_2 排放量的 1%，但其单位面积的 CO_2 排放量高达 1410.25t/hm^2。此外，闵行区、嘉定区、松江区和宝山区的 CO_2 排放量较大，而静安区、长宁区、普陀区等中心城区的单位面积 CO_2 排放量较高（图 9-6）。

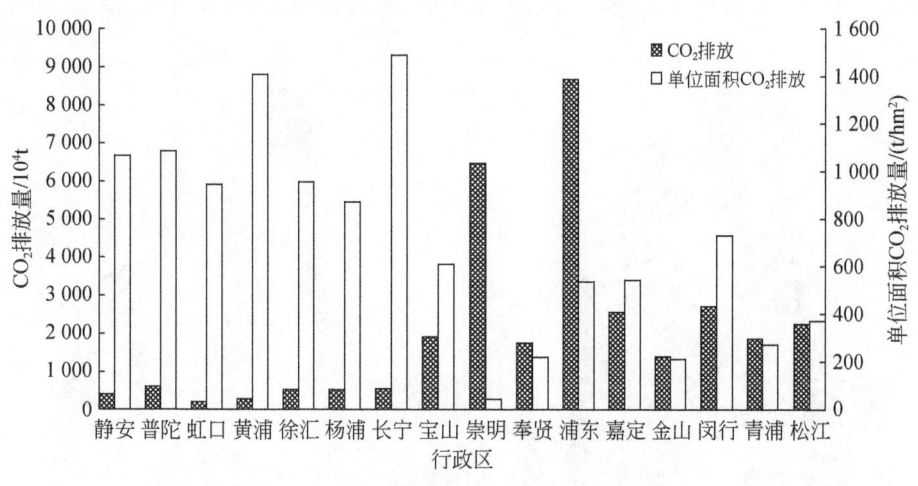

图 9-6　上海市能源消费的 CO_2 排放情况

三、绿色植被碳抵消

本节将城市森林植被的碳抵消作用定义为城市森林植被的年固碳量占区域能源碳排放量的比例，通过每个栅格内 CO_2 固定量与 CO_2 排放量的百分比来计算碳抵消率。计算发现，上海城市森林植被的碳抵消率大部分分布在 0~1%，城市森林植被年 CO_2 吸收量大约抵消城市

0.50%的年CO_2排放量,其中中心城区森林植被的碳抵消率仅为0.08%,这表明城市森林植被的固碳功能对城市碳减排的贡献较低。从碳抵消率的空间分布来看,城市森林植被的碳抵消作用主要位于崇明区及远郊区的边缘,其中碳抵消率较高地区主要分布在崇明岛及中心城区的南部。中心城区的碳抵消率较低,而海岸边滩、湖泊水库和崇明岛内大面积的林地表现为CO_2净吸收区[图9-7(b)]。因此,崇明区森林植被的碳抵消率最大,平均达到4.87%,而虹口区森林植被的碳抵消率最低,仅为0.04%。奉贤区、金山区、青浦区和松江区森林植被的碳抵消率大于全市平均值,静安区、徐汇区、黄浦区等中心城区森林植被的碳抵消率显著小于全市平均值(图9-8)。可见,上海城市森林的固碳释氧功能和区域能源碳排放存在空间不平衡。

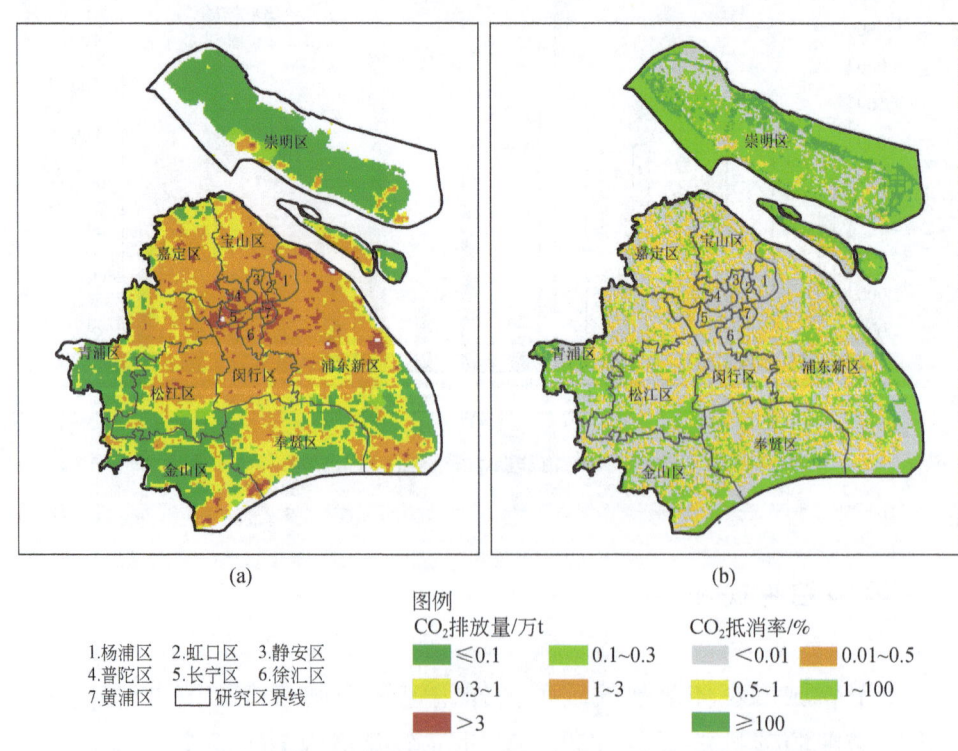

图9-7 上海市区域能源消费的CO_2排放量(a)和城市森林的CO_2抵消率(b)

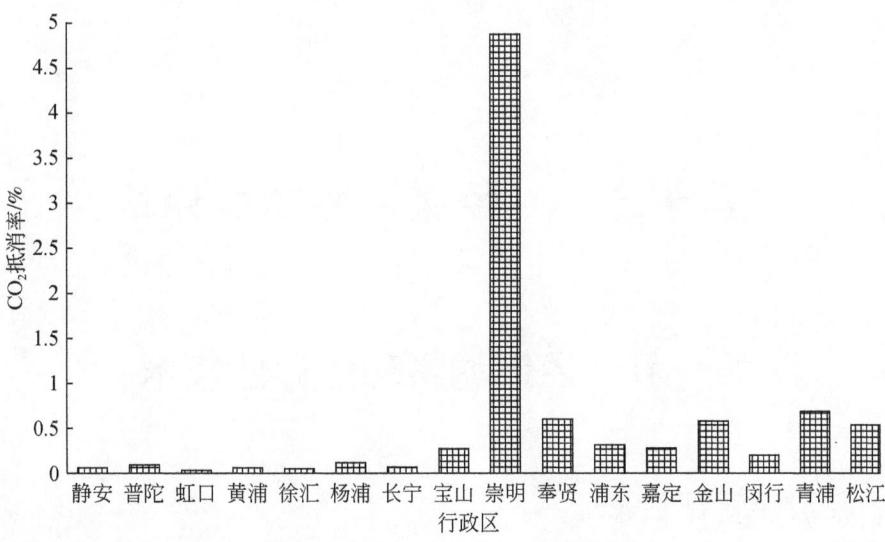

图 9-8　上海城市森林植被 CO_2 抵消率的地区差异

第十章 径流调蓄功能评估

第一节 径流调蓄功能评估技术

一、径流调蓄评估

SCS 模型是 20 世纪 50 年代初美国农业部水土保持局（NRCS）根据美国强烈的地带性气候特征和明显的农业区划所研制的小流域设计洪水模型。它是从研究径流产生的整个自然地理背景入手揭示产流的数量关系，即从径流形成和发展的基础——水文下垫面来研究暴雨和径流的数量关系。SCS 模型公式如下：

$$Q=\frac{(P-I_a)^2}{P-I_a+S} \quad P \geqslant I_a \tag{10-1}$$

$$Q=0 \quad P<I_a \tag{10-2}$$

式中，Q 为地表径流量（mm）；P 为降水量（mm）；I_a 为初损量（$I_a=0.2S$）；S 为流域当时的可能最大滞留量（mm）。

流域当时可能最大滞留量 S 在空间上与土地利用方式、土壤类型和坡度等下垫面因素密切相关。模型引入 CN 值可较好地确定 S，公式如下：

$$S=\frac{25\,400}{\mathrm{CN}}-254 \tag{10-3}$$

式中，CN 为反映降雨前流域特征的一个综合参数，与流域前期土壤湿润程度、坡度、土壤类型、植被和土地利用现状等有关。

二、模型参数修正

由于直接将美国农业部水土保持局提出的 SCS 模型应用于上海地区会造成较大误差，需要对模型进行修正，以减少模拟值与真实值之间的误差。CN 是 SCS 模型中重要的无量纲参数，也称为曲线号码。决定 CN 值的主要因素包括土壤水文组、土地覆盖情况、耕作方式、水文条件和降雨前期土壤湿度条件。任何一种因素发生变化都会引起 CN 值的变化。CN 值的大小在一定程度上体现下垫面条件对降雨-径流关系的影响：CN 值高意味着渗透量小，产流量大；CN 值低意味着渗透量大，产流量小。在上海城区土壤主要是以黏土类为主，水文土壤组主要属于 D 类。为此，上海地区 CN 取值参考表 10-1。

表 10-1 CN 取值参考表

SCS 水文土壤组	A			B			C			D		
	Ⅰ	Ⅱ	Ⅲ	Ⅰ	Ⅱ	Ⅲ	Ⅰ	Ⅱ	Ⅲ	Ⅰ	Ⅱ	Ⅲ
工业用地	66	82	92	67	83	93	78	90	96	83	93	98
住宅用地	62	79	91	73	87	95	81	92	97	85	94	98
建设用地	76	89	96	81	92	97	85	94	98	87	95	98
道路交通	94	98	99	94	98	99	94	98	99	94	98	99
人工绿地	22	40	60	42	62	79	57	75	88	64	81	92
水面	94	98	99	94	98	99	94	98	99	94	98	99
未利用地	60	78	90	73	87	95	66	82	92	87	95	98
村镇用地	42	62	79	55	74	88	66	82	92	72	86	94
林地	19	36	56	40	60	78	54	73	87	62	79	91
耕地	38	58	76	53	72	86	64	81	92	70	85	94

注：参考李博（2008）

三、日径流量

根据 2017 年上海市 11 个定位气象站的日降水数据，日降雨量大于 10mm 的天数有 111 天，降雨总量为 1362mm（图 10-1），可模拟得到 2017 年上海市下垫面产生地表径流 35.18 亿 m^3，其中，硬化地表产生径流 22.36 亿 m^3，绿色空间产生径流 12.82 亿 m^3。从时间变化来看，上海市地表径流主要产生在 6～10 月，其中夏季和秋季分别产生了 14.20 亿 m^3 和 13.38 亿 m^3 的地表径流（表 10-2），径流系数分别达到 0.54 和 0.61；相比之下，春季和冬季雨水径流较低，径流系数分别为 0.43 和 0.37。

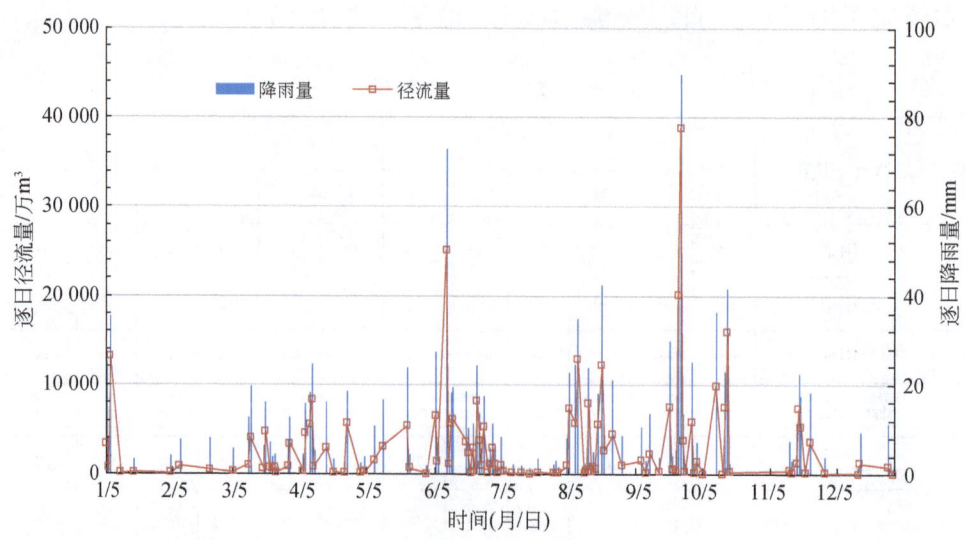

图 10-1　2017 年上海市日降雨量及下垫面雨水径流

表 10-2　上海市 2017 年各季节降雨量及径流量

季节	有效降雨天数	降雨量/mm	径流量/亿 m^3	径流系数
春季（3～5 月）	26	264	5.54	0.43
夏季（6～8 月）	45	538	14.20	0.54
秋季（9～11 月）	28	446	13.38	0.61
冬季（12～2 月）	12	114	2.06	0.37

第二节 径流调蓄评估结果

一、下垫面径流量

根据"高分2号"卫星解译城市下垫面组成，2017年上海市陆域土地覆被以农耕地和居住用地为主，是产生地表径流的主体。其中，住宅用地年产生地表径流12.28亿m^3，占到地表径流总量的35%；农田旱地（旱地与菜地）产生地表径流7.11亿m^3，占地表径流总量的20%；交通用地和城市绿地分别产生地表径流4.65亿m^3和4.15亿m^3，生态林地地表径流最小，仅为1.56亿m^3（表10-3），这与不同类型下垫面面积和单位面积径流能力有关。

表10-3 上海市2017年各下垫面径流量

下垫面类型	面积/km^2	年径流量/亿m^3	单位面积径流/(m^3/m^2)	径流系数
工业用地	258.44	2.18	0.84	0.62
住宅用地	1418.20	12.28	0.87	0.64
建设用地	291.29	3.25	0.89	0.65
交通用地	433.94	4.65	1.07	0.79
城市绿地	843.24	4.15	0.49	0.36
生态林地	340.79	1.56	0.46	0.34
农田旱地	1236.69	7.11	0.57	0.42

交通用地因大量硬化地面影响，其单位面积径流量最高（1.07m^3/m^2），2017年径流系数达到0.79；其次为建设用地、住宅用地和工业用地，其单位面积径流量分布在0.84~0.89m^3/m^2，径流系数为0.62~0.65；农田旱地单位面积径流量较大，径流系数为0.42；相比之下，城市绿地和生态林地拥有较好的雨水下渗滞蓄功能，其单位面积径流量分别为0.49m^3/m^2和0.46m^3/m^2，径流系数仅为0.36和0.34（图10-2）。

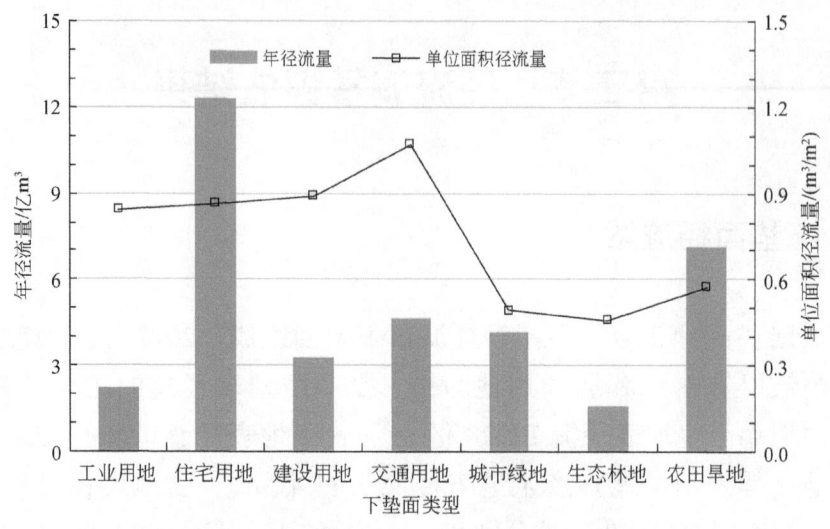

图 10-2 2017 年上海市不同下垫面雨水径流

二、雨水径流调蓄量

本研究将城市绿地、生态林地和农田旱地组成的下垫面作为绿色空间，相对于城市硬化地表（住宅用地、建设用地、工业用地和交通用地），2017 年可调蓄雨水径流 9.45 亿 m^3。其中，农田旱地单位面积径流调蓄量为 $0.35 m^3/m^2$，但因其面积最大，其雨水径流调蓄总量最高（4.27 亿 m^3）；城市绿地和生态林地单位面积径流调蓄量分别为 $0.43 m^3/m^2$ 和 $0.46 m^3/m^2$（图 10-3），原因在于生态林地受人为干扰较

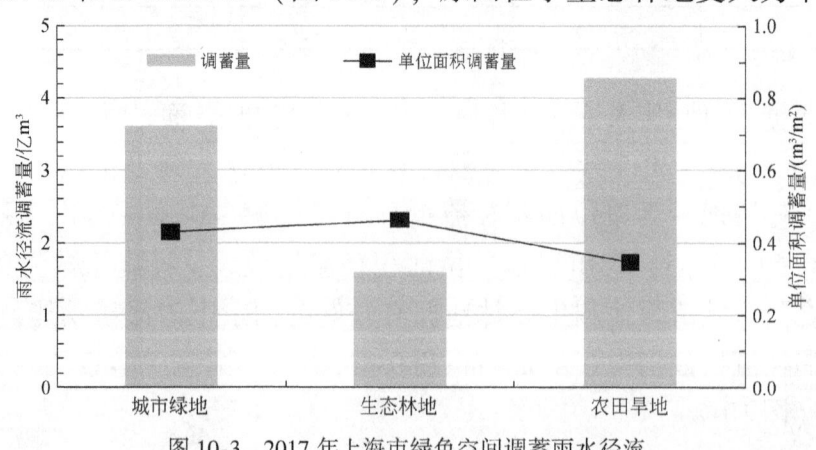

图 10-3 2017 年上海市绿色空间调蓄雨水径流

少，群落结构复杂，因而雨水径流的下渗滞蓄能力更高。

三、径流调蓄空间差异

上海市绿色空间组成存在明显区域差异（图10-4）。农田旱地组成的农用地主要分布在崇明、浦东、金山等远郊区，城市绿地则集中在虹口、黄浦、静安等主城区，因此绿色空间调蓄雨水径流功能存在

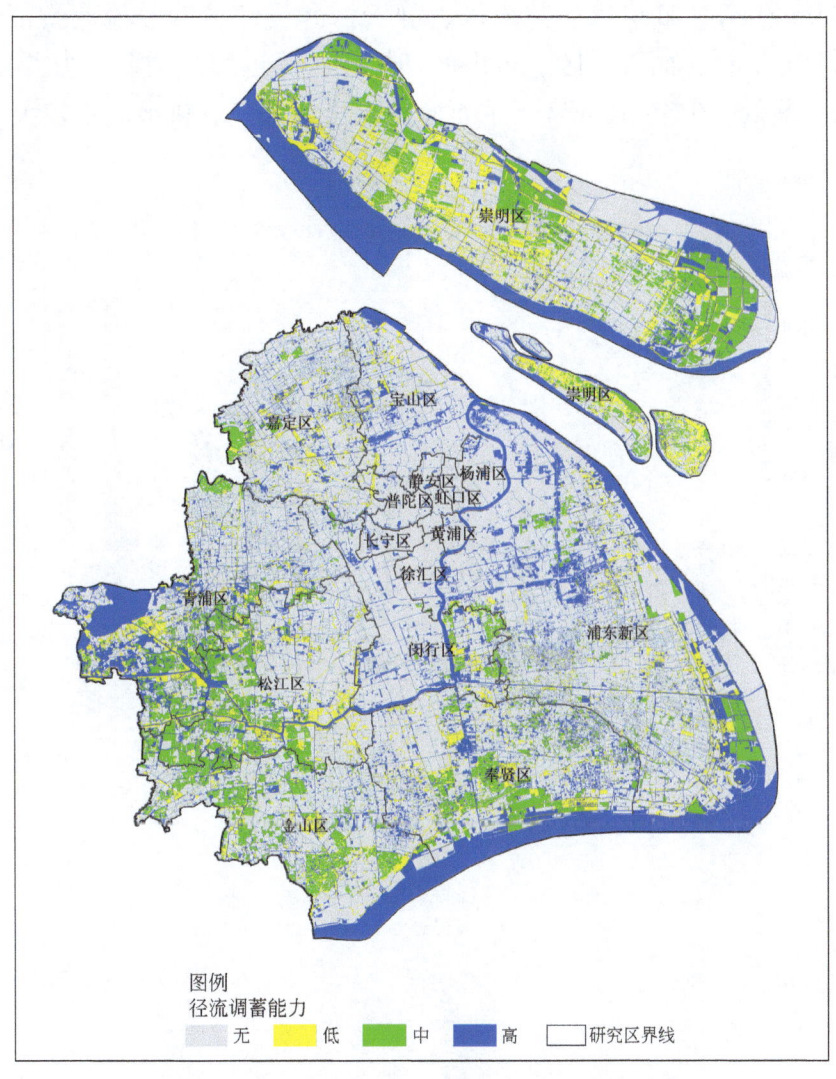

图10-4　上海市2017年绿色空间雨水径流调蓄能力

明显空间差异（图10-5）。研究发现，2017年崇明区绿色空间调蓄雨水径流2.63亿m^3，其次为浦东新区，调蓄雨水径流2.05亿m^3，二者分别贡献了全市雨水径流调蓄总量的27%和21%；松江区、金山区、奉贤区和青浦区绿色空间的径流调蓄量均在1亿m^3左右，相当于全市径流调蓄总量的9%；黄浦区和静安区绿色空间调蓄径流量较小，虹口区径流调蓄量最小，这主要与各区绿色空间面积有关。从单位面积绿色空间调蓄能力来看（图10-5），长宁区径流调蓄能力最高（0.93m^3/m^2），虹口区、黄浦区、静安区和杨浦区的径流调蓄能力均在0.89m^3/m^2，而青浦区、金山区和松江区等远郊区调蓄能力并不高，崇明区最低（0.46m^3/m^2），主要原因在于远郊区农耕地面积较大。

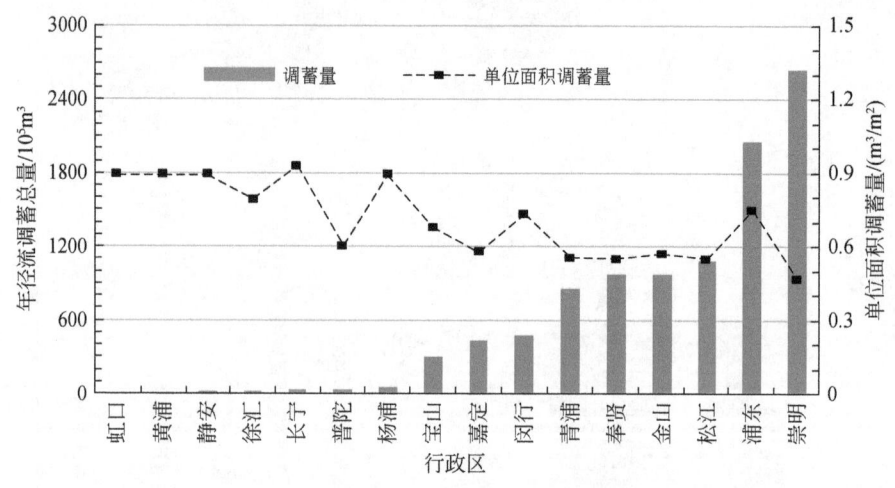

图10-5 上海市16区绿色空间调蓄能力

第十一章　休闲游憩功能评估

第一节　绿地休闲游憩功能评估技术

一、城市绿地识别

依据城市绿地分类标准（CJJ/T 85—2017），公园绿地是向公众开放，以游憩为主要功能，兼具生态、美化、防灾等作用的绿地，广场用地是以游憩、纪念、集会和避险等功能为主的城市公共活动场地，另外，区域绿地中的风景游憩绿地为自然环境良好，向公众开放，以休闲游憩、旅游观光、娱乐健身、科学考察等为主要功能，具备游憩和服务设施的绿地，为此本研究将休闲游憩绿地界定为公园绿地、广场用地和风景游憩绿地，虽然其他类型绿地具备潜在的休闲游憩功能，但不作为其主要功能，因此本研究未计算在内。

根据本书第四章公园绿地的识别方法，我们提取到上海市 370 个休闲游憩绿地斑块。这些斑块的面积分布在 0.17~695hm²，且斑块平均面积和总面积分别为 17.90hm² 和 6621.33hm²，其中 90% 以上的休闲游憩绿地斑块面积小于 30hm²，说明上海市休闲游憩绿地的个数虽然较多但面积较小。从不同地区来看，上海城市休闲游憩绿地分布与公园游园需求的差异非常明显（图 11-1）。其中，浦东新区的游憩绿地面积最大（1405hm²），约占休闲游憩绿地总面积的 21.22%，但其公园游园人数处于中等水平，约占全市游园总数的 7.93%；其次，嘉定区和松江区的游憩绿地面积较大，而闵行区和奉贤区游憩绿地面积分别为 772hm² 和 708hm²，分别占上海市休闲游憩绿地总面积的

11.66%和10.7%，但公园游园人数比例均不及4%；其余地区的休闲游憩绿地面积虽然较小，但虹口区、普陀区、黄浦区和宝山区的公园游园人数比例均超过10%。

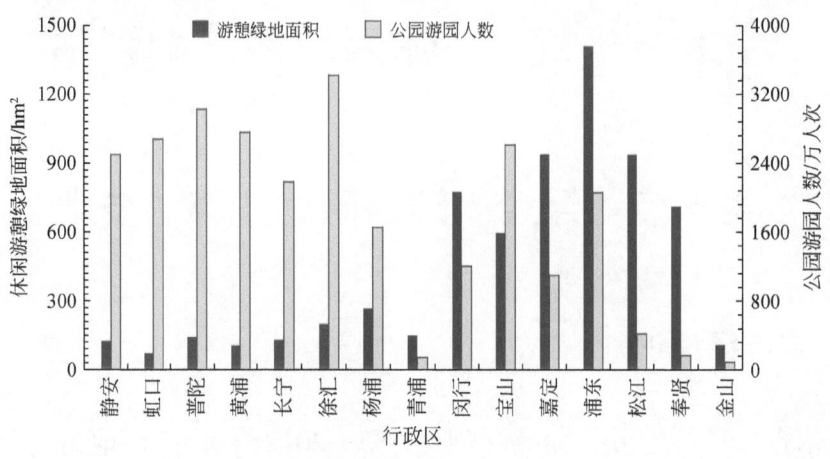

图11-1　2017年上海城市休闲游憩绿地分布与公园游园人数

二、评估模型构建

城市绿地的休闲游憩服务为游憩绿地满足居民休闲游憩活动需求的供给水平，采用休闲游憩服务功能和价值来衡量。考虑到城市绿地的休闲游憩功能受游憩绿地面积、种类、产权、游园人口及其社会经济属性等因素的影响（陈静和肖扬，2019），首先利用绝对的游憩绿地面积和人均占有量综合衡量供给能力（Wright et al., 2012；李华，2015）；其次，到游憩绿地的距离和时间也是影响绿地空间使用的重要限制因素（王亚茹和盛明洁，2019；屠星月等，2019；史春云和陶玉国，2020），因此选用休闲游憩绿地服务半径覆盖率、到居住区的距离两项指标来衡量城市绿地资源的可达性。此外，归一化植被指数（NDVI）直接反映地表植被生长状况和衡量自然植被的美学质量（潘影等，2019；唐亮等，2020）。因此，上海城市绿地的休闲游憩服务供给水平可选取游憩绿地的人均面积、面积占比、服务半径覆盖率、植被指数（NDVI）及到居住区距离共5项指标来综合评估（表11-1）。

表 11-1 上海市休闲游憩功能评估指标

城市绿地指标	单位	指标含义	属性	等级（分值)				
				20	40	60	80	100
人均面积	m²	每人拥有的游憩绿地面积	正向	≤10	10~100	100~500	500~1000	≥1000
面积占比	%	游憩绿地面积占区域面积比例	正向	≤20	20~40	40~60	60~80	≥80
服务半径覆盖率	%	游憩绿地服务半径覆盖面积占区域面积比例	正向	≤20	20~40	40~60	60~80	≥80
到居住区距离	km	游憩绿地到高密度人口聚居区距离	负向	≥5	2~5	1~2	0.5~1	≤0.5
植被指数	—	游憩绿地植被生长状况	正向	≤0.1	0.1~0.3	0.3~0.5	0.5~0.7	≥0.7

上海城市绿地的休闲游憩服务单项指标的值域分布，按照自然断裂法和标准差划分5个等级和赋予相应的无量纲分值，并将休闲游憩综合指数模型的各项指标权重设为等权，然后在ArcGIS10.0软件中采用叠加分析工具，计算城市绿地的休闲游憩服务指数（RQI）；最后采用影子价格（P）与绿地斑块面积（A）得到经济价值（RSV），具体计算公式如下：

$$RQI = \sum_{i=1}^{n} \alpha_i \times Z_i \qquad (11-1)$$

$$RSV = \sum_{j=1}^{k} RQI_j \times A_j \times P \qquad (11-2)$$

式中，RQI为城市绿地的休闲游憩服务指数，值域分布在0~100；α_i为第i项指标的权重，本研究中按照等权均取0.2；Z_i为第i项指标的标准化分值，具体参见表11-1；n为单项指标个数（$n=5$）；RSV为城市绿地的休闲游憩服务价值（元）；A_j为第j个绿地斑块的面积（m²）；P为单位游憩服务指数时每公顷绿地的游憩价值[元/(m²·RQI)]；k为游憩绿地斑块个数（$k=370$）。

同时，具体计算过程中采用移动窗口法获取不同绿地栅格的单项指标值及休闲游憩服务指数。考虑到上海城市游憩绿地斑块面积大部分小于10hm²，且城市绿地的最小服务半径多为250m（李华，2015），本节选用300m×300m作为移动窗口来统计绿地评价指标。

三、单项因子获取

本研究中的人均游憩绿地面积采用移动窗口内的游憩绿地斑块面积之和与人口数量计算得到。首先采用2017年上海市手机信令时空大数据参照Xiao等（2019）的研究方法，确定了城市人口规模分布空间，并选用了2017年3月12日至3月24日（10个工作日和3个非工作日）的夜间手机信号数据（0：00~5：00），生成上海城市人口密度空间分布（图11-2）。

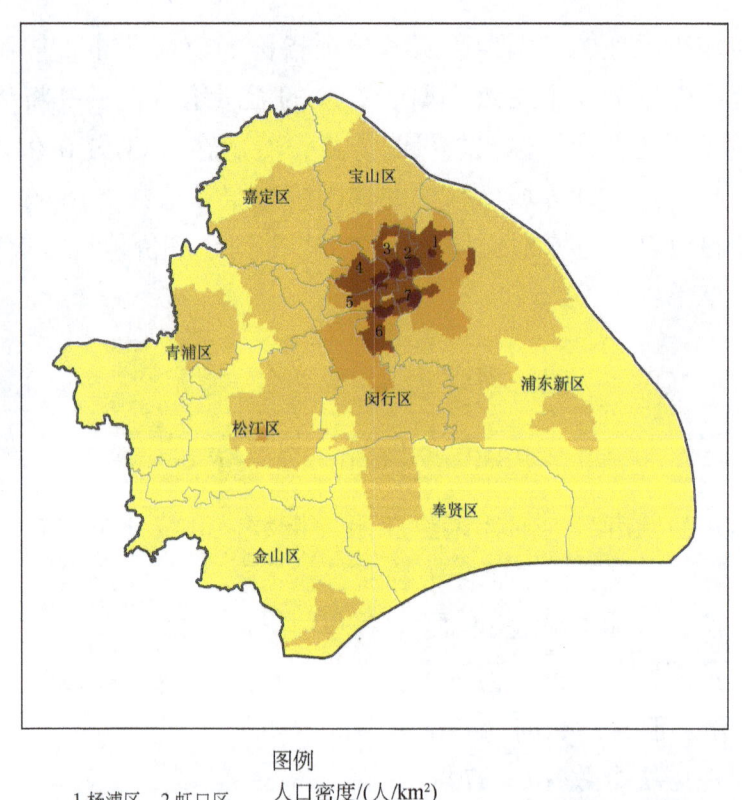

图11-2 基于手机信令数据的上海市人口密度分布

综合不同研究者对城市绿地服务半径的设置发现（马晓虹和甄帅，2018；张金光和赵兵，2018），大多数城市绿地服务半径设置在300~2000m，而上海市居住区绿地、街头绿地、小型公园等各类生态游憩空间的核心服务半径在250~1900m（李华，2015），因此参照休闲游憩绿地面积依据（陈静和肖扬，2019），结合现有研究成果《城市绿地分类标准》（CJJ/T 85—2002）（中华人民共和国住房和城乡建设部，2017），重点针对面积10hm²以下的城市游憩绿地斑块设置了不同的服务半径（表11-2），并利用ArcGIS10.0的缓冲区分析工具，生成了上海市城市绿地斑块服务区范围，进而计算游憩绿地服务半径的覆盖率。

表11-2　上海城市绿地休闲游憩服务半径和评价指标

绿地面积/hm²	绿地类型	服务半径/m
<1	游园、广场用地	300
1~4	社区公园、专类公园、广场用地	500
4~7	社区公园、专类公园、广场用地	800
7~10	社区公园、专类公园、广场用地	1000
>10	综合公园、专类公园、风景游憩绿地	2000

城市绿地到居住区的距离采用游憩绿地斑块中心与高密度人口聚居区的欧氏距离来表示（李浪娇等，2017），其中居住区范围内人口密度大于10 000人/km²的区域为高密度聚居区人口聚居区（Gu et al., 2017）。归一化植被指数（NDVI）由美国地球资源观测系统数据中心合成的、时间分辨率16天、空间分辨率250m的MOD13Q1产品计算。鉴于城市公园游憩价值核算未有统一标准，多采用旅行费用法（TCM）、条件价值法（CVM）及公园门票收入作为核算依据（严娟娟和黄秀娟，2016；Jim and Chen, 2006），采用宋晴（2018）对上海共青国家森林公园和鲁迅公园的游憩价值测算成果，得到单位游憩服务指数公园绿地游憩价值（P）为19.56元/(m²·RQI)。

第二节 上海城市绿地休闲游憩功能

一、休闲游憩服务价值特征

研究表明，上海城市绿地的休闲游憩服务指数（RQI）变化在 42~100，平均值达到 72，变异系数为 0.18，说明上海城市绿地的休闲游憩服务水平整体较高。上海城市绿地休闲游憩服务的经济价值可达 1116.18 亿元/a，约合单位城市绿地面积的游憩服务价值为 1685.73 元/m^2。但是，上海城市绿地以小面积的公园为主，斑块面积小于 30hm^2 的城市绿地高达 90%，但其休闲游憩服务价值主要受益于大面积的绿地斑块，中小面积的绿地斑块也具有较高的休闲游憩服务价值，尤其是斑块面积 1~10hm^2 和 50~60hm^2 的城市绿地，因此，整体来看，上海城市绿地面积与休闲游憩服务价值呈现出向两端集聚的分布趋势（图 11-3）。

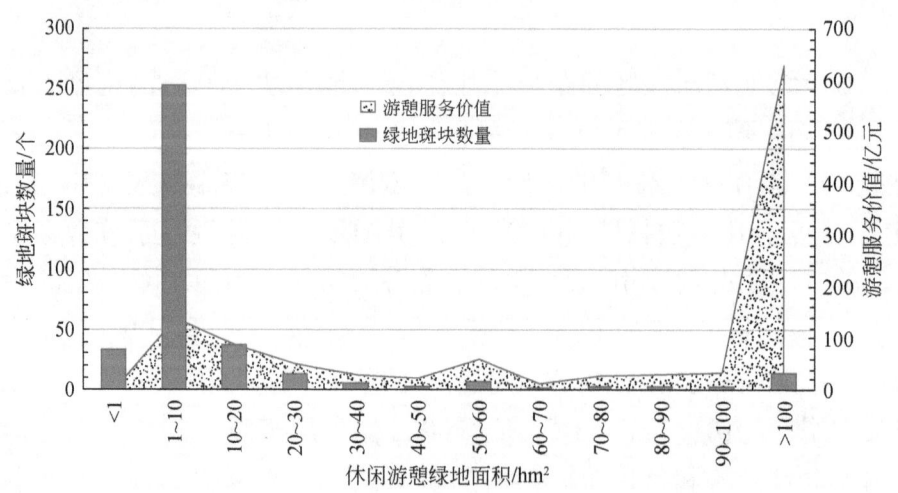

图 11-3 城市绿地斑块面积分布及其休闲游憩服务价值

从上海城市绿地休闲游憩服务的空间格局（栅格数据）来看，主要分布在中心城区及嘉定区、宝山区、松江区、闵行区和奉贤区的绿地斑块具备高水平休闲游憩服务（RQI≥80），其面积约 5762.25hm^2，占到上海城市绿地斑块面积的 84.72%；广泛分布于城市绿地的周边地区的绿地斑块可以提供低水平休闲游憩服务（RQI≤60），其面积为 312.32hm^2，约为城市绿地斑块总面积的 4.59%；而一般水平休闲游憩服务的绿地斑块面积（60＜RQI＜80）呈离散分布，其面积为 726.76hm^2（图 11-4）。

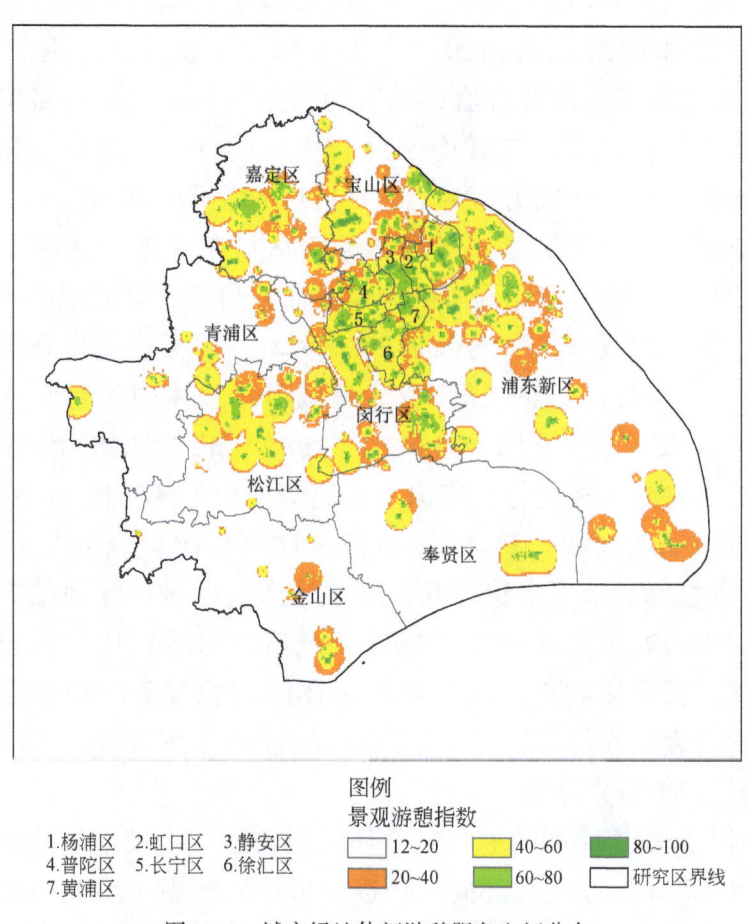

图 11-4　城市绿地休闲游憩服务空间分布

二、休闲游憩服务空间差异

由于上海城市绿地在不同地区之间的分布差异,城市绿地休闲游憩服务呈现出由中心城区向郊区增加的趋势。其中,松江区和奉贤区城市绿地的休闲游憩服务指数最高(RQI≥78),嘉定区、浦东新区、闵行区、杨浦区、黄浦区、徐汇区、青浦区、宝山区及金山区休闲游憩服务指数处于上海市的平均水平,而普陀区城市绿地的休闲游憩服务指数最低(RQI=68)。不过,受城市绿地面积的影响,浦东新区城市绿地的休闲游憩价值最高(231.52亿元/a),可贡献上海市20.73%的休闲游憩服务价值;其次为嘉定区和松江区的城市绿地休闲游憩服务价值较高,二者均占到15%;闵行区、奉贤区和宝山区休闲游憩服务价值分别为131亿元/a、115亿元/a和101亿元/a;杨浦区、青浦区、徐汇区、长宁区和静安区城市绿地的休闲游憩服务可贡献2%~5%的全市休闲游憩价值,而虹口区、黄浦区、黄浦区和金山区休闲游憩服务价值均低于20亿元/a。可见,浦东新区、嘉定区、松江区、闵行区和奉贤区为上海城市绿地休闲游憩服务价值主要贡献者(RSV累计比例≥72%)。不过,城市绿地休闲游憩低值指标的斑块主要分布在闵行、宝山、嘉定等城市郊区(图11-5),主要是休闲游憩绿地面积(PGA)、面积占比(GAR)及到居住区距离(LGD)等指标导致了指数较低,其中浦东新区城市绿地受限斑块数量最多,中心城区虽然单项指标处于低值的绿地斑块数量较少,但是普陀区、杨浦区和徐汇区城市绿地休闲游憩服务的指标受限数量较多,主要表现为休闲游憩绿地面积(PGA)、面积占比(GAR)及植被状况(NDVI)指标。

依据上海市道路网的主要交通环线对比发现,城市绿地休闲游憩服务指数与价值均呈由内环向外环逐步增加的趋势(图11-6),其中,郊环线以外地区城市绿地的休闲游憩服务指数高达75,而内环线以里休闲游憩服务指数仅为69,内环—外环线及外环—郊环线城市绿地的

第十一章 休闲游憩功能评估

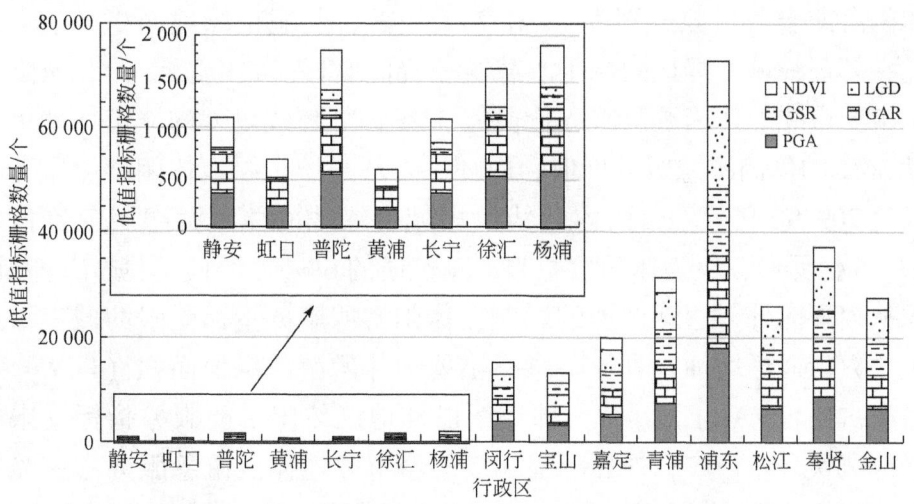

图 11-5 行政区绿地休闲游憩功能指标低值区分布

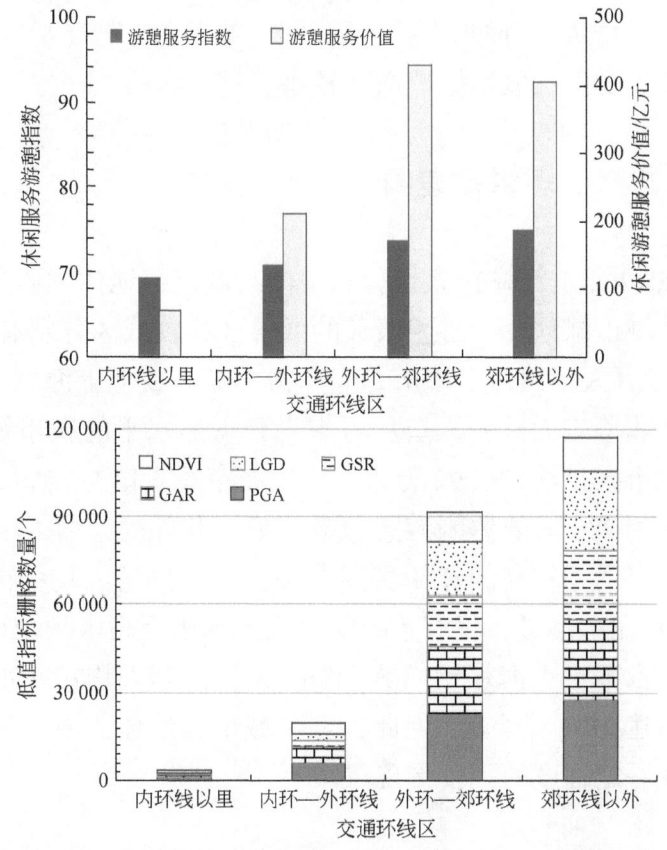

图 11-6 交通环线绿地休闲游憩功能指数及其单项指标低值区分布

休闲游憩服务指数分别为 71 和 74。不过，受城市绿地面积影响，外环—郊环线城市绿地的休闲游憩服务价值最高（431 亿元/a），贡献了全市城市绿地休闲游憩服务价值的 37%；郊环线以外的城市绿地可贡献 36% 的休闲游憩服务价值；内环—外环线城市绿地休闲游憩服务价值为 209.90 亿元/a，而内环线以里城市绿地的休闲游憩服务价值为 70.16 亿元/a，仅为休闲游憩服务总价值的 6%。此外，受城市绿地面积从内环向外环逐渐增加的影响，休闲游憩服务指标受限的城市绿地斑块数量逐渐增加，且受限指标主要为休闲游憩绿地面积（PGA）和面积占比（GAR）。其中，郊环线以外地区休闲游憩服务指标受限的绿地斑块分布最广；外环—郊环线的城市绿地休闲游憩服务主要受制于休闲游憩绿地面积（PGA）、面积占比（GAR）及到居住区距离（LGD）；内环线以里及内环—外环线的休闲游憩服务主要受到休闲游憩绿地面积（PGA）、面积占比（GAR）和植被状况（NDVI）指标的制约，且指标受限的城市绿地面积较小。

三、休闲游憩服务供需差异

基于 2017 年上海城市人口分布空间与城市绿地休闲游憩服务空间叠加发现，城市绿地休闲游憩服务的低值区和较低区分别有 897.63 万人和 324.62 万人，约占上海市总人口的 51%，说明上海城市绿地休闲游憩服务并非覆盖大部分人口；可享受到一般水平的城市绿地休闲游憩服务的城市人口约 816.92 万人，占上海市总人口的 34%，相当于人均每年可享用 280 元的休闲游憩服务价值；此外，大约 13% 的上海市人口可分别享受到较高的休闲游憩服务，其享用的人均休闲游憩服务价值为 3916 元；不过，仅有 45.99 万人可享用到高水平城市绿地休闲游憩服务，虽不足上海城市总人口的 2%，但其人均占用的休闲游憩服务价值高达 21.14 万元。因此，上海城市绿地休闲游憩服务的受益人群中存在一定程度的不公平现象。

为此，将休闲游憩服务指数与城市人口密度分别进行 5 个等级的赋值，并将相应等级值的空间图叠加。将休闲游憩服务与人口密度相同等级的区域视为优良，将最高等级与最低等级相组合的区域视为失衡，其余地区视为一般，结果发现，上海城市人口分布与休闲游憩服务指数的空间匹配度较差（图 11-7）。其中，达到优良匹配的区域面积约为 20.65 万 hm^2，占研究区总面积的 35.80%，且集中分布在中心城区的周边地区；空间匹配程度一般的地区面积 35.36 万 hm^2，约为

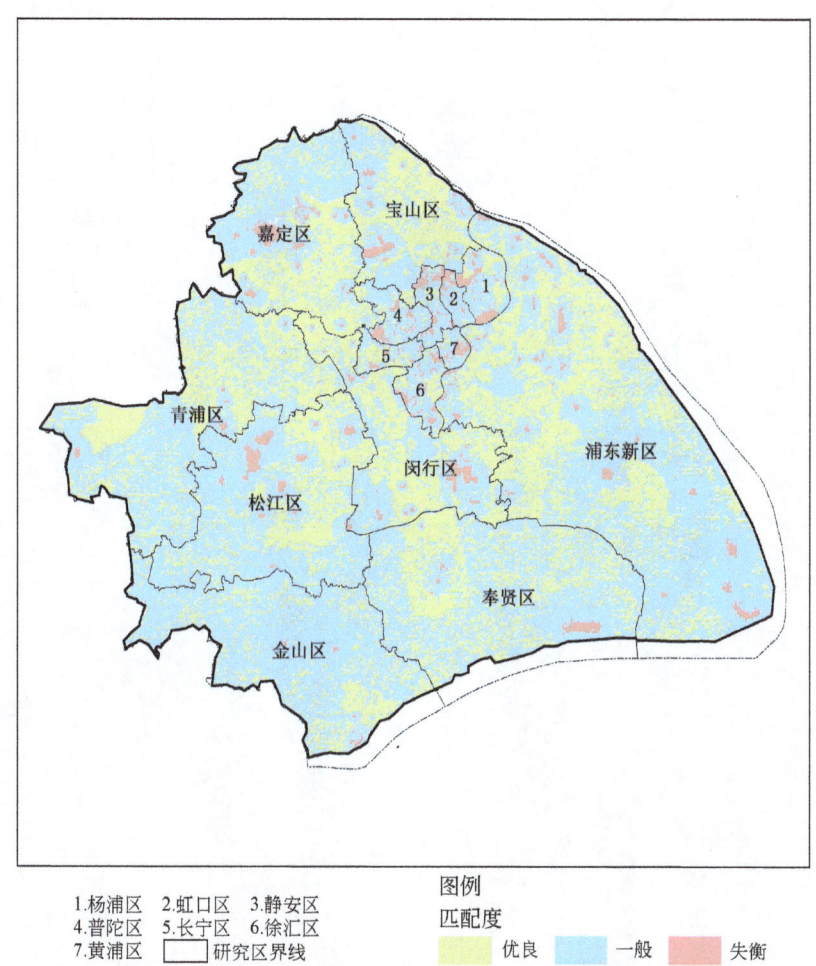

图 11-7 上海城市绿地休闲游憩功能与人口分布耦合状况

研究区总面积的 61.30%，广泛分布在城市周边；而空间匹配失衡区域面积约 1.68 万 hm^2，空间匹配失衡面积占比不到 3%，但是点状分布在中心城区及近郊区，是人口高度集中的居住生活区域，此区域亟需优化提升休闲游憩资源空间分布。

第十二章 生态空间优化管控

第一节 国内外生态空间管控经验

一、国外生态空间管控经验

国外的生态空间一般使用"绿色空间（green space）"，而对绿色空间的关注是由公众健康问题引发的。18世纪60年代，英国发生工业革命，开启了快速城市化进程，不少地方率先跨入城市社会。由于当时城市的贫穷、拥挤和污染，加之英国作为世界经济中心，各种人流、物流汇集，导致传染病（如肺结核）引发的死亡率居高不下；1831年又开始发生周期性霍乱。1833年，英国自由党议员罗伯特·史兰尼提出建立一个关于"公共步道"的特别委员会，探索在大城镇周边开放场所为人们提供健康运动场所的有效方式。19世纪50年代后，欧美国家掀起公园运动，英国伦敦皇家公园（1851年）、美国纽约中央公园（1856年）等都是在那时建立的。19世纪60年代后，欧美有识之士从城市尺度系统审视生态空间的发展，美国学者Marsh（1864）出版了著作《人与自然》（*Man and Nature*），系统提出人类应珍视、科学保护和规划自然系统。1898年，Howard提出了著名的田园城市理论，勾勒了城镇空间和生态空间结合的理想模式，并开启城市生态规划模式探索热潮。在霍华德的著作《明日的田园城市》中，他主张在城市外围应建有永久性的Greater London Plan绿地，供农业生产使用，以此来抑制城市的蔓延扩张。1938年，英国通过"绿带法"，用法律形式来保护伦敦和附近各郡城市周围的大片地区，这标志着绿带从一种空间模式成为引导城市有序扩张的空间政策。20世纪40年代，欧洲环境保护战略要求各成员国从以地区或区域为基础的管理方式转向以生态系统为基础的管理方式，即在生态系统综合风险评估的基础上，以生态系统健康为中心，确定保护范围、方法和监管措施。此后，许多国家通过建立各种自然保护区来实现保护生态环境的目标。尽管各类保护区的保护重点不同，但是一般是具有重要生态功能或生态敏感的区域。较为典型的保护模式来自世界自然保护联盟（International Union for Conservation of Nature，IUCN），其将保护区分为7种：严格自然保护区（strict nature reserve）、荒野地（wilderness area）、国家公园（national park）、自然纪念物保护区（natural monument）、生境/物种管理区（habitat/species management area）、陆地/海洋景观保护区（protected landscape/seascape）、资源管理保护区（managed resource protected area）。

一些国家和地区在参照IUCN保护区分类体系的基础上，结合本国或地区生态环境特点，建立了本国或地区的自然生态保护地（区）系统：如美国是世界上最早建立自然保护区的国家，实行以土地利用等管理为辅助的自然生态保护体系，其目前的陆地保护地区域约150万km^2，相当于美国陆地面积的16%；德国自然生态保护地面积占其国土面积比例高达25%以上；日本自然生态保护地总面积占日本国土总面积的14.37%；加拿大国土和内陆水域的10%（1 003 818km^2）已经被划入自然生态保护地体系；在俄罗斯，保护地体系面积为192万km^2，占国土总面积的11%。

从生态保护地（区）管理角度来看，IUCN将7类保护地按不同管理严格程度实行分级管理：严格保护类（Ⅰa、Ⅰb、Ⅱ）、一般保护类（Ⅲ、Ⅳ）和可持续利用类（Ⅴ、Ⅵ）。大多已建立起生态保护地（区）体系的国家的管理模式基本沿用了IUCN的分级管理经验，但又根据本国国情形成各自特色：美国保护地体系管理的经验是"分级管理，适度开发"，即在管理级别上分成联邦、州和地方三个层面，各个层面由不同的管理机构明确管理；德国则采取了一套将土地规划与生态用地的保护利用相结合的管理方法，即利用规划手段预留保护地对生态用地进行保护；加拿大、俄罗斯的自然保护地管理与美国相似，实行分类、分级、分部门的管理。

二、国内生态空间管控经验

借鉴国外经验，为保护生态环境和自然资源，我国在1956年建立了第一个自然保护地，此后历经60余年的实践和发展，自然保护地体系逐步完善。在保护地建设方面，形成了由自然保护区、风景名胜区、森林公园、地质公园、自然文化遗产、湿地公园、水产种质资源保护区、海洋特别保护区、特别保护海岛等组成的保护地体系。在此基础上，我国又相继提出了重要生态功能区（2008年）、生态脆弱区（2008年）、重点生态功能区（2011年）等生态空间保护关键区域，进一步完善了国家生态安全屏障体系，但由于对划定区缺乏针对性的管理措施和标准，重要生态功能区并未得到实质性保护。

2011年，国务院首次提出"生态红线"概念并明确了划定任务，翌年环境保护部编制《生态保护红线划定技术指南（草案）》并在内蒙古、湖北、江西、广西四省（自治区）开展试点。2013年十八届三中全会把生态红线制度上升为国家战略。2015年《中华人民共和国环境保护法》将生态红线的划定首次写入法律。2017年5月，环境保护部、国家发展和改革委员会联合发布正式版《生态保护红线划定指南》（简称"指南"）。截至目前全国生态保护红线划定工作已经完成，正在进行生态保护红线划定评估调整工作，部分地区已开始勘界定标工作，工作一旦全面完成，就要实施严格保护。目前生态环境部组织起草了《生态保护红线本底调查技术指南》《生态保护红线监测技术规程》《生态保护红线生态功能评价技术指南》《生态保护红线保护成效评估技术指南》《生态保护红线生态补偿标准核算技术指南》《生态保护红线台账数据库技术规范》《生态保护红线监管数据质量控制技术规范》《生态保护红线监管平台建设指南》8项国家环境保护标准及《关于生态保护红线监管工作思路》《关于建立生态保护红线生态破坏问题"下达平送上报"机制的试点方案》的征求意见稿，确保生态保护红线科学、规范、高效监管。

与此同时，作为环境治理体系建设的重要抓手，2015年起国家就提出编制"三线一单"，即生态保护红线、环境质量底线、资源利用上线和环境准入负面清单，为生态环境监管工作提供空间管控依据。在"三线一单"编制中，为实现生态空间分区管控，需划定生态保护红线，识别生态空间。即充分衔接并遵从目前生态保护红线划定、管理的相关要求，对于已经划定的生态保护红线，要严格落实生态保护红线方案和管控要求。同时，在生态保护红线之外，识别重要生态功能区、保护区和其他有必要实施保护的区域等生态空间，作为一般生态空间，实施限制开发，分区管控。

对于生态保护红线，原则上按禁止开发区域的要求进行管理，严禁不符合主体功能定位的各类开发活动，严禁任意改变用途，涉及无法避让的重大基础设施应采取无害化穿越方式，涉及相关法定保护地的，按照相应法律法规进行管控。除国家重大战略项目之外，在符合现行法律法规的要求下，可以进行有限人为活动，8类活动包括：①零星的原住民在不扩大建设用地和耕地规模的前提下，修缮生产生活设施。保留生活必需的少量种植、放牧、捕捞、养殖；②因国家重大能源资源安全需要开展的战略资源的勘察、公益性自然资源调查和地质勘探；③自然资源、生态环境监测和执法包括水文水资源监测及涉水违法事件的查处等，灾害防治和应急抢险活动；④经依法批准的非破坏性科学研究观测、标本采集；⑤经依法批准的考古调查发掘和文物保护；⑥不破坏生态功能的适度旅游参观和相关必要的设施；⑦必须且无法避让、符合县级以上国土空间规划的线性基础设施、防洪和供水设施建设与运行维护；⑧重要的生态修复工程。生态保护红线区域内原有连片城镇开发、工业、农业生产等活动，对区域生态环境存在一定影响，制定相应的限期搬迁计划和退耕还林、还湿方案，明确时间和后续修复方案。

对于一般生态空间，严格按照《自然生态空间用途管制办法（试行）》（国土资发〔2017〕33号）执行。一般生态空间原则上按照限制开发区域管理，严格控制建设活动范围和强度，建设活动应符合地区生态功能定位，保证其结构和主要功能不受破坏，严禁损害生态功能、破坏景观、污染环境的开发建设活动，现有不符合生态功能定位、对生态功能影响较大的项目，制定搬迁退出计划。对于饮用水源保护区、自然保护区、森林公园、湿地公园、风景名胜区、水产种质资源保护区、生态公益林等各类保护地，应当遵守现有法律法规加强管理。

第二节 上海市生态空间优化与管控对策建议

一、上海生态空间格局优化建议

（一）增加生态用地面积

根据《上海市人民政府关于发布上海市生态保护红线的通知》（沪府发〔2018〕30号），上海市生态保护红线总面积2082.69km^2。其中，陆域面积89.11km^2，长江河口及海域面积1993.58km^2。上海市生态保护红线呈现"一片多点"的空间格局（图12-1）。"一片"为沿江沿海呈片状集中分布的自然保护区、重要湿地与饮用水源保护区；"多点"为陆域呈点状分布的森林公园、生物栖息地等区域。根据区域主导生态功能，上海市生态保护红线共分为6种类型，分别是：生物多样性维护红线、水源涵养红线、特别保护海岛红线、重要滨海湿地红线、重要渔业资源红线和自然岸线。

根据上海市"三线一单"发布成果，全市共划定一般生态空间82个（表12-1），占全市陆域面积8.9%。

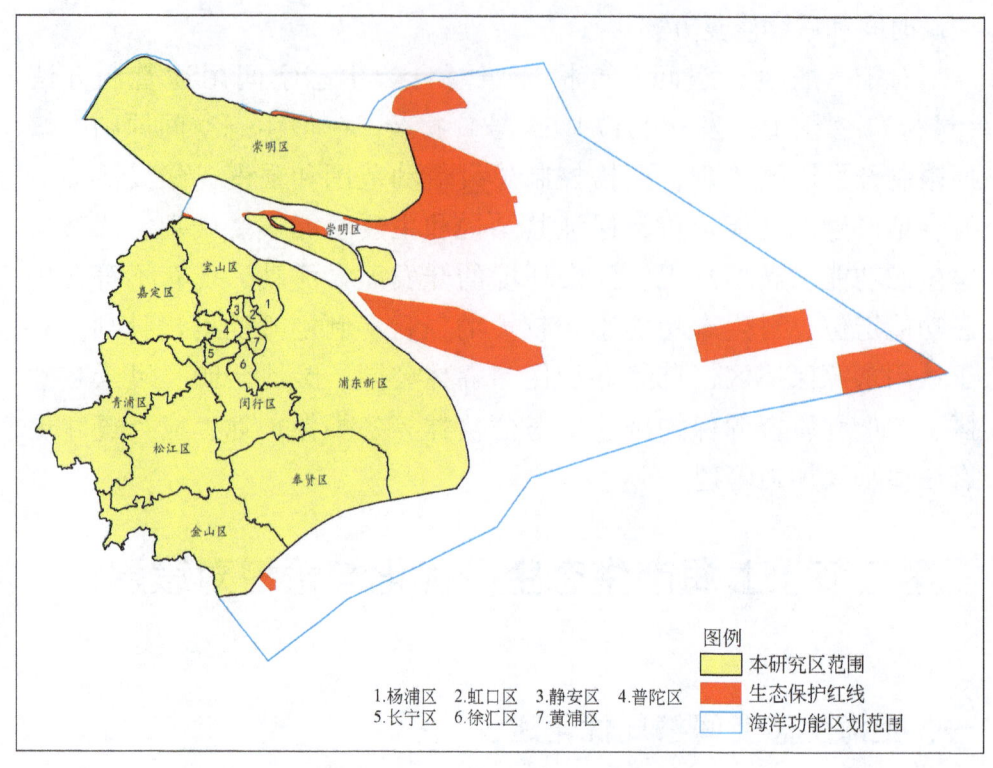

图 12-1　上海市生态保护红线分布图

表 12-1　上海市生态空间划定结果

项目	数量/个	面积/km²		面积占比/%	
		陆域	长江口及海域	陆域	长江口及海域
生态保护红线	37	89.11	1993.58	1.3	18.6
一般生态空间	82	608.57	—	8.9	—
合计	119	697.68	1993.58	10.2	18.6

通过对比上海市"三线一单"生态空间与本研究的生态空间分布，建议增加上海市滨海湿地作为一般生态空间。

(二) 串联重要生态空间斑块

科学设计城市生态空间斑块的位置、形状、数量、面积及相互之间的距离与联系，是提升发挥其生态服务功能的关键。目前上海市绿化建设对绿地景观美学功能的重视要高于其生态环境功能，对绿地点线面式的美学考量远高于生态功能所需格局条件的考虑。为此，建议上海城市绿地规划建设重视城市绿地空间格局优化，重视生态廊道与生态节点在生态服务功能流转中的重要作用，提高城市生态空间格局的完整性与畅通性。尤其是要尽快改善中心城区绿地之间连通性与聚集度，遏制内环路与外环路之间绿地破碎化趋势，增加中心城区微小湿地的蓄水能力，提高城市内涝应对能力。

（三）改造群落结构增加绿地有效配置

城市绿地群落结构对绿地生物量有着决定性作用，影响着生态空间效益与质量。一般来说，增加城市绿地的群落结构，促进植物群落层次的复杂化，有助于提高城市绿地的三维绿量，提高植物初级生产力和生物量，从而提升绿地生态系统活力；其次，增加城市绿地的植物物种多样性，尤其是引入更多的乡土物种，有助于丰富城市绿地的生物多样性，提高城市绿地的自然化程度和健康水平。目前上海城市生态空间的自我维持能力较差，处于亚健康或非健康状态的城市绿地较多，部分地区植被群落种类单一、结构简单，已制约到城市热岛控制与净化空气等生态环境效益的发挥。因此，建议重点加快城市功能型绿地改造，丰富群落结构，保证植被冠层郁闭度处于 $0.6\sim0.8$，引进栽植乡土植物，优化绿地植物配置，单位面积绿地生物量不低于 $5m^3/m^2$，大幅提升城市绿地的生态功能。

此外，上海市区域间绿地空间配置不合理，尤其是人口高度集中的中心城区内，绿地资源短缺问题依旧严重。因此，在中心城区应增加立体绿化、人工湿地等绿色基础设施，以改善中心城区绿地短缺现状，增强生态环境风险的应对能力；规划建设更多的高生态效益的生态要素，注重改善不同生态要素之间的空间组合；此外，要推进市域绿色空间格局的整体优化，加强不同交通环线之间生态绿地的有机联系，减弱中心城区热岛效应等环境问题的负面效应，促进城市内部热量、水文及能量流的畅通循环，从而提升生态空间整体效益的发挥，增加城市生态韧性与环境安全。

(四) 推进郊野公园野趣与自然化

绿色空间多是城市内部人工建设的半自然生态系统，需要浇水、施肥和防治病虫害等人工养护维持生存。但是，不同城市绿地类型及其生长阶段应实施不同的管理措施，郊野公园是已处于正常自我维持和演替阶段的绿地生态系统，过多的人工养护活动可能成为干扰，降低其生态环境功能。2013年上海市政府工作报告明确启动郊野公园建设，2014年6月上海市政府公布的《关于本市郊野公园建设管理的意见》提出，上海以郊区基本农田、生态片林、水系湿地、自然村落、历史风貌等现有生态人文资源为基础建设郊野公园体系。上海2035总体规划提出，至2035年要建成30处以上郊野公园（区域公园）。目前上海市已建成青西郊野公园（青浦）、松南郊野公园（松江）、浦江郊野公园（闵行）、长兴岛郊野公园（崇明）、嘉北郊野公园（嘉定）、廊下郊野公园（金山）、广富林郊野公园（松江）、合庆郊野公园（浦东）等8座郊野公园。但郊野公园不是一般意义上的公园，上海郊野公园以田园乡村为基础，需要注重兼顾都市居民游憩与当地农业农村振兴双赢。建议根据上海城市生态空间的类型、组成、演替状态开展科学评估，研究制定多样化与差别化的管护措施，对郊野公园、森林公园等部分区域减少人工干扰，重点增强生态系统的自我维持与恢复功能；对景观绿地、生产绿地及新建公园绿地等可适度开展人工维护，以提升绿地景观特色与生态系统生存状态。

(五) 优化生态产品供需的空间匹配

虽然近年来城市绿化工作成效大幅提高，但城市空间格局在迅速转变，居民对生态环境的需求也愈加丰富和标准不断提高，如城市居民不再简单满足于绿地休闲游憩功效，清新、舒适、健康的环境质量或者丰富多样的动植物生境也成为衡量宜居水平的重要因素。同时，上海市不同区功能定位差异愈加明显。因此，城市生态空间的规划、建设与管理进入新阶段。为此，建议开展上海城市居民的生态环境需求变化及城市生态空间功能分区研究，准确掌握城市生态空间福祉与生态环境需求之间的差距。同时，结合上海市总体规划和长三角一体化发展要求，针对性研究城市生态空间格局优化途径，设定控制最佳的生态空间数量、质量及格局条件，从而有效增加生态空间的人类福祉，推动实现国际一流宜居城市建设目标。

二、上海市生态空间管控要求

（一）生态保护红线管控要求

生态空间中最核心的刚性约束区域是"生态保护红线"，即生态保护红线的实质是生态环境安全的底线，因此在生态空间中生态保护红线尤为重要。严守生态保护红线，优化国土空间开发格局，理顺保护与发展的关系，改善和提高生态系统服务功能，才能构建结构完整、功能稳定的区域生态安全格局，从而维护国家与区域的生态安全。

上海市生态保护红线共分为六种类型，分别是：生物多样性维护红线、水源涵养红线、特别保护海岛红线、重要滨海湿地红线、重要渔业资源红线和自然岸线。具体管控要求见表12-2。

表12-2 生态保护红线管控要求

管控对象	类别	管控要求	依据
东滩保护区生物多样性维护红线（东滩地质公园生物多样性维护红线）、东风西沙生物多样性维护红线	空间布局约束	禁止未经批准擅自进入保护区核心区、缓冲区；在实验区从事科学试验、教学实习、参观考察、生态旅游及人工繁育培育国家重点保护动物、植物等活动应按照法律法规，经相关部门批准，并服从保护区管理机构的管理。核心区和缓冲区内不得建设任何生产设施。实验区内不得建设污染环境、破坏资源的生产设施；建设其他项目	《中华人民共和国自然保护区条例》《中华人民共和国野生动物保护法》《湿地保护管理规定》《上海市崇明东滩鸟类自然保护区管理办法》

续表

管控对象	类别	管控要求	依据
长江口生物多样性维护红线	空间布局约束	禁止未经批准擅自进入保护区核心区、缓冲区；实验区可以进入从事科学试验、教学实习、参观考察、旅游及驯化、繁殖珍稀、濒危野生动植物等活动	《中华人民共和国自然保护区条例》《湿地保护管理规定》《上海市长江口中华鲟自然保护区管理办法》
九段沙生物多样性维护红线	空间布局约束	禁止未经批准擅自进入保护区核心区、缓冲区；实验区可以进入从事科学试验、教学实习、参观考察、旅游及驯化、繁殖珍稀、濒危野生动植物等活动。实验区内不得建设污染环境、破坏资源或者景观的生产设施	《中华人民共和国自然保护区条例》《湿地保护管理规定》《上海市九段沙湿地自然保护区管理办法》
金山三岛生物多样性维护红线	空间布局约束	禁止未经批准擅自进入保护区核心区。经批准在非核心区内可以从事下列开发活动：①原有海洋生物的养殖；②原有中草药或者珍稀苗木、树种的培育；③有组织的旅游观光；④不妨碍保护区生态环境和管理的其他开发活动	《中华人民共和国自然保护区条例》《上海市金山三岛海洋生态自然保护区管理办法》
西沙生物多样性维护红线	空间布局约束	湿地保育区除开展保护、监测等必需的保护管理活动外，不得进行任何与湿地生态系统保护和管理无关的其他活动。与东风西沙水源保护区重叠部分，叠加从严执行水源保护区要求	《国家湿地公园管理办法（试行）》，叠加从严执行《中华人民共和国水污染防治法》《上海市饮用水水源保护条例》
崇明北湖生物多样性维护红线	空间布局约束	禁止城镇化、工业化开发和大规模商业开发等各类开发活动；相关活动应符合国家生态保护红线有关管控要求；允许开展适度规模的生态旅游和为生态旅游配套的道路交通、供排水、供电、茶室、小卖部、厕所、观景平台、小型码头等设施建设，建设活动的方案、规模、强度、布局和生态环境保护等要求报市发展改革、环保、规划土地、林业等有关部门确定，重大事项报市政府批准后实施	上海市发展和改革委员会、上海市环境保护局会同相关部门制定

续表

管控对象	类别	管控要求	依据
淀山湖生物多样性维护红线	空间布局约束	淀山湖生物多样性维护红线内禁止从事围湖造田工程；在本市内陆水域禁渔期内，禁止从事捕捞（实行专项捕捞管理措施的除外）；禁止设置排污口、畜禽养殖场、有毒有害物品仓库及固体废物储存、堆放场所；禁止新建、改建和扩建排放污染物的建设项目；禁止危险品水上过驳作业；禁止向水体排放生活垃圾、污水；禁止从事投饵养殖；禁止向水体排放一切可能污染水体的物质；禁止设置水上餐饮经营设施。已建成的排放污染物的建设项目，由市或者区人民政府责令限期拆除或者关闭	《中华人民共和国水法》《中华人民共和国水污染防治法》《中华人民共和国渔业法》《太湖流域管理条例》《上海市饮用水水源保护条例》
东平生物多样性维护红线、佘山生物多样性维护红线	空间布局约束	生态保育区在规划期内以生态保护修复为主，基本不进行开发建设，不对游客开放；核心景观区不得建设住宿、餐饮、购物、娱乐等设施；不得超过森林公园总体规划确定的最大游客容量接待旅游者。严格控制建设项目使用国家级森林公园林地。已建或者在建的建设项目不符合总体规划要求的，应当按照总体规划逐步进行改造、拆除或者迁出	《中华人民共和国森林法》《中华人民共和国森林法实施条例》《中华人民共和国野生植物保护条例》《国家级森林公园管理办法》《国家级森林公园总体规划规范》
海湾生物多样性维护红线	空间布局约束	海湾国家森林公园生态保育区在规划期内以生态保护修复为主，基本不进行开发建设，不对游客开放（2020年现有森林公园总体规划到期后将进行生态保育区调整）；核心景观区不得建设住宿、餐饮、购物、娱乐等设施；不得超过森林公园总体规划确定的最大游客容量接待旅游者。严格控制建设项目使用国家级森林公园林地。已建或者在建的建设项目不符合总体规划要求的，应当按照总体规划逐步进行改造、拆除或者迁出	《中华人民共和国森林法》《中华人民共和国森林法实施条例》、《中华人民共和国野生植物保护条例》《国家级森林公园管理办法》《国家级森林公园总体规划规范》

续表

管控对象	类别	管控要求	依据
嘉定浏岛生物多样性维护红线、松江新浜生物多样性维护红线	空间布局约束	禁止违法猎捕野生动物、破坏野生动物栖息地、污染破坏野生动物生存环境等行为。禁止建设法律法规规定不能建设的项目	《中华人民共和国野生动物保护法》
青浦大莲湖生物多样性维护红线、宝山陈行-宝钢水库生物多样性维护红线、崇明东滩湿地公园生物多样性维护红线	空间布局约束	禁止违法猎捕野生动物、破坏野生动物栖息地；禁止污染破坏野生动物生存环境；禁止一切破坏湿地及其生态功能的活动等行为；禁止建设法律法规规定不能建设的项目	《中华人民共和国野生动物保护法》《湿地保护管理规定》
东滩滨岸带生物多样性维护红线	空间布局约束	按照自然保护区管理规定严格执行。禁止围填海和采挖海沙活动。禁止破坏岸线形态和生态环境的活动。积极实施外来物种治理等海岸生态修复工程	《中华人民共和国自然保护区条例》《上海市崇明东滩鸟类自然保护区管理办法》
九段沙滨岸带生物多样性维护红线	空间布局约束	按照自然保护区管理规定严格执行。禁止围填海和采挖海沙活动。禁止破坏岸线形态和生态环境的活动。积极实施外来物种治理等海岸生态修复工程。加强受侵蚀岸段的治理和保护	《中华人民共和国自然保护区条例》《上海市九段沙湿地自然保护区管理办法》
金山三岛滨岸带生物多样性维护红线	空间布局约束	按照《上海市金山三岛海洋生态自然保护区管理办法》严格执行。禁止围填海和采挖海沙活动。禁止破坏岸线形态和生态环境的活动。加强受侵蚀岸段的治理和保护	《中华人民共和国自然保护区条例》《上海市金山三岛海洋生态自然保护区管理办法》
海湾森林公园滨岸带生物多样性维护红线	空间布局约束	海湾森林公园滨岸带生物多样性维护红线禁止实施可能改变自然岸线功能和影响滨海旅游的开发建设活动，周边不得增设排污口、工业排水口或其他污染源。适当改造现状硬质护岸，提升海岸带生态功能和景观效果	《中华人民共和国森林法》《中华人民共和国森林法实施条例》、《中华人民共和国野生植物保护条例》《国家级森林公园管理办法》《国家级森林公园总体规划规范》

续表

管控对象	类别	管控要求	依据
青草沙水源涵养红线、东风西沙水源涵养红线、陈行水源涵养红线	空间布局约束	饮用水源一级保护区实行封闭式管理。保护区内禁止新建、改建、扩建与供水设施和保护水源无关的建设项目，已建成的与供水设施和保护水源无关的建设项目，责令拆除或者关闭	《中华人民共和国水污染防治法》《上海市饮用水水源保护条例》
	环境风险防范	一级保护区内禁止船舶航行、停泊、装卸	
黄浦江上游松浦大桥水源涵养红线、黄浦江上游金泽水源涵养红线	空间布局约束	饮用水源一级保护区实行封闭式管理。保护区内禁止新建、改建、扩建与供水设施和保护水源无关的建设项目，已建成的与供水设施和保护水源无关的建设项目，责令拆除或者关闭	《中华人民共和国水污染防治法》《上海市饮用水水源保护条例》
	环境风险防范	黄浦江上游饮用水水源一级保护区内不得航行装载国家禁止运输的危险化学品及危险废物（除废矿物油以外）的船舶	
青草沙滨岸带水源涵养红线、陈行滨岸带水源涵养红线、黄浦江滨岸带水源涵养红线、太浦河滨岸带水源涵养红线	空间布局约束	禁止实施可能影响饮用水水源地保护的开发建设活动，周边不得增设排污口、工业排水口或其他污染源。加强水环境保护，保障饮用水水源地安全	
东风西沙滨岸带水源涵养红线	空间布局约束	按照饮用水水源地一级保护区和国家湿地保护管理规定重叠部分禁止实施可能改变自然岸线功能和影响饮用水水源地保护的开发建设活动，周边不得增设排污口、工业排水口或其他污染源。其余部分加强湿地生态修复和恢复，保护独特的湿地地质地貌景观。加强水环境保护，保障饮用水水源地安全	《中华人民共和国水污染防治法》《上海市饮用水水源保护条例》

续表

管控对象	类别	管控要求	依据
佘山岛邻海基点红线	空间布局约束	对佘山岛领海基点所在岛礁及保护范围实施严格保护。禁止损毁或者擅自移动领海基点标志和领海基点保护范围标志。禁止在领海基点保护范围内进行工程建设及围填海、炸岩炸礁、采挖海砂等可能改变该区域地形、地貌的活动	《中华人民共和国海岛保护法》《上海佘山岛领海基点保护范围》
顾园沙湿地、南汇嘴湿地	空间布局约束	禁止开展可能改变海域自然属性、破坏湿地生态功能的开发活动。严格限制与生态环境保护目标不一致的开发活动。加强对受损滨海湿地的整治与生态修复。控制外来物种蔓延,加强滨海湿地生态环境保护和修复	《中华人民共和国海洋环境保护法》《中华人民共和国海域使用管理法》《上海市海洋功能区划（2011—2020年）》
长江刀鲚水产种质资源保护区	空间布局约束	禁止从事围湖造田、围海造地或围填海工程；禁止新建排污口；特别保护期内禁止从事捕捞、爆破作业及其他可能对保护区内生物资源和生态环境造成损害的活动（实行专项捕捞管理措施的除外）	《中华人民共和国渔业法》《水产种质资源保护区管理暂行办法》
长江口南槽口外 1 号、南槽口外 2 号捕捞区	空间布局约束	禁止截断鱼类洄游通道、水下爆破施工及其他可能影响渔业资源育幼、索饵、产卵的开发活动，严格限制与渔业资源保护不一致的开发活动，可适度开展设施渔业和捕捞活动	《中华人民共和国渔业法》《上海市海洋功能区划（2011—2020年）》

（二）一般生态空间管控要求

上海开发强度大，具有自然属性的生态空间有限，按照技术要求应纳入生态空间的地块，如自然岸线、极小种群物种分布栖息地，均已纳入生态保护红线中。同时，针对上海生态空间不足的问题，除了按照技术要求将水源保护区、市级公益生态林、市级和区级河流湖泊、滩涂沼泽纳入一般生态空间外，还将城市公园作为上海生态空间的重要补充纳入一般生态空间。虽然城市公园自然属性不强,且大部分位于城市开发边界内,但对于增加生态空间(尤其是建成区)、提供生态服务功能具有良好的作用。一般生态空间管控要求见表12-3。

表 12-3 一般生态空间管控要求

管控对象	类别	管控要求	依据
佘山国家森林公园(保育区和核心景观区外部分)、共青国家森林公园	空间布局约束	严格控制建设项目使用国家级森林公园林地,已建或者在建的建设项目不符合总体规划要求的,应当按照总体规划逐步进行改造、拆除或者迁出	《国家级森林公园管理办法》《国家级森林公园总体规划规范》
吴淞炮台湾湿地森林公园	空间布局约束	吴淞炮台湾湿地森林公园内除开展保护、监测等必需的保护管理活动外,不得进行任何与湿地生态系统保护和管理无关的其他活动	《国家湿地公园管理办法(试行)》
城市公园	空间布局约束	市公园发展规划确定的公园建设用地,任何单位和个人不得擅自改变或侵占;禁止侵占、出租公园用地,不得以合作、合资或其他方式将公园用地改作他用	《上海市公园管理条例》(2010年修订本)
生态林地(市级生态公益林、防护绿地)	空间布局约束	生态公益林控制线不得任意调整,在公益林规划控制范围内禁止新建除林地管理和养护设施、救护站及其他应急避难设施以外的永久性建筑物	《上海市森林管理规定》
青草沙、黄浦江上游、陈行、东风西沙饮用水水源二级保护区	空间布局约束	饮用水水源二级保护区禁止新建、改建、扩建排放污染物的建设项目,已建成的排放污染物的建设项目,责令拆除或者关闭。禁止设置排污口、固体废物储存或堆放场所、禽畜养殖场	《中华人民共和国水污染防治法》《上海市饮用水水源保护条例》
市级、区级湖泊	空间布局约束	城镇建设和发展不得占用河道滩地;禁止围湖造田,已经围垦的应按照国家规定防洪标准进行治理,逐步退田还湖	《中华人民共和国河道管理条例》(2017年3月1日修正版)《上海市河道管理条例》(2016年修正本)

续表

管控对象	类别	管控要求	依据
市级、区级河道	空间布局约束	城镇建设和发展不得占用河道滩地；禁止围垦河流，确需围垦的必须经过科学论证，并经市人民政府批准	《中华人民共和国河道管理条例》（2017年3月1日修正版）《上海市河道管理条例》（2016年修正本）
滨海沼泽	空间布局约束	禁止开（围）垦、填埋或者排干湿地；禁止永久性截断湿地水源；禁止挖沙、采矿；禁止破坏野生动物栖息地和迁徙通道、鱼类洄游通道，滥采滥捕野生动植物等行为；禁止其他破坏湿地及其生态功能的活动	《湿地保护管理规定》

三、上海市生态空间监管建议

以生态监测网络、生态空间监管平台为依托，提升政策法规标准保障，推动建立涵盖调查监测、评估预警、考核评价、问题移交、监督执法、责任追究等各个环节，覆盖陆地海洋国土空间及各生态要素的监管体系，严守生态保护红线，确保生态功能不降低、面积不减少、性质不改变，筑牢生态安全格局。

（一）健全政策法规与标准体系

围绕功能、面积、性质、人类活动和管理措施等方面，坚持海陆统筹，兼顾通用性和差异性，制定监管指标体系，支撑生态空间日常监管和定期监管。日常监管重点管控人为干扰活动，定期监管重点评估生态功能变化情况及保护成效。

明确监管对象和内容、理顺监管责任和分工、规范监控流程和手段，重点解决发现问题、移交问题、督促整改问题的程序和要求，指导和推动各级生态环境部门有效履行生态保护红线监管职责。

基于生态保护红线监管问题和立法需求，理清现有生态环境保护、自然保护地管理、国土空间用途管制等工作与生态保护红线监管的关系，推动将《生态保护红线条例》纳入立法计划，依法开展监管。

(二) 加强监管业务化能力建设

开展生态空间内监管数据的标准化和规范化建设，集成遥感影像、基础地理、环境质量、社会经济、管理措施等信息，建立以区级行政区为基本单元的生态空间台账库。

通过互联网、物联网、云服务等技术，实现上海市生态保护红线与国家生态保护红线监管平台实现互联互通，实现与国家在遥感数据、实地核查、生态观测、项目审批等方面的信息共享和业务协同。

在此基础上，以高分辨率遥感影像和数字高程模型为底图，统一集成和立体展示数据资源和监管成果，实现生态空间遥感监测、评估和预警功能，提高科学监管水平。

(三) 完善调查监测与评估预警机制

针对当前监管基础信息不全、底数不清等问题，以区级行政区为基本单元开展调查，摸清生态空间内生态环境和人类活动状况本底，调查结果纳入台账数据库，作为生态空间监管本底。

以遥感监测为主，聚焦可能造成生态空间生态破坏的重点人类活动，结合信访举报、舆情反映等信息渠道，提取疑似生态破坏问题图斑。对生态空间每年开展一次全覆盖监测。

(四) 建立健全评估考核和责任追究机制

开展生态空间保护年度和五年成效评估，及时掌握重点区域生态空间保护效果及变化。评估结果作为优化生态空间布局、安排生态保护补偿资金和实行领导干部生态环境损害责任追究的依据。

对违反法律法规和生态空间管控要求，造成生态环境损害的单位或个人，依法追究生态环境损害赔偿责任。对不作为、乱作为造成生态空间严重破坏的领导干部，和违反生态空间管控要求，造成生态破坏的部门、地方、单位和有关责任人员，移交有关部门依法依规实行责任追究。

参考文献

曹丹, 周立晨, 毛义伟, 等. 2008. 上海城市公共开放空间夏季小气候及舒适度. 应用生态学报, (8): 1797-1802.

曹文骏. 2004. 空气污染气象学. 北京: 气象出版社.

陈爱莲, 孙然好, 陈利顶. 2012. 基于景观格局的城市热岛研究进展. 生态学报, 32 (14): 4553-4565.

陈国奇, 强胜. 2011. 人类活动是导致生物均质化的主要因素. 生态学报, 31 (14): 4107-4116.

陈佳瀛. 2006. 城市森林小气候效应的研究——以上海市浦东外环林带为例. 上海: 华东师范大学博士学位论文.

陈静, 肖扬. 2019. 效率与公平视角下全球城市的城市绿地评价研究——以上海为例. 城市建筑, 16 (1): 17-22.

陈利顶, 孙然好, 刘海莲. 2013. 城市景观格局演变的生态环境效应研究进展. 生态学报, 33 (4): 1042-1050.

陈敏, 张丽君, 王如松, 等. 2005. 1978—2003 年中国生态足迹动态分析. 资源科学, 27 (6): 132-139.

陈敏, 耿福海, 马雷鸣, 等. 2013. 近 138 年上海地区高温热浪事件分析. 高原气象, 32 (2): 597-607.

陈明玲. 2013. 上海城市典型林荫道生态效应调查分析与管理对策探讨. 上海: 上海交通大学硕士学位论文.

陈爽, 刘云霞, 彭立华. 2008. 城市生态空间演变规律及调控机制——以南京市为例. 生态学报, (5): 2270-2278.

陈妍, 乔飞, 江磊. 2016. 基于 InVEST 模型的土地利用格局变化对区域尺度生境质量的评估研究——以北京为例. 北京大学学报 (自然科学版), 52 (3): 553-562.

程琳, 李锋, 邓华锋. 2011. 中国超大城市土地利用状况及其生态系统服务动态演变. 生态学报, 31 (20): 6194-6203.

程政红, 吴际友, 刘云国. 2004. 岳阳市主要绿化树种滞尘效应研究. 长江: 南方林木遗传育种研讨会.

邓越, 蒋卫国, 王文杰, 等. 2018. 城市扩张导致京津冀区域生境质量下降. 生态学报, 38 (12): 4516-4525.

丁宇新, 干靓. 2018. 上海城市水网景观连接度对生物多样性的影响研究. 上海城市规划, 4: 86-90.

董林水, 宋爱云, 任月恒, 等. 2018. 黄河三角洲地区城市绿地鸟类多样性研究. 干旱区资源与环境, 32 (11): 158-164.

杜海波，魏伟，张学渊，等．2021．黄河流域能源消费碳排放时空格局演变及影响因素——基于 DMSP/OLS 与 NPP/VIIRS 夜间灯光数据．地理研究，40（7）：2051-2065．

段金龙，宋轩，张学雷．2011．基于 RS 的郑州市城市热岛效应时空演变．应用生态学报，22（1）：165-170．

樊登星，余新晓，岳永杰，等．2008．北京市森林碳储量及其动态变化．北京林业大学学报，30（S2）：117-120．

方创琳．2014．中国城市群研究取得的重要进展与未来发展方向．地理学报，69（8）：1130-1144．

方精云，刘国华，徐嵩龄．1996．我国森林植被的生物量和净生产量．生态学报，16（5）：497-508．

方恺，高凯，李焕承．2013．基于三维生态足迹模型优化的自然资本利用国际比较．地理研究，32（9）：1657-1667．

房瑶瑶，王兵，牛香．2015．陕西省关中地区主要造林树种大气颗粒物滞纳特征．生态学杂志，34（6）：1516-1522．

冯娴慧．2010．城市绿地与风的环境效应研究．中国园林，26（2）：82-85．

傅徽楠，严玲璋，张连全，等．2000．上海城市园林植物群落生态结构的研究．中国园林，2：22-25．

干靓，郭光普，姚雪艳．2019．城市街旁绿地的生物多样性支持功能及其环境影响——以上海世纪大道街旁绿地鸟类研究为例．风景园林，26（1）：47-52．

高吉喜．2014．国家生态保护红线体系建设构想．环境保护，42（2）：17-21．

高吉喜．2015a．区域生态学．北京：科学出版社．

高吉喜．2015b．探索我国生态保护红线划定与监管．生物多样性，23（6）：705-707．

高吉喜，陈圣宾．2014．依据生态承载力优化国土空间开发格局．环境保护，42（24）：12-18．

高吉喜，范小杉，陈雅琳，等．2012．区域生态资产评估：理论方法与应用．北京：科学出版社．

高吉喜，宋婷，张彪，等．2016．北京城市绿地群落结构对降温增湿功能的影响．资源科学，38（6）：1028-1038．

高凯，秦俊，宋坤，等．2009．城市居住区绿地斑块的降温效应及影响因素分析．植物资源与环境学报，18（3）：50-55．

高智慧，蒋国洪，邢爱金，等．1992．浙北平原水杉人工林生物量的研究．植物生态学与地植物学学报，16（1）：64-71．

顾康康．2012．生态承载力的概念及其研究方法．生态环境学报，21（2）：389-396．

国家统计局城市社会经济调查司．2018．中国城市统计年鉴．北京：中国统计出版社．

韩丹，张文君，李强，等．2019．成都市不透水面扩张与生态环境质量变化的关系．西南科技大学学报，3（4）：34-40．

杭云飞，张慧，肖洛斌．2014．基于不同情景的嘉兴市生态系统服务价值分析．浙江农业学报，

26（6）：1615-1621.

何梅，陈龙乾，宋莉，等.2010.基于ArcGIS的县级土地利用总体规划图编制方法研究——以连云港市海州区为例.安徽农学通报（上半月刊），16（23）：167-169.

何萍，李宏波.2002.云贵高原中小城市热岛效应分析.气象科技，30（5）：288-291.

贺红早，黄丽华，段旭，等.2007.贵阳二环林带主要树种生物量研究.贵州科学，25（3）：33-39.

黄和平，胡晴，乔学忠.2018.基于绿色GDP和生态足迹的江西省生态效率动态变化研究.生态学报，38（15）：5473-5484.

惠凤鸣，田庆久，金震宇，等.2003.植被指数与叶面积指数关系研究及定量化分析.遥感信息，2：10-13.

嵇浩翔，史琰，朱轶梅，等.2011.杭州市不同土地利用类型的树木生长和碳固存.生态学杂志，30（11）：2405-2412.

纪迪，张慧，沈渭寿，等.2013.太湖流域下垫面改变与气候变化的响应关系.自然资源学报，28（1）：51-62.

贾刘强，舒波.2011.城市绿地与热岛效应关系研究回顾与展望.园林生态，28（4）：37-40.

姜荣，陈亮，象伟宁.2016.上海市极端高温天气变化特征.气象与环境学报，32（1）：66-74.

鞠昌华，裴文明，张慧.2020.生态安全：基于多尺度的考察.生态与农村环境学报，36（5）：626-634.

匡文慧，迟文峰，陆灯盛，等.2015.城市地表热环境遥感分析与生态调控.北京：科学出版社.

李博.2008.上海高度城市化地区土地利用变化对雨水径流影响的研究.上海：华东师范大学硕士学位论文.

李锋，王如松.2003.城市绿地系统的生态服务功能评价、规划与预测研究——以扬州市为例.生态学报，（9）：1929-1936.

李锋，刘容子，吴姗姗，等.2011.渤海近海海域生态系统服务价值评估.珠海：2011中国可持续发展论坛暨中国可持续发展研究会学术年会.

李广宇，陈爽，张慧，等.2016.2000—2010年长三角地区植被生物量及其空间分布特征.生态与农村环境学报，32（5）：708-715.

李海宏，吴吉东.2018.2007—2016年上海市暴雨特征及其与内涝灾情关系分析.自然资源学报，33（12）：2136-2148.

李荷，杨培峰.2014.城市自然生态空间的价值评估及规划启示.城市环境与城市生态，27（5）：39-43.

李荷，杨培峰，张竹昕，等.2019."设计生态"视角下山地城市水系空间韧性提升规划策略.规划师，35（15）：53-59.

李华.2015.城市生态游憩空间服务功能评价与优化对策.城市规划，（8）：64-70.

李建华, 李春静, 彭世揆. 2007. 杨树人工林生物量估计方法与应用. 南京林业大学学报（自然科学版）, 31（4）: 37-40.

李浪娇, 刘江涛, 任福. 2017. 基于细粒度人口数据的深圳公园绿地可达性评价. 测绘与空间地理信息, 40（9）: 38-43.

李梦. 2014. 木兰科几种常用绿化树种光合特性及固碳能力研究. 杭州: 浙江农林大学硕士学位论文.

李娜, 马延吉. 2013. 辽宁省生态承载力空间分异及其影响因素分析. 干旱区资源与环境, 27（3）: 8-13.

李伟峰, 欧阳志云, 陈求稳, 等. 2008. 基于遥感信息的北京硬化地表格局特征研究. 遥感学报, 12（4）: 603-612.

李秀珍, 布仁仓, 常禹, 等. 2004. 景观格局指标对不同景观格局的反应. 生态学报, 24（1）: 123-134.

李祖政, 尤海梅, 王梓懿. 2018. 徐州城市景观格局对绿地植物多样性的多尺度影响. 应用生态学报, 29（6）: 1813-1821.

刘建泉, 李进军, 邱华. 2017. 祁连山森林植被净生产量、碳储量和碳汇功能估算. 西北林学院学报, 32（2）: 1-7.

刘建兴, 顾晓薇, 李广军, 等. 2005. 中国经济发展与生态足迹的关系研究. 资源科学, 27（5）: 33-39.

刘坤, 曹林, 汪贵斌, 等. 2017. 银杏生物量分配格局及异速生长模型. 北京林业大学学报, 39（4）: 12-20.

刘敏敏, 黄满红, 杨振乾. 2014. 对南方公路常绿植物固碳释氧和降温增湿的研究. 上海师范大学学报（自然科学版）, 43（2）: 204-209.

刘某承. 2010. 中国生态足迹的时间动态与空间格局. 北京: 中国科学院研究生院博士学位论文.

刘某承, 李文华, 谢高地. 2010. 基于净初级生产力的中国生态足迹产量因子测算. 生态学杂志, 29（3）: 592-597.

刘文平, 宇振荣. 2016. 北京海淀区绿色空间$PM_{2.5}$滞尘服务模拟. 应用生态学报, 27（8）: 2580-2586.

刘文渊, 谢亚楠, 万智龙, 等. 2012. 不同地表参数变化的上海市热岛效应分析. 遥感技术与应用, 27（5）: 797-803.

刘颖, 李朝炜, 邢文岳, 等. 2015. 城市交通道路绿化植被滞尘效应研究. 北方园艺, （3）: 77-81.

刘宇辉. 2005. 中国1961—2001年人地协调度演变分析——基于生态足迹模型的研究. 经济地理, 25（2）: 219-222.

刘震, 戴泽钒, 楼嘉军, 等. 2019. 基于数字足迹的城市游憩行为时空特征研究——以上海为例．世界地理研究，28（5）：95-105.

刘智方，唐立娜，邱全毅，等．2017. 基于土地利用变化的福建省生境质量时空变化研究．生态学报，37（1）：28-36.

栾博，柴民伟，王鑫．2017. 绿色基础设施研究进展．生态学报，37（15）：5246-5261.

栾桂杰，殷鹏，王黎君，等．2018. 我国6城市高温对糖尿病死亡影响的观察性研究．中华流行病学杂志，39（5）：646-650.

马孟泉，张慧，高吉喜，等．2019. 生物多样性维护生态保护红线划定方法对比．生态学报，39（19）：6959-6965.

马世骏，王如松．1984. 社会-经济-自然符合生态系统．生态学报，4（1）：1-9.

马晓虹，甄帅．2018. 公园绿地服务面积与可达性研究．城乡建设，551（20）：51-53.

毛齐正，黄甘霖，邬建国．2015. 城市生态系统服务研究综述．应用生态学报，26（4）：1023-1033.

梅雪英，张修峰．2008. 长江口典型湿地植被储碳、固碳功能研究——以崇明东滩芦苇带为例．中国生态农业学报，2：269-272.

钮子鹏，章皖秋，岳彩荣．2018. 昆明市绿地斑块特征对地表降温的影响．西南林业大学学报（自然科学版），38（6）：159-166.

欧维新，张伦嘉，陶宇，等．2018. 基于土地利用变化的长三角生态系统健康时空动态研究．中国人口·资源与环境，28（5）：84-92.

欧阳子珞，吉文丽，杨梅．2015. 西安城市绿地植物多样性分析．西北林学院学报，30（2）：257-261.

潘丽娟，张慧，刘爱利．2015. 重庆市道路网络影响景观破碎化的阈值分析．生态科学，34（5）：45-51.

潘影，肖禾，宇振荣．2009. 北京市农业景观生态与美学质量空间评价．应用生态学报，20（10）：2455-2460.

彭少麟，周凯，叶有华，等．2005. 城市热岛效应研究进展．生态环境，14（4）：574-579.

彭羽，刘雪华．2007. 城市化对植物多样性影响的研究进展．生物多样性，5：118-122.

乔小菊．2016. 南京城区园林绿化中常见阔叶乔木树种的光合特性及相关生态功能的研究．南京：南京农业大学硕士学位论文．

秦俊，王丽勉，胡永红，等．2009. 上海居住区植物群落的降温增湿效应．生态与农村环境学报，25（1）：92-95.

秦耀辰，荣培君，杨群涛，等．2014. 城市化对碳排放影响研究进展．地理科学进展，33（11）：1526-1534.

仇宽彪，张慧，高吉喜，等．2021. 上海城市林地斑块冷岛效应的城乡梯度变化．生态学杂志，40（5）：1409-1418.

荣月静，张慧，赵显富．2015. 基于MCE-CA的嘉兴市土地利用预测情境下的生态敏感性分析. 农业资源与环境学报, 32 (4): 343-353.

荣月静, 张慧, 王延松. 2016a. 基于 Logistic-CA-Markov 与 InVEST 模型对南京市土地利用与生物多样性功能模拟评价. 水土保持研究, 23 (3): 83-88.

荣月静, 张慧, 赵显富. 2016b. 基于 InVEST 模型近 10 年太湖流域土地利用变化下碳储量功能. 江苏农业科学, 44 (6): 447-451

荣月静, 张慧, 赵显富. 2016c. 基于多因素综合评价法的长三角地区城市基础设施建设水平研究. 科技通报, 32 (2): 105-110.

阮俊杰. 2016. 城市公园对夏季热环境的影响——以上海市中心城区为例. 生态环境学报, 25 (10): 1663-1670.

上海市人民政府. 2018. 上海市产业地图. http://map.sheitc.sh.gov.cn/index.html [2020-07-06].

上海市统计局. 2017. 2017 年上海市统计年鉴. 北京: 中国统计出版社.

上海市统计局. 2018. 2018 年上海市统计年鉴. 北京: 中国统计出版社.

上海市统计局. 2019. 2018 年上海市国民经济与社会发展统计公报. http://tjj.sh.gov.cn/tjgb/20200329/05f0f4abb2d448a69e4517f6a6448819.html [2020-01-07].

邵永昌, 庄家尧, 王柏昌, 等. 2016. 上海地区主要绿化树种夏季光合特性和固碳释氧能力研究. 安徽农业大学学报, 43 (1): 94-101.

余欣璐, 高吉喜, 张彪. 2020. 基于城市绿地滞尘模型的上海市绿色空间滞留 $PM_{2.5}$ 功能评估. 生态学报, 40 (8): 2599-2608.

石忆邵. 2014. 中国"城市病"的测度指标体系及其实证分析. 经济地理, 34 (10): 1-6.

史春云, 陶玉国. 2020. 城市绿地空间环境公平研究进展. 世界地理研究, 29 (3): 621-631.

史军, 崔林丽, 杨涵洧, 等. 2015. 上海气候空间格局和时间变化研究. 地球信息科学, 17 (11): 1348-1354.

宋晴. 2018. 优化旅行费用法评估上海城市公园游憩价值. 中国园林, (S1): 46-49.

苏泳娴, 陈修治, 叶玉瑶, 等. 2013. 基于夜间灯光数据的中国能源消费碳排放特征及机理. 地理学报, 68 (11): 1514-1526.

孙春健, 王春林, 申双和, 等. 2012. 珠三角城市绿地 CO_2 通量的季节特征. 生态学报, 32 (4): 1273-1282.

孙俊, 张慧, 王桥, 等. 2011. 基于环境一号卫星的太湖流域地表温度与地表类型的关系分析. 环境科学研究, 24 (11): 91-97.

孙杨, 谢曼平, 尚发美. 2019. 城市道路与空间格局演变研究——以西安市为例. 城镇化与集约用地, 7 (3): 87-97.

谈建国, 陆晨, 陈正洪, 等. 2009. 高温热浪与人体健康. 北京: 气象出版社.

覃志豪, Zhang M H, Arono K, 等. 2001. 用陆地卫星 TM6 数据演算地表温度的单窗算法. 地理学报, 56 (4): 456-466.

唐梁博,崔海山.2017.基于NPP-VIIRS夜间灯光数据和Landsat-8数据的城镇建筑用地提取方法改进——以广州市为例.测绘与空间地理信息,40(9):69-73.

唐亮,何明珠,许华,等.2020.基于无人机低空遥感的荒漠植被覆盖度与归一化植被指数验证及其对水热梯度的响应.应用生态学报,31(1):35-44.

佟华,刘辉志,李延明,等.2005.北京夏季城市热岛现状及楔形绿地规划对缓解城市热岛的作用.应用气象学报,(3):357-366.

屠星月,黄甘霖,邬建国.2019.城市绿地可达性和居民福祉关系研究综述.生态学报,39(2):421-431.

王宝钧,宋翠娥,傅桦,等.2009.城市生态空间与城市生态腹地研究.河北师范大学学报(自然科学版),33(6):825-830.

王斌,刘某承,张彪.2009.基于森林资源清查资料的森林植被净生产量及其动态变化研究.林业资源管理,(1):35-43.

王成,彭镇华,陶康华.2004.中国城市森林的特点及发展思考.生态学杂志,23(3):88-92.

王甫园,王开泳,陈田,等.2017.城市生态空间研究进展与展望.地理科学进展,36(2):207-218.

王宏,林长城,隋平,等.2008.福州天气形势分型与大气污染物相关分析.气象与环境学报,24(6):7-11.

王丽群,张志强,李格,等.2018.北京边缘地区人居林结构、动态变化及生态效益初步分析——以牛栏山-马坡镇为例.林业科学,54(8):142-152.

王美雅,徐涵秋.2018.上海和纽约城市不透水面时空变化及其对生态质量影响的对比.应用生态学报,29(11):3735-3746.

王敏,王卿,苏敬华,等.2017.上海生态环境容量、发展趋势与生态城市建设.科学发展,(2):104-112.

王卿,阮俊杰,沙晨燕,等.2012.人类活动对上海市生物多样性空间格局的影响.生态环境学报,21(2):279-285.

王蓉丽.2004.城市常见园林植被滞尘效果差异性研究.安徽农业科学,42(33):11799-11874.

王如松,李锋,韩宝龙,等.2014.城市复合生态及生态空间管理.生态学报,34(1):1-11.

王亚茹,盛明洁.2019.国外城市绿色空间对体力活动的影响研究综述.城市问题,(12):97-103.

王妍,张旭东,彭镇华,等.2006.森林生态系统碳通量研究进展.世界林业研究,19(3):12-17.

王赞红,李纪标.2006.城市街道常绿灌木植物叶滞尘颗粒物形态.生态环境,15(2):327-330.

王哲. 2014. 黄浦江中上游广玉兰人工林生态系统碳储量特点. 林业世界, 3: 34-41.

王哲, 韩玉洁, 康宏樟, 等. 2012. 黄浦江上游主要树种水源涵养林生态系统碳储量. 生态学杂志, 31 (8): 1930-1935.

王宗星, 虞木奎, 成向荣, 等. 2010. 上海市郊沿海防护林防护效应的研究. 植物资源与环境学报, 19 (3): 85-88+96.

温家石. 2010. 城市化对建成区植被碳吸收和碳储存的影响的研究. 杭州: 浙江大学硕士学位论文.

闻熠, 高峻, 姚扬. 2020. 基于改进参数的长三角城市群生态足迹时空动态及驱动因子分析. 环境工程技术学报, 10 (1): 133-141.

翁清鹏, 张慧. 2015. 南京城市热环境与土地利用关系研究. 科学技术与工程, 15 (13): 232-237.

吴健. 2010. 上海城市空间布局调整的环境效应分析. 中国人口·资源与环境, 20 (3): 345-348.

吴健生, 王茜, 李嘉诚, 等. 2017. $PM_{2.5}$浓度空间分异模拟模型对比: 以京津冀地区为例. 环境科学, 38 (6): 2191-2201.

吴婕, 李楠, 陈智, 等. 2010. 深圳特区城市植被的固碳释氧效应. 中山大学学报 (自然科学版), 49 (4): 86-92.

肖玉, 王硕, 李娜, 等. 2015. 北京城市绿地对大气$PM_{2.5}$的削减作用. 资源科学, 37 (6): 1149-1155.

谢鸿宇, 陈贤生, 林凯荣, 等. 2008. 基于碳循环的化石能源及电力生态足迹. 生态学报, 28 (4): 1729-1735.

谢鸿宇, 陈贤生, 杨木壮, 等. 2009. 中国单位畜牧产品生态足迹分析. 生态学报, 29 (6): 3264-3270.

谢紫霞, 张彪, 佘欣璐, 等. 2020. 上海城市绿地夏季降温效应及其影响因素. 生态学报, 40 (19): 6749-6760.

徐飞, 刘为华, 任文玲, 等. 2010. 上海城市森林群落结构对固碳能力的影响. 生态学杂志, 29 (3): 439-447.

徐毅, 彭震伟. 2016. 1980—2010年上海城市生态空间演进及动力机制研究. 城市发展研究, 23 (11): 1-10, 59.

薛雪, 张金池, 孙永涛, 等. 2016. 上海常绿树种固碳释氧和降温增湿效益研究. 南京林业大学学报 (自然科学版), 40 (3): 81-86.

严娟娟, 黄秀娟. 2016. 基于TCM方法的旅行成本测算与游憩价值评估研究: 以福州国家森林公园为例. 北京林业大学学报 (社会科学版), 15 (4): 62-67.

严晓, 王希华, 刘丽正, 等. 2003. 城市绿地系统生态效益评价指标体系初报. 浙江林业科技, (2): 69-73.

杨涵洧，马悦，史军 . 2018. 全球变暖背景下长江三角洲夏季高温时空演变研究 . 长江流域资源与环境，27（7）：1544-1553.

杨屹，梁砺波，张景乾 . 2017. 关中城市群生态足迹演变趋势及公平性评价 . 自然资源学报，32（8）：1360-1373.

姚娜，马履一，杨军，等 . 2015. 北京市平原地区 1992—2013 年生态空间演变 . 生态学杂志，34（5）：1427-1434.

姚迎九，康文星，田大伦 . 2003. 18 年生樟树人工林生物量的结构与分布 . 中南林学院学报，23（1）：1-5.

应天玉，李明泽，范文义，等 . 2010. 基于 GIS 技术的城市森林与热岛效应的分析 . 东北林业大学学报，38（8）：63-67，101.

于博，杨旭，吴相利 . 2020. 哈长城市群县域碳排放空间溢出效应及影响因素研究——基于 NPP-VIRS 夜间灯光数据的实证 . 环境科学学报，40（2）：697-706.

于贵瑞，孙晓敏 . 2006. 陆地生态系统通量观测的原理与方法 . 北京：高等教育出版社 .

俞孔坚 . 2009. 开启自然过程城市废弃地的生态恢复——天津桥园生态恢复工程 . 城市环境设计，（7）：90-95.

俞龙生，符以福，俞怀义，等 . 2011. 快速城市化地区景观格局梯度动态及其城乡融合区特征——以广州市番禺区为例 . 应用生态学报，22（1）：171-180.

袁位高，江波，葛永金，等 . 2009. 浙江省重点公益林生物量模型研究 . 浙江林业科技，29（2）：1-5.

岳文泽，徐建华，徐丽华 . 2006. 基于遥感影像的城市土地利用生态环境效应研究，生态学报，26（5）：1450—1460.

岳玉娟，周伟奇，钱雨果，等 . 2015. 大尺度不透水面遥感估算方法比较——以京津唐为例 . 生态学报，35（13）：4390-4397.

张彪，王硕，李娜 . 2015. 北京市六环内绿色空间滞蓄雨水径流功能的变化评估 . 自然资源学报，30（9）：1461-1471.

张彪，Amani-Beni M，史芸婷，等 . 2018. 北京奥林匹克公园夏季绿地小气候及人体环境舒适度效应分析 . 生态科学，37（5）：77-86.

张彪，谢紫霞，高吉喜，等 . 2021. 上海市绿地植被的吸热降温效益评估 . 自然资源学报，36（5）：1334-1345.

张丹，成升魁，高利伟，等 . 2016. 城市餐饮业食物浪费的生态足迹——以北京市为例 . 资源科学，38（1）：10-18.

张恒义，刘卫东，王世忠，等 . 2009. "省公顷"生态足迹模型中均衡因子及产量因子的计算——以浙江省为例 . 自然资源学报，24（1）：83-92.

张慧 . 2016. 基于生态服务功能的南京市生态安全格局研究 . 南京：南京师范大学硕士学位论文 .

张慧, 高吉喜, 宫继萍, 等. 2017. 长三角地区生态环境保护形势、问题与建议. 中国发展, 17 (2): 3-9.

张家洋, 周君丽, 任敏, 等. 2013. 20种城市道路绿化树木的滞尘能力比较. 西北师范大学学报 (自然科学版), (3): 77-81.

张娇, 施拥军, 朱月清, 等. 2013. 浙北地区常见绿化树种光合固碳特征. 生态学报, 33 (6): 72-82.

张金光, 赵兵. 2018. 基于可达性的城市公园选址及布局优化研究. 南京林业大学学报 (自然科学版), 42 (6): 155-162.

张珏, 张慧. 2014. 土地利用变化对嘉兴市生态系统服务价值损益的影响. 浙江农业学报, 26 (2): 444-450.

张蓉蓉. 2016. 城区常见小乔木与灌木阔叶园林树种光合特征及相关生态功能的研究. 南京: 南京农业大学硕士学位论文.

张希金, 冷寒冰, 赵广琦, 等. 2018. 上海4种常见绿化树种地上生物量模型构建. 南京林业大学学报 (自然科学版), 42 (2): 141-146.

张雪梅, 申广荣. 2019. 基于不同交通方式的上海浦东新区公园可达性分析. 上海交通大学学报 (农业科学版), 37 (3): 9-16.

张艳丽, 费世民, 李智勇, 等. 2013. 成都市沙河主要绿化树种固碳释氧和降温增湿效益. 生态学报, 33 (12): 3878-3887.

张秩通, 张恩迪. 2015. 城市野生动物栖息地保护模式探讨——以上海市为例. 野生动物学报, 36 (4): 447-452.

章旭毅, 殷杉, 江畅, 等. 2016. 上海常见绿化树种叶片上$PM_{2.5}$干沉降速率及影像因素. 华东师范大学学报 (自然科学版), (6): 27-37.

曾忠平, 彭浩轩. 2018. 城市湿地损失和内涝灾害响应的遥感分析——以武汉市南湖为例. 长江流域资源与环境, 27 (4): 929-938.

赵丹. 2016. 城市地表硬化的复合生态效应及生态化改造方法. 中国人口·资源与环境, 26 (5): 213-217.

赵坚. 2008. 城市交通及其塑造城市形态的功能——以北京市为例. 城市问题, (5): 2-6, 39.

赵林, 殷鸣放, 陈晓非, 等. 2008. 森林碳汇研究的计量方法及研究现状综述. 西北林学院学报, 23 (1): 64-68.

赵敏, 周广胜. 2004. 基于森林资源清查资料的生物量估算模式及其发展趋势. 应用生态学报, 15 (8): 1468-1472.

赵鑫. 2018. 恩格尔系数模型的改进及实证分析. 中国市场, (20): 4-5, 10.

赵艳玲. 2014. 上海社区绿地植物群落固碳效益分析及高固碳植物群落优化. 上海: 上海交通大学硕士学位论文.

赵艳玲, 阚丽艳, 车生泉. 2014. 上海社区常见园林植物固碳释氧效应及优化配置对策. 上海交通大学学报（农业科学版），32（4）：45-53.

赵燕佩，熊丽君，王敏，等.2015.上海市生态用地属性与空气负离子浓度的关联性.安全与环境学报，15（4）：322-328.

赵勇，李树人，阎志平.2002.城市绿地的滞尘效应及评价方法.华中农业大学学报，21（6）：582-586.

中华人民共和国住房和城乡建设部.2017.城市绿地分类标准（CJJ/T85—2017）.北京：中国建筑工业出版社.

钟炜菁，王德，谢栋灿，等.2017.上海市人口分布与空间活动的动态特征研究——基于手机信令数据的探索.地理研究，36（5）：972-984.

周健，肖荣波，庄长伟，等.2013.城市森林碳汇及其核算方法研究进展.生态学杂志，32（12）：3368-3377.

周克全.2008.中国统计不宜采用恩格尔系数.统计与决策，（5）：6-8.

朱春阳，李树华，纪鹏，等.2011.城市带状绿地宽度与温湿效益的关系.生态学报，31（2）：383-394.

朱凯，张倩倩，武鹏飞，等.2015.城市绿地碳汇核算方法及其研究进展.陕西林业科技，（4）：34-39.

朱明，徐建刚，李建龙，等.2006.上海市景观格局梯度分析的空间幅度效应.生态学杂志，25（10）：1214-1217.

邹晓东.2007.城市绿地系统的空气净化效应研究.上海：上海交通大学博士学位论文.

Aguilera F, Valenzuela L M, Botequilha-Leitao A. 2011. Landscape metrics in the analysis of urban land use patterns: a case study in a Spanish metropolitan area. Landscape and Urban Planning, 99 (3-4): 226-238.

Albani M, Medvigy D, Hurtt G C, et al. 2006. The contributions of land-use change, CO_2 fertilization, and climate variability to the Eastern US carbon sink. Global Change Biology, 12 (12): 2370-2390.

Alexander L V, Zhang X, Peterson T C, et al. 2006. Global observed changes in daily climate extremes of temperature and precipitation. Journal of Geophysical Research: Atmospheres, 111 (D05): 109-131.

Alexandri E, Jones P. 2008. Temperature decreases in an urban canyon due to green walls and green roofs in diverse climates. Building and Environment, 43 (4): 480-493.

Amani-Beni M, Zhang B, Xie G D, et al. 2018. Impact of urban park's tree, grass and water body on microclimate in hot summer days: a case study of Olympic Park in Beijing, China. Urban Forestry and Urban Greening, 32: 1-6.

Armston J D, Scarth P F, Phinn S R, et al. 2007. Analysis of multi-date MISR measurements for forest and woodland communities, Queensland, Australia. Remote Sensing of Environment,

107（1/2）：287-298.

Aronson M F J, Krayenhoff S, Martilli A, et al. 2014. A global analysis of the impacts of urbanization on bird and plant diversity reveals key anthropogenic drivers. Proceedings of the Royal Society B: Biological Sciences, 281（1780）：20133330.

Atif B, Saqib Z, Ali A, et al. 2018. Identification of key-trends and evaluation of contemporary research regarding urban ecosystem services: a path towards socio-ecological sustainability of urban areas. Applied Ecology and Environmental Research, 16（3）：3545-3581.

Avissar R. 1996. Potential effects of vegetation on the urban thermal environment. Atmospheric Environment, 30（3）：437-448.

Barradas V C L, Tejeda-Martínez A, Jáuregui E. 1999. Energy balance measurements in a suburban vegetated area in Mexico City. Atmospheric Environment, 33（25）：4109-4113.

Bass B, Krayenhoff S, Martilli A, et al. 2002. Mitigating the Urban Heat Island with Green Roof Infrastructure. Toronto, Ontario: North American Urban Heat Island Summit.

Beckett K, Freer-Smoth P, Taylor G. 2000. Effective tree species for local air quality management. Journal of Arboriculture, 26（1）：12-19.

Beninde J, Veith M, Hochkirch A. 2015. Biodiversity in cities needs space: a meta-analysis of factors determining intra-urban biodiversity variation. Ecology Letters, 18（6）：581-592.

Bernatzky A. 1983. The Effects of Trees on the Urban Climate. Berkhamsted: The First International Arboricultural Conference.

Bertram C, Rehdanz K. 2015. The role of urban green space for human well-being. Ecological Economics, 120：139-152.

Bolund P, Hunhammar S. 1999. Ecosystem services in urban areas. Ecological Economics, 29（2）：293-301.

Brian S, Norma J M. 2006. Land use planning and surface heat island formation: a parcel-based radiation flux approach. Atmospheric Environment, 40（19）：3561-3573.

Ca V T, Asaeda T S, Abu E M. 1998. Reductions in air conditioning energy caused by a nearby park. Energy & Buildings, 29（1）：83-92.

Calfapietra C, Fares S, Manes F, et al. 2013. Role of Biogenic Volatile Organic Compounds（BVOC）emitted by urban trees on ozone concentration in cities: a review. Environmental Pollution, 183：71-80.

Cao X, Onishi A, Chen J, et al. 2010. Quantifying the cool island intensity of urban parks using ASTER and IKONOS data. Landscape and Urban Planning, 96（4）：224-231.

Carnahan W H, Larson R C. 1990. An analysis of an urban heat sink. Remote Sensing of Environment, 33（1）：65-71.

Chang C R, Li M H, Chang S D. 2007. A preliminary study on the local cool-island intensity of Taipei city parks. Landscape and Urban Planning, 80 (4): 386-395.

Chen Y, Mu S, Sun Z, et al. 2016. Grassland carbon sequestration ability in China: a new perspective from terrestrial aridity zones. Rangeland Ecology and Management, 69 (1): 84-94.

Cheng K S, Su Y F, Kuo F T, et al. 2008. Assessing the effect of landcover changes on air temperature using remote sensing images – a pilot study in northern Taiwan. Landscape and Urban Planning, 85 (2): 85-96.

Cheung P K, Jim C Y. 2019. Differential cooling effects of landscape parameters in humid-subtropical urban parks. Landscape and Urban Planning, 192: 103651.

Chibuike E M, Ibukun A O, Kunda J J, et al. 2018. Assessment of green parks cooling effect on Abuja urban microclimate using geospatial techniques. Remote Sensing Applications: Society and Environment, 11: 11-21.

Cilliers, S S, Siebert S J. 2012. Urban ecology in cape town: South African comparisons and reflections. Ecology and Society, 17 (3): 33.

Costanza R, d'Arge R, de Groot R D, et al. 1997. The value of the world's ecosystem services and natural capital. Ecological Economics, 25 (1): 3-15.

Daily H. 1994. Operationalizing sustainable development by investing in natural capital//Jannson A M, Hammer M, Folke C, et al. Investing in Naural Capital: The Ecological Economics Approach to Sustainability. Washington D. C. : Island Press.

Davies Z G, Edmondson J L, Heinemeyer A, et al. 2011. Mapping an urban ecosystem service: quantifying above-ground carbon storage at a city-wide scale. Journal of Applied Ecology, 48 (5): 1124-1134.

Denman E C, May P B, Moore G M. 2016. The potential role of urban forests in removing nutrients from stormwater. Journal of Environment Quality, 45 (1): 207-214.

Du S Q, Shi P J, Van R, et al. 2015. Quantifying the impact of impervious surface location on flood peak discharge in urban areas. Natural Hazards, 76 (3): 1457-1471.

Du H Y, Song X J, Jiang H, et al. 2016. Research on the cooling island effects of water body: a case study of Shanghai, China. Ecological Indicators, 67: 31-38.

Du H, Cai W B, Xu Y Q, et al. 2017. Quantifying the cool island effects of urban green spaces using remote sensing data. Urban Forestry and Urban Greening, 27: 24-31.

Eaton R L, Hammond G P, Laurie J. 2007. Footprints on the landscape: an environmental appraisal of urban and rural living in the developed world. Landscape and Urban Planning, 83 (1): 13-28.

Estoque R C, Murayama Y. 2013. Examining the potential impact of land use/cover changes on the ecosystem services of Baguio city, the Philippines: a scenario-based analysis. Applied Geography, 35 (1-2): 316-326.

Fahrig L. 2017. Ecological responses to habitat fragmentation Per Se. Annual Review of Ecology,

Evolution, and Systematics, 48（1）：1-23.

Fan P L, Xu L H, Yue W Z, et al. 2017. Accessibility of public urban green spaces in an urban periphery: the case of Shanghai. Landscape and Urban Planning, (165): 177-192.

FAO. 2016. Technical Conversion Factors for Agricultral Commodities. Rome: Food and Agriculture Organization of the United Nations.

Federer C A. 1971. Effects of trees in modifying urban microclimates. Proceedings of the Symposium on Treesand Forests in an Urbanizing Environment. Co-operative Extension Service. Amherst: University of Massachusetts.

Fernández-Juricic E, Jokimäki J. 2001. A habitat island approach to conserving birds in urban landscapes: case studies from Southern and Northern Europe. Biodiversity and Conservation, 10: 2023-2043.

Fernández-Juricic E, Sanz R, Sallent A. 2001. Frequency-dependent predation bybirds at edges and interiors of woodland. Biological Journal of the Linnean Society, 73（1）：43-49.

Feyisa G L, Dons K, Meilby H. 2014. Efficiency of parks in mitigating urban heat island effect: an example from Addis Ababa. Landscape and Urban Planning, 123: 87-95.

Fisher A, Scarth P, Armston J, et al. 2018. Relating foliage and crown projective cover in Australian tree stands. Agricultural and Forest Meteorology, 259: 39-47.

Forman R T. 1995. Some general principles of landscape and regional ecology. Landscape Ecology, 10: 133-142.

Franklin M, Zeka A, Schwartz J. 2007. Association between $PM_{2.5}$ and all-cause and specific-cause mortality in 27 US communities. Journal of Exposure Science & Environmental Epidemiology, 17（3）：279-287.

Fu D, Bu B, Wu J, et al. 2019. Investigation on the carbon sequestration capacity of vegetation along a heavy traffic load expressway. Journal of Environmental Management, 241: 549-557.

Gao J X, Tian M R. 2016. Analysis of over-consumption of natural resources and the ecological trade deficit in China based on ecological footprints. Ecological Indicators, 61: 899-904.

Geng F, Hua J, Mu Z, et al. 2013. Differentiating the associations of black carbon and fine particle with daily mortality in a Chinese city. Environmental Research, 120: 27-32.

Ghosh T, Elvidge C D, Sutton P C, et al. 2010. Creating a global grid of distributed fossil fuel CO_2 emissions from nighttime satellite imagery. Energies, 3（12）：1895-1913.

GillS, Handley J, Ennos R, et al. 2018. Adapting cities for climate change: the role of the green infrastructure. Planning for Climate Change: A Reader in Green Infrastructure and Sustainable Design for Resilient Cities, 33（1）：115-133.

Giridharan R, Lau S Y, Ganesan S, et al. 2008. Lowering the outdoor temperature in high-rise high-density residential developments of coastal Hong Kong: the vegetation influence. Building and Environment, 43 (10): 1583-1595.

Gong C, Chen J, Yu S. 2013. Biotic homogenization and differentiation of the flora in artificial and near-natural habitats across urban green spaces. Landscape and Urban Planning, 120: 158-169.

Gratani L, Varone L. 2006. Carbon sequestration by *Quercus ilex* L. and *Quercus pubescens* Willd. and their contribution to decreasing air temperature in Rome. Urban Ecosystems, 9 (1): 27-37.

Grimm N B, Faeth S H, Golubiewski N E, et al. 2008. Global change and the ecology of cities. Science, 319 (5864): 756-760.

Groot R, Wilson M, Boumans R. 2002. A typology for the classification description and valuation of ecosystem functions, goods and services. Ecological Economics, 41 (3): 393-408.

Gu X K, Tao S Y, Dai B. 2017. Spatial accessibility of country parks in Shanghai, China. Urban Forestry and Urban Greening, (27): 373-382.

Guo J, Ren J, Huang X, et al. 2020. The dynamic evolution of the ecological footprint and ecological capacity of Qinghai Province. Sustainability, 12 (7): 3065.

Hamada S, Ohta T. 2010. Seasonal variations in the cooling effect of urban green areas on surrounding urban areas. Urban Forestry and Urban Greening, 9 (1): 15-24.

Han L J, Zhou W Q, Li W F, et al. 2015. Meteorological and urban landscape factors on severe air pollution in Beijing. Journal of the Air and Waste Management Association, 65 (7): 782-787.

Hathway E A, Sharples S. 2012. The interaction of rivers and urban form in mitigating the urban heat island effect: a UK case study. Building and Environment, 58: 14-22.

Hirabayashi S, Nowak D J. 2016. Comprehensive national database of tree effects on air quality and human health in the United States. Environmental Pollution, 215: 48-57.

Holmer B, Thorsson S, Eliasson I. 2007. Cooling rates, sky view factors and the development of intra-urban air temperature differences. Geografiska Annaler: Series A-Physical Geography, 89 (4): 237-248.

Howard E. 1898. Tomorrow: A Peaceful Path to Real Reform. London: Swan Sonnenschein & Co., Ltd.

ICUN. 2012. Nature-based Solutions. https://www.iucn.org/commissions/commission-ecosystem-management/our-work/nature-based-solutions [2021-07-31].

Imhoff M L, Zhang P, Wolfe R E, et al. 2010a. Urban heat island effect across biomes in the continental USA. Honolulu: 2010 IEEE International Geoscience and Remote Sensing Symposium.

Imhoff M L, Zhang P, Wolfe R E, et al. 2010b. Remote sensing of the urban heat island effect across biomes in the continental USA. Remote Sensing of Environment, 114 (3): 504-513.

IPCC. 2013. Climate Change 2013: The Physical Science Basis–Contribution of Working Group I to the Fifth Assessment Report of the Intergovernmental Panel on Climate Change. Cambridge, United Kingdom and New York, NY, USA: Cambridge University Press.

Ives C, Lentini P, Threlfall C, et al. 2016. Cities are hotspots for threatened species. Global Ecology and Biogeography, 25 (1): 117-126.

Janhäll S. 2015. Review on urban vegetation and particle air pollution - deposition and dispersion. Atmospheric Environment, 105: 130-137.

Jansson C, Jansson P E, Gustafsson D. 2007. Near surface climate in an urban vegetated park and its surroundings. Theoretical and Applied Climatology, 89 (3-4): 185-193.

Jensen J R. 2015. Introductory Digital Image Processing: A Remote Sensing Perspective. New Jersey: Prentice Hall.

Jim C Y, Chen W Y. 2006. Recreation-amenity use and contingent valuation of urban green space in Guangzhou, China. Landscape and Urban Planning, 75 (1-2): 81-96.

Jo H K. 2002. Impacts of urban greenspace on offsetting carbon emissions for middle Korea. Journal of Environmental Management, 64 (2): 115-126.

Kim H, Jeong H, Jeon J, et al. 2016. The impact of impervious surface on water quality and its threshold in Korea. Water, 8 (4): 111-120.

Konarska J, Holmer B, Lindberg F, et al. 2016. Influence of vegetation and building geometry on the spatial variations of air temperature and cooling rates in a high-latitude city. International Journal of Climatology, 36 (5): 2379-2395.

Laaidi M, Boumendil A, Tran T, et al. 2011. Air pollution and pregnancy outcome: a review of the literature. Environment Risques and Sante, 10 (4): 287-298.

Larondelle N, Haase D, Kabisch N. 2014. Mapping the diversity of regulating ecosystem services in European cities. Global Environmental Change, 26 (1): 119-129.

Lepczyk C A, Aronson M F J, Evans K L, et al. 2017. Biodiversity in the city: fundamental questions for understanding the ecology of urban green spaces for biodiversity conservation. BioScience, 67 (9): 799-807.

Lepeška T. 2016. The impact of impervious surfaces on ecohydrology and health in urban ecosystems of BankaBystrica (Slovakia). Soil and Water Research, 11 (1): 29-36.

Li J, Song C, Cao L, et al. 2011a. Impacts of landscape structure on surface urban heat islands: a case study of Shanghai, China. Remote Sensing of Environment, 115 (12): 3249-3263.

Li Y, Wang L E, Cheng S. 2011b. Spatiotemporal variability in urban HORECA food consumption and its ecological footprint in China. Science of the Total Environment, 687: 1232-1244.

Li Y, Wang L E, Cheng S. 2019. Study of CO_2 emissions from traffic and CO_2 sequestration by vegetation based on eddy covariance flux measurements in suburb of Beijing, China. Polish Journal of Environmental Studies, 29 (1): 727-738.

Lin D, Hanscom L, Martindill J, et al. 2018. Working Guidebook to the National Footprint Accounts, Global Footprint Network. Oakland: Global Footprint Network.

Litschke T, Kuttler W. 2008. On the reduction of urban particle concentration by vegetation – a review. Meteorologische Zeitschrift, 17（3）：229-240.

Liu C F, Li X M. 2012. Carbon storage and sequestration by urban forests in Shenyang, China. Urban Forestry and Urban Greening, 11（2）：121-128.

Liu L, Lei Y. 2020. Dynamic changes of the ecological footprint in the Beijing-Tianjin-Hebei region from 1996 to 2020. Ecological Indicators, 112：106-142.

Liu Z, Ding M, He C, et al. 2019. The impairment of environmental sustainability due to rapid urbanization in the dryland region of northern China. Landscape and Urban Planning, 187：165-180.

Long X Y, Yu H J, Sun M X, et al. 2020. Sustainability evaluation based on the three-dimensional ecological footprint and human development index: a case study on the four island regions in China. Journal of Environmental Management, 265：110509.

Luan Q, Ye C, Liu Y, et al. 2014. Study of effect of urban green land on thermal environment of surrounding buildings: a case study in Beijing, China//Murgante B, Misra S, Rocha A M A C, et al. Computational Science and Its Applications - ICCSA 2014. Cham: Springer.

Lv Q, Liu H, Wang J, et al. 2020. Multiscale analysis on spatiotemporal dynamics of energy consumption CO_2 emissions in China: utilizing the integrated of DMSP-OLS and NPP-VIIRS nighttime light datasets. Science of the Total Environment, 703：134394.

Marsh G P. 1864. Man and Nature. London: S. Low, Son and Marston.

McCormick A J, Cramer M D, Watt D A. 2006. Sink strength regulates photosynthesis in sugarcane. New Phytologist, 171（4）：759-770.

Medina-Ramon M, Schwartz J. 2007. Temperature, temperature extremes, and mortality: a study of acclimatization and effect modification in 50 US cities. Occupational and Environmental Medicine, 64（12）：827-833.

Morelli F, Beim M, Jerzak L, et al. 2014. Can roads, railways and related structures have positive effects on birds? - A review. Transportation Research Part D: Transport and Environment, 30：21-31.

Nie Q, Xu J H, Liu Z H. 2015. Fractal and multifractal characteristic of spatial pattern of urban impervious surfaces. Earth Science Informatics, 8（2）：381-392.

Nowak D J, Crane D E. 2002. Carbon storage and sequestration by urban trees in the USA. Environmental Pollution, 116（3）：381-389.

Nowak D J, Heisler G M. 2010. Air Quality Effects of Urban Trees and Park. Ashburn: National Recreation and Park Association.

Nowak D J, Greenfield E J, Hoehn R E, et al. 2013a. Carbon storage and sequestration by trees in urban and community areas of the United States. Environmental Pollution, 178：229-236.

Nowak D J, Hirabayashi S, Bodine A, et al. 2013b. Modeled $PM_{2.5}$ removal by trees in ten U. S. cities and associated health effects. Environmental Pollution, 178: 395-402.

Nowak D J, Hirabayashi S, Doyle M, et al. 2018. Air pollution removal by urban forests in Canada and its effect on air quality and human health. Urban Forestry and Urban Greening, 29: 40-48.

Oke T R. 1988. Street design and urban canopy layer climate. Energy and Buildings, 11 (1): 103-113.

Oliveira S, Andrade H, Vaz T. 2011. The cooling effect of green spaces as a contribution to the mitigation of urban heat: a case study in Lisbon. Building and Environment, 46 (11): 2186-2194.

Panno A, Carrus G, Lafortezza R, et al. 2017. Nature-based solutions to promote human resilience and wellbeing in cities during increasingly hot summers. Environmental Research, 159: 249-256.

Pataki D E, Carreiro M M, Cherrier J, et al. 2011. Coupling biogeochemical cycles in urban environments: ecosystem services, green solutions, and misconceptions. Frontiers in Ecology and the Environment, 9 (1): 27-36.

Petralli M, Massetti L, Brandani G, et al. 2014. Urban planning indicators: useful tools to measure the effect of urbanization and vegetation on summer air temperatures. International Journal of Climatology, 34 (4): 1236-1244.

Raymond C M, Frantzeskaki N, Kabisch N, et al. 2017. A framework for assessing and implementing the co-benefits of nature-based solutions in urban areas. Environmental Science and Policy, 77: 15-24.

Rizwan A M, Dennis L Y C, Liu C. 2008. A review on the generation, determination and mitigation of urban heat island. Journal of Environmental Sciences, 20 (1): 120-128.

Roth M, Oke T R, Emery W J. 1989. Satellite-derived urban heat islands from three coastal cities and the utilization of such data in urban climatology. International Journal of Remote Sensing, 10 (11): 1699-1720.

Sailor D J, Lu L. 2004. A top-down methodology for developing diurnal and seasonal Anthropogenic heating profiles for urban areas. Atmospheric Environment, 38 (17): 2737-2748.

Selmi W, Weber C, Rivière E, et al. 2016. Air pollution removal by trees in public green spaces in Strasbourg city, France. Urban Forestry and Urban Greening, 17 (1): 192-201.

Seto K C, Giineralp B, Hutyra L R. 2012. Global forecasts of urban expansion to 2030 and direct impacts onbiodiversity and carbon pools. Proceedings of the National Academy of Sciences of the United States of America, 109 (40): 16083-16088.

Shang Y, Sun Z, Cao J, et al. 2013. Systematic review of Chinese studies of short-term exposure to air pollution and daily mortality. Environment International, 54: 100-111.

Shen T, Chow D H C, Darkwa J. 2013. Simulating the influence of microclimatic design on mitigating the urban heat island effect in the Hangzhou Metropolitan Area of China. International Journal of Low-Carbon Technologies, 11: 120-139.

Shen J K, Guo X L, Wang Y C. 2021. Identifying and setting the natural spaces priority based on the multi-ecosystem services capacity index. Ecological Indicators, 125: 107473.

Simmons C, Lewis K, Barrett J. 2000. Two feet-two approaches: a component-based model of ecological footprint. Ecological Economics, 32: 375-380.

Sobrino J A, Jiménez-Munoz J C, Paolini I. 2004. Land surface temperature retrieval from LANDSAT TM 5. Remote Sensing of Environment, 90: 434-440.

Solecki W D, Rosenzweig C, Parshall L, et al. 2004. Mitigation of the heat island effect in urban New Jersey. Global Environmental Change B: Environmental Hazards, 6 (1): 39-49.

Soushi K, Yasushi Y. 2005. Analysis of urban heat-island effect using ASTER and ETM+ Data: separation of anthropogenic heat discharge and nature heat radiation from sensible heatflux. Remote Sensing of Environment, 99: 44-54.

Spronken-Smith R A, Oke T R. 1998. The thermal regime of urban parks in two cities with different summer climates. International Journal of Remote Sensing, 19 (11): 2085-2104.

Streuker D R. 2002. A remote sensing study of the urban heat island of Huston, Texas. International Journal of Remote Sensing, (23): 2595-2608.

Strohbach M W, Arnold E, Haase D. 2012. The carbon footprint of urban green space—a life cycle approach. Landscape and Urban Planning, 104 (2): 220-229.

Strohbach M W, Lerman S B, Warren P S. 2013. Are small greening areas enhancing bird diversity? Insights from community-driven greening projects in Boston. Landscape and Urban Planning, 114: 69-79.

Su S, Xiao R, Jiang Z, et al. 2012. Characterizing landscape pattern and ecosystem service value changes for urbanization impacts at an eco-regional scale. Applied Geography, 34: 295-305.

Ter-Mikaelian M T, Korzukhin M D. 1997. Biomass equations for sixty-five North American tree species. Forest Ecology and Management, 97 (1): 1-24.

Tran H, Daisuke U, Shiro O, et al. 2006. Assessment with satellite data of the urban heat island effects in Asian Mega Cities. International Journal of Applied Earth Observation and Geoinformation, 8 (1): 34-48.

United Nations. 2018. 2018 Revision of World Urbanization Prospects. New York: United Nations, Departments of Economic and Social Affairs.

Vaccari F P, GioliI B, Toscano P, et al. 2013. Carbon dioxide balance assessment of the city of Florence (Italy), and implications for urban planning. Landscape and Urban Planning, 120: 138-146.

Walsh C J, Fletcher T D, Burns M J. 2012. Urban stormwater runoff: a mew class of environmental flow problem. PloS One, 7 (9): e45814.

Wang S, Zhou L, Chen J, et al. 2011. Relationships between net primary productivity and stand age for several forest types and their influence on China's carbon balance. Journal of Environmental Management, 92 (6): 1651-1662.

Wang Y, Gao J X, Wang J S, et al. 2014. Value assessment of ecosystem services in nature reserves in Ningxia, China: a response to ecological restoration. PloS One, 9 (2): e89174.

Wang H, Huang J J, Zhou H, et al. 2020. Analysis of sustainable utilization of water resources based on the improved water resources ecological footprint model: a case study of Hubei Province, China. Journal of Environmental Management, 262: 110-331.

Weber F, Kowarik I, Säumel I. 2014. Herbaceous plants as filters: immobilization of particulates along urban street corridors. Environmental Pollution, 186: 234-240.

Weng Q H, Hu X F, Liu H. 2009. Estimating impervious surfaces using linear spectral mixture analysis with multitemporal ASTER images. International Journal of Remote Sensing, 30 (18): 4807-4830.

Williams N M, Winfree R. 2013. Local habitat characteristics but not landscape urbanization drive pollinator visitation and native plant pollination in forest remnants. Biological Conservation, 160: 10-18.

Wissmar R C, Timm R K, Logsdon M G. 2004. Effects of changing forest and impervious land covers on discharge characteristics of watersheds. Environmental Management, 34 (1): 91-98.

Wright W, Zarger R K, Mihelcic J R. 2012. Accessibility and usability: green space preferences, perceptions, and barriers in a rapidly urbanizing city in Latin America. Landscape and Urban Planning, 107 (3): 272-282.

Wu C S, Murray A T. 2003. Estimating impervious surface distribution by spectral mixture analysis. Remote Sensing of Environment, 84 (4): 493-505.

Wu M, Wei Y, Lam P, et al. 2019. Is urban development ecologically sustainable? Ecological footprint analysis and prediction based on a modified artificial neural network model: a case study of Tianjin in China. Journal of Cleaner Production, 237: 117795.

Xiao Q, McPherson E G. 2016. Surface water storage capacity of twenty tree species in Davis, California. Journal of Environment Quality, 45 (1): 188-193.

Xiao X D, Dong L, Yan H N, et al. 2018. The influence of the spatial characteristics of urban green space on the urban heat island effect in Suzhou Industrial Park. Sustainable Cities and Society, 40: 428-439.

Xiao Y, Wang D, Fang J. 2019. Exploring the disparities in park access through mobile phone data: evidence from Shanghai, China. Landscape and Urban Planning, 181: 80-91.

Xu H Q, Lin D F, Tang F. 2013. The impact of impervious surface development on land surface temperature in a subtropical city: Xiamen, China. International Journal of Climatology, 33 (8): 1873-1883.

Xu Y, Wang M Y, Shi T T, et al. 2018a. Quantifying particulate matter accumulated on leaves by 17 species of urban trees in Beijing, China. Environmental Science and Pollution Research, 25 (3): 11245-12556.

Xu H Q, Wang M Y, Shi T T, et al. 2018b. Prediction of ecological effects of potential population and impervious surface increases using a remote sensing based on ecological index (RSEI). Ecological Indicator, 93: 730-740.

Yan Y, Mo L, Heal M, et al. 2015. Impacts of impervious surface expansion on soil organic carbon-a spatially explicit study. Scientific Reports, 5 (17): 905-912.

Zhang B, Xie G D, Gao J X, et al. 2012. The economic benefits of rainwater-runoff reduction by urban green spaces: a case study in Beijing, China. Journal of Environmental Management, 100: 65-71.

Zhang B, Xie G D, Zhang C, et al. 2014. The cooling effect of urban green spaces as a contribution to energy-saving and emission-reduction: a case study in Beijing, China. Building and Environment, 76: 37-43.

Zhang Y, Chen J, Hu M, et al. 2016. Valuation of forest carbon sinks in China within the framework of the system of national accounts. Journal of Forestry Research, 27 (6): 1321-1328.

Zhang H, Wang Q, Li G Y, et al. 2017. Losses of ecosystem service values in Taihu Lake basin from 1979 to 2010. Frontiers of Earth Science, 11 (2): 310-320.

Zhao M, Zhou G S. 2005. Estimation of biomass and net primary productivity of major planted forests in China based on Forest Inventory Data. Forest Ecology and Management, 207 (3): 295-313.

Zheng S, Shan J, Singh R P, et al. 2020. High spatial-temporal heterogeneity of carbon footprints in the Zhejiang Province, China, from 2005 to 2015: implications for climate change policies. Environmental Chemistry Letters, 18 (3): 931-939.

Zhu Z, Sun X, Wen X, et al. 2006. Study on the processing method of nighttime CO_2 eddy covariance flux data in China FLUX. Science in China Series D: Earth Sciences, 49: 36-46.